本丛书由贵州师范大学政治学博士点建设资金资助出版

本书为国家社会科学基金项目（08XZZ005）成果

中国特色政治文明建设研究丛书

社会资本与西南民族地区和谐发展

黎珍 著

SHEHUI ZIBEN YU XINAN
MINZU DIQU HEXIE FAZHAN

中国社会科学出版社

图书在版编目（CIP）数据

社会资本与西南民族地区和谐发展／黎珍著 . —北京：中国社会科学出版社，2016.12

（中国特色政治文明建设研究丛书）

ISBN 978 - 7 - 5161 - 9308 - 2

Ⅰ.①社…　Ⅱ.①黎…　Ⅲ.①社会资本 - 关系 - 民族地区 - 社会发展 - 研究 - 西南地区　Ⅳ.①D677

中国版本图书馆 CIP 数据核字（2016）第 270868 号

出 版 人　赵剑英
责任编辑　田　文
特约编辑　张　红
责任校对　张爱华
责任印制　王　超

出　　版　中国社会科学出版社
社　　址　北京鼓楼西大街甲 158 号
邮　　编　100720
网　　址　http：//www.csspw.cn
发 行 部　010 - 84083685
门 市 部　010 - 84029450
经　　销　新华书店及其他书店

印　　刷　北京君升印刷有限公司
装　　订　廊坊市广阳区广增装订厂
版　　次　2016 年 12 月第 1 版
印　　次　2016 年 12 月第 1 次印刷

开　　本　710×1000　1/16
印　　张　16.25
插　　页　2
字　　数　266 千字
定　　价　59.00 元

总　序

　　"政者，正也"。政治文明是人类社会政治观念、政治制度、政治行为的进步过程以及所取得的进步成果。高度的政治文明，是有史以来人类共同憧憬的美好梦想。政治文明建设通过上层建筑的能动作用，推动公共权力的规范运行、社会治理体制机制的优化、社会共识的凝聚、社会资源的优化配置、社会力量的整合，为人类社会的持续进步提供丰沛的能量，为人们的社会福祉提供坚强的保障。

　　在人类文明奔涌不息的历史长河中，中华民族以深邃的政治智慧和深入的政治实践，为世界政治文明作出了独特的巨大贡献。科举考试制度就是古代中国政治文明的创举，并作为西方国家选修的范本，成就了西方的文官制度。新中国建立以来，中国人民立足中国国情、解决中国问题，在政治建设、经济建设、社会建设、文化建设、生态建设进程中，探索、确立、完善人民民主专政的政治进步成果，创造了令世界瞩目的、具有中国特色的政治文明形态和制度体系。如今，"北京共识"获得了国际学界的广泛认可；"言必称孔子"成为西方社会的时尚。

　　"路漫漫其修远兮，吾将上下而求索"。进一步推进中国特色政治文明建设，以促进物质文明建设、精神文明建设、社会文明建设、生态文明建设，实现中华民族的伟大复兴，仍然是一项长期而艰巨的历史任务，也是每一个中国政治学人义不容辞的历史使命。为此，贵州师范大学聚集了一批年富力强、志趣高远的政治学人，他（她）们以推进中国特色政治文明建设为己任，立足中国现实国情，深入中国现实社会，传承中国政治文明传统，借鉴西方政治文明成果，从丰富的多学科视角展开理论探讨和实践总结。"中国特色政治文明建设研究丛书"的出版，既是其研究成果的展示，更是引玉之砖，欢迎学界同仁批评指正、指点迷津，共同为推进中国特色政治文明建设，为人类命运共同体的发展进步贡献智慧和力量。

本丛书编委会

2016 年 3 月

目　录

第二部分　西南民族地区社会资本现状解读

第三部分　构建现代社会资本　促进西南民族地区和谐发展：建议与措施

导　言

　　社会发展总是和一定的资本相联系的，没有资本或者资本不足，整个社会就会陷入停顿状态。从古典的物质资本理论向现代的人力资本理论过渡，实际上就是这一传统的自然延伸，因为人力资本理论对古典资本理论的超越，主要在于不把人的能力的再生产仅仅作为生产过程的外生变量的局限，而是进一步把人的能力的再生产作为生产过程的内生变量来研究，认为人的生产能力也是可以进行"成本—效益"或者"投入—产出"分析的。由于人力资本存量与经济增长之间具有非常直接的关系，因而人力资本理论具有比古典物质资本理论更强的解释力，可以对近几十年来发生的社会事实做出较令人信服的说明。第二次世界大战之后，德国和日本的国民经济已经差不多崩溃，和发展中国家几乎处于同一起跑线上，但是这两个国家都用非常短的时间实现了现代化，和当年的战胜国重新处于同样的水平。按照人力资本理论的理解，尽管它们物质资本在战争中遭到严重破坏，其国民整体素质高于发展中国家的现实并没有因战争的失败而改变，也就是其人力资本的存量依然很高，这便是两国重新成为经济巨人的重要原因。这是一个无法否认的客观事实，正如美国经济学家舒尔茨断言的："改善穷人福利的决定性生产要素不是空间、能源和耕地，决定性要素是人口质量的改善和知识的增进。"英国经济学家哈比森也表述了同样的观点，他说："资本和自然资源是被动的生产要素；人是积累资本，开发自然资源，建立社会、经济和政治组织并推动国家向前发展的主动力量。显而易见，一个国家如果不能发展人民的技能和知识，就不能发展任何别的东西。"

　　然而，无论是物质资本理论还是人力资本理论，它们对社会发展模式的目标追求都首先是经济增长。特别是在第二次世界大战之后，最引人注目的新兴的"增长经济学"，直接把发展等同于经济增长。其结果是"经济主义成了合理化的意识形态。人类历史上的所有'噪声和狂乱'，所有抵抗化归的独立的东西都被送入经济——效率的原则的碾磨机中，由此产生了根据经济利益来解释一切的倾向。"① 在这种以经济的增长为目标的资本理论与社会发展理论的引导下，每一个国家的所有活动，尤其是进行的一系列改革都只不过是为了实现经济增长的手段而已，以为经济发展了，其他所有的问题都可以得到合理解决，比如社会稳定、政治民主化、分配与贫困等。尤其是那些落后国家，为了不再遭受历史上长期屈辱和压迫，往往把其原因追溯到经济的落后，于是经济发展观实际上成为第二次世界大战后各国实施发展战略的基本依据，甚至联合国的"第一个发展十年（1960—1970）"也集中体现了这种观念，提出"发展＝经济增长＋社会变革"的发展模式。

可是，发展中国家并没有能够因此从中受惠，反而出现了"有增长而无发展"或者"无增长的发展"，从 20 世纪六七十年代开始，第三世界的发展问题受到了国际学术界的广泛重视，而发达国家的发展观和发展模式也引起了越来越深刻的反思。人们注意到，把社会发展等同于经济增长，实际上是依据以下假说：国民收入的增长需要达到一定的程度，最终会推动社会和政治的解决。但事实说明，经济在增长的发展中国家不仅没有解决严重的社会问题，反而使其中的许多问题加剧了，如贫富悬殊更加严重，贫困人数不降反升，这些现象很可能使社会矛盾更加激化，潜在的社会危机对整个社会的发展构成了严重威胁，而且由于片面追求经济增长，过度使用自然资源，导致了日益严重的生态破坏，能源危机，人类的生存环境不断恶化。

针对仅仅以经济增长为目标的社会发展战略及其实际产生的后果，出现以探索新的发展模式为宗旨的理论活动，其中 20 世纪 60 年代末期罗马俱乐部提出的增长极限理论深刻地意识到："当一个社会认识到它不可能为每个人把每样东西都增加到最大限度时，它就必须开始做出选择。是否应该有更多的人或者更多的财富？革命更多的皇帝或者更多的汽车？给穷人更多的粮食，或者给富人更多的服务？对这些问题确需社会的回答，并把那些回答转化为政策，这是政治过程的本质。然而，在任何社会里甚至很少人认识到，每天都照做这样的选择，更少有人问他们自己，他们自己的选择是什么？均衡的社会将必须不仅考虑现在人类的价值，而且也考虑未来人类的价值，并对由有限的地球造成的不能同时兼顾的因素，做出

---

① ［法］埃德加·莫兰：《复杂思想：自觉的科学》，陈一壮译，北京大学出版社 2001 年版，第 122 页。

权衡。要做这件事，社会就需要有比现有的方法更好的方法，借以阐明实际上适用的可供选择的方案，确立社会目标，并得到同这些目标最一致的可供选择的方案。但是，最重要的是，必须详细说明长期目标，而且要使短期目标同长期目标一致。"①

如果说罗马俱乐部对发展的思考，还更多的是注重避免自然的破坏和资源的过度开发，那么在 20 世纪 70 年代末期到 80 年代初，由法国的弗朗索瓦·佩鲁提出的新发展观，则更进一步朝着综合发展观的方向发展。他在《新发展观》的"前言"中开宗明义地提出，这种新发展是"整体的"、"综合的"和"内生的"。"整体的是指这样一种观点，它在各种具体分析之外，不仅考虑人类整体的各个方面，而且在其内在的关系中考虑必须承认的各方面的不一致。""内生的……这个形容词被用来表示一个国家的内部力量和资源及其合理的开发与利用。""综合的发展可以指一定数量的地域的一体化，也可以指各个部门、地域和社会阶级之间得到加强的内聚力。"② 要实现这种新的发展就必须改变不平等和不合理的国际经济秩序，使社会发展的各个子系统有机地联系起来，紧密协调。这种新的发展观在 1981 年联合国通过的"经济和社会平衡发展"协议中得到了体现：发展除了实现经济增长的目标之外，还必须注重社会发展的效果，少数人的富裕不等于社会幸福，发展是经济社会综合协调发展的系统。社会发展需要与和平、人权、民主管理以及文化等诸多因素相联系，"发展是文化和物质的发展，这种发展是比买卖交易更为重要的问题"。③

这种新的发展观已经意识到，以经济增长为核心的传统发展模式存在着"见物不见人的缺陷"，并努力寻求新的发展战略。于是，在 20 世纪 80 年代出现了系统的"可持续发展观"。1987 年联合国大会通过的《我们共同的未来》，标志着作为世界共同行动纲领的可持续发展战略正式提出。1992 年，联合国在巴西的里约热内卢举行的世界环境与发展会议上通过了《里约宣言》和《21 世纪议程》，1994 年 9 月在开罗召开的世界人口与发展大会，1995 年召开的世界社会发展首脑会议，更进一步确认

---

① 《增长的极限——罗马俱乐部关于人类困境的研究报告》，四川人民出版社 1984 年版，第 210—211 页。

② ［法］弗朗索瓦·佩鲁：《新发展观》，张宁、丰子义译，华夏出版社 1987 年版，第 2—3 页。

③ 同上书，第 122 页。

了可持续发展作为人类共同的发展战略。在 21 世纪初期的中国，可持续发展观被具体化为在全面、协调的层面上追求可持续的发展。

要走出单纯的经济增长，实现综合性的全面协调发展，不是仅仅以足够的物质资本或者人力资本就能够完成的。"资本"是一个最基本的经济学概念，"从历史上看，资本理论一直是产生经济学争论的主要根源。……经济学家对资本这一课题感到兴趣并不奇怪。至少从工业革命时期以来，不够仔细的观察就已揭示了物质资本品在生产中的重要作用。而价值资本作为转让利润权的财产形式，在或大或小的程度上似乎从古以来就成为人类社会的特征了。但是，资本理论为什么一直具有这样的争论呢？索洛曾提出，这个领域中的争论产生于两个原因：即这一问题的困难和思想意识的联想。"① 由于社会发展不能再停留于传统模式，满足于经济增长，更加增加了传统资本理论的困难程度。既然物质资本或者人力资本都不足以完成社会在政治、经济和文化诸方面全面协调发展，那么就需要在资本理论上突破已有的资本类型，寻求新的理论解释模式以适应社会发展的新目标。这预示着资本理论将不再是一个仅仅属于经济学领域的问题，因而也不仅仅是经济学家才对它感兴趣的问题，必将跨越经济学领域，引起众多学科的共同关注，如政治学、社会学和哲学等。

当经济学之外的其他学科也开始介入社会发展问题的研究时，经济学的思路及其理论成果，无疑会成为这些学科在研究社会及其发展问题时首先借鉴的理论资源库。实际上，这些学科领域中的相当一部分人同样兼具经济学方面的学养。例如，经济学家哈耶克的哲学、政治学、法学造诣是人所共知的。同样，也有许多哲学家的研究不是和经济学的主题相关，就是把哲学和经济学结合起来，当今德国学者彼德·科斯洛夫斯基在其《伦理经济学原理》一书的"导论"中开始就如是说："人是经济社会制度的最强大和最好的动力。经济学作为一门独立的科学，自其创立时起，就产生于人类强大的动力，即人类自身的利益。哲学伦理学向来探求的目标是人们所称的那种人的最好的动力：追求美好的东西、履行义务、实现美德。当经济学理论分析和设想建立在自身利益基础上的社会公共机构及行为规则时，当伦理学理论阐述了能发挥人的最好的动力和使之实现的公共机构及行为规范时候，这两种科学所涉及的是同样的对象，即行为人和

---

① ［英］海韦尔·G. 琼斯：《现代经济增长理论导引》，郭家麟等译，商务印书馆 1994 年版，第 157 页。

进行合乎理性的协调的行为。因为经济学和伦理学揭示共同的对象，所以它们不是互不相关的科学。使经济学和伦理学对人类行为的看法及其相互协调性统一起来，是人类行为的必然和社会制度的要求，以便使经济学和伦理学规范的行为发挥良好的作用。正如阿尔弗雷德·马歇尔的经济原则所要求的那样，广泛的经济理论不能仅仅把自身的狭隘利益作为其分析的基础。另一方面，现实的伦理学不能无视伦理行为的经济条件。伦理学和经济学应该更多地了解其他的科学，并与理性行为的广泛理论相结合。"①

　　既然如此，被经济学家们运用得心应手的资本理论，自然会进入其他学科研究社会发展问题的视野之中，而且社会发展问题本身的复杂性，也使不同学科之间不可能壁垒森严，互相隔离。于是，借鉴经济学的资本理论，或者从不同学科研究资本理论，就成为当今学术界的一股颇具有影响力的潮流。在这样的背景下政治学、社会学和经济学等学科，都不约而同地从各自的领域讨论和提出"社会资本"概念，以探索关于社会发展理论的新解释范式，而且到了20世纪90年代以后，社会资本成为许多学科关注的热门概念和分析的重要起点，其中尤其以社会学最为突出，这一理论思潮的发端和丰富都主要在美国，许多重量级的学者，如詹姆斯·S.科尔曼、罗伯特·D.普特南、埃莉诺·奥斯特罗姆、曼瑟尔·奥尔森等人都在自己的理论活动中，或者涉及了社会资本，或者以社会资本作为核心分析工具。

　　坚持以人为本，发展和谐正义的社会，推动各民族和谐发展，已经成为当代中国在新的历史条件下的主要任务，而社会资本对于构建和谐社会、尤其是对推进民族地区的和谐发展有着不可忽视的作用。

　　为此，本课题就社会资本与西南民族地区和谐发展问题进行探讨：社会资本究竟是什么？民族地区和谐发展的内涵有哪些？社会资本如何在与西南民族地区的经济、政治、文化互动中推进西南民族地区的良性发展？西南民族地区社会资本有哪些类型？如何构建西南民族地区的现代社会资本，以促进西南民族地区的和谐发展？诸如此类的问题的研究，都是对关注作为多民族国家的中国社会发展理论需要的一种回应。

---

　　① ［德］彼德·科斯洛夫斯基：《伦理经济学原理》，孙瑜译，中国社会科学出版社1997年版，第1页。

第一部分

西南民族地区和谐发展的社会资本
视角：理论基础与研究方法

20 世纪 80 年代，一个新的理论从国外思潮滚滚的学术论坛中浮升出来，先是在社会学领域，然后迅速地向经济学、政治学、管理学延展，时至今日已成为诸多学科普遍关注的重要理论。这一新的理论就是"社会资本理论"，它以更为宽阔的理论视野研究一个人、一个社会组织乃至一个国家如何能够成功地创造出有利于自身发展的生存环境，丰富的社会资本不仅能够有效快捷地运用各种社会资源以实现发展目标，更能够形成健康的社会交往关系和培育、扶植良好的社会风尚，推进社会的和谐发展。

第一章　民族地区和谐发展的基本内涵

和谐社会是一个具有丰富内涵的概念。马克思主义经典作家较早地提出了和谐社会理论。中国共产党继承和发展了马克思主义经典作家关于建设和谐社会的思想，形成了具有中国特色的建设社会主义和谐社会的理论，将之与全面建设小康社会结合起来进行思考，并将"构建社会主义和谐社会的能力"作为党的执政能力的重要内容写进了十六届四中全会通过的《中共中央关于加强党的执政能力建设的决定》，这是中国共产党对马克思主义和谐社会理论的重大发展，也是中国共产党综合分析国内外形势和人民群众利益愿望要求的新变化做出的重大决策。

对于民族地区而言，和谐社会的构建更具有重要的意义。我国是由56个兄弟民族组成的统一的多民族国家。除汉族外，我国共有55个少数民族。全国第六次人口普查结果显示，我国少数民族有一亿一千三百多万人口，占全国总人口的8.49%。在我国这样一个统一的多民族国家构建社会主义和谐社会，是全国人民的共同愿望。民族地区的和谐不仅是我国社会稳定的基本前提，也是我国社会和谐发展的重要内容，没有民族地区的社会和谐，就没有整个中国社会的和谐。在新世纪新阶段，正确分析党在民族地区构建和谐社会的制约因素，提高党在民族地区构建社会主义和谐社会的能力，是关系到我国社会主义现代化建设事业全局的重大政治问题，具有重大的意义。

第一节　社会主义和谐社会与民族和谐的基本理论

一　社会主义和谐社会的内涵及基本特征

（一）社会主义和谐社会的内涵

中共十六届四中全会通过的《中共中央关于加强党的执政能力建设的决定》中提出"和谐社会"的概念。虽然"和谐社会"的提法并非是新事物，但把构建社会主义"和谐社会"正式作为执政党能力建设的目标提出来，则是我们党的一个首要创造。关于和谐社会的内涵，我们可以从广义和狭义两个方面来理解，广义上的和谐社会主要是指，社会同一切与自身相关的事物保持着一种协调的状态，包括社会与自然环境、经济、政治、文化之间的协调等等。事实上，广义的和谐社会所关注的几乎就是科学发展观所涉及的"五个统筹"和科学发展观所要实现的"民主法制、公平正义、诚信友爱、充满活力、安定有序、人与自然和谐相处"社会理想状态。狭义上的和谐社会主要是指社会层面本身的协调，是科学发展观所关注的一个相对单项的问题，即从社会主体的角度诠释的和谐社会，要求实现的是社会的个体之间、各个群体之间以及个体与群体之间的一种良性互动的状态。虽然其他方面也有所涉及，但不是主要方面。因此，所谓和谐社会就是指，社会的个体、各个群体之间能够实现良性的互动，人与自然和睦相处，整个社会能够表现出一种公正公平，实现一种良性的运行和健康的发展的状态。具体而言，这一概念的内涵应该包括以下几个方面的内容：一是人与人的和谐；二是人与自然的和谐；三是人与社会的和谐；四是人与自身的和谐及全面和谐。

人与人的和谐。社会主义和谐社会也包含着人与人之间关系的和谐发展。社会是由人构成的，人是社会发展的主体，人与人之间的和谐是社会和谐发展的基础。人与人的关系说到底是利益关系。马克思曾说过："人们奋斗所争取的一切，都同他们的利益有关。"在社会主义条件下，每个社会成员在根本利益上是一致的，但在具体利益上还将存在矛盾和差别。特别是随着改革开放的深入和社会主义市场经济的发展，社会利益关系更加复杂。因此，这就要求我们在根本利益一致的前提下，在共同遵守大原则的前提下，人与人之间应该彼此多尊重、多信任、多关爱、多帮助、多理解、多宽容、多诚信、多谦让、多真诚、多鼓励，共同创造使社会良性运行的人际环境，实现人与人之间的和谐发展。

人与自然的和谐。人与自然的和谐是人类和人类社会生存和发展的物质前提，因此，在社会发展过程中既要关心人类自身发展，又要维护自然的平衡，确保社会系统和生态系统协调发展。而随着工业文明的发展，使人与自然的矛盾日益突出，它比人类历史上任何时期都更为尖锐，成为工业社会自身难以去除的内在矛盾。因而重建人与自然和谐统一，就成为构建社会主义和谐社会的现实基础和首要任务。

人与社会的和谐。社会主义和谐社会包含着人与社会之间关系的和谐发展。社会的发展和人的发展是密不可分的，甚至可以说社会的发展就是人自身的发展，两者的发展是一个双向同步发展的统一运动过程。改革开放以来，我国经济、政治、思想文化等方面取得了全面的繁荣和进步，社会主义物质文明、政治文明、精神文明协调发展，正逐步步入和谐社会。但同时我们也应看到，现在的和谐只是基本和谐，人与社会的关系上还存在诸多不和谐的因素。如政治上少数人的腐败；经济上贫富差距较为悬殊；思想上价值观错位、道德滑坡等。因此，当前我们必须使个人的利益与需要的满足和整个社会的利益和需要的现实相适应；人的素质的全面提高与社会不断进步相适应；人的能力发挥与社会公平公正相适应，从而实现人与社会和谐统一。

人与自身的和谐及全面发展。人是社会发展的主体，人的个性和谐是社会和谐发展的根本前提，同时，人的个体和谐又是自然与社会的产物。所以，在改革开放与经济社会发展的过程中，我们要始终坚持以人为本，尊重人的基本需要和美好愿望，并尽力去满足人们的物质文化生活需要，注意调动人的积极性和主体意识，发挥他们的聪明才智和创造精神，为其自由全面发展创造一个良好的社会环境。在抓好物质文明建设的同时，还要加强社会主义精神文明建设。既要充分满足人们的物质生活需要，又要满足人们对丰富高尚的精神生活的需求，努力使每一个人都能心情舒畅地自由而全面地发展，达到人与自身、与他人、与社会及与自然的高度和谐。

（二）社会主义和谐社会的基本特征

2004 年党的第十六届中央委员会第三次全体会议提出把构建社会主义和谐社会作为提高党的执政能力的重要任务之一，构建民族地区和谐社会已经成为全国各族人民的共同理想。胡锦涛同志指出："我们所要建设的社会主义和谐社会应该是民主法治、公平正义、诚信友爱、充满活力、安定有序、人与自然和谐相处的社会。"① 这对于我们认识和把握新形势下民族地区和谐社会的特点和规律具有十分重要的意义。

民主法治是社会主义和谐社会的制度保障。"民主法制，就是社会主义民主得到充分发扬，依法治国基本方针得到切实落实，各方面积极因素

---

① 胡锦涛：《在省部级主要领导干部提高构建社会主义和谐社会的能力专题研讨班上的重要讲话》，新华社，2005 年 6 月 26 日。

得到广泛调动。"① 和谐社会的建立，真正依赖的还是对民主的追求和法律对民主的保障，当法律切实成为全民信守，当依法治国方略切实得到贯彻，当政府切实依法行政，当公民切实依法生活，充分发挥法制在促进、实现、保障社会和谐方面的重要作用，社会才能在一个共同规则下和谐运转，各族人民的积极性才能得到切实的调动，和谐社会关系才能得以巩固。

　　公平正义是社会主义和谐社会的经济基础。"公平正义，就是社会各方面的利益关系得到妥善协调，人民内部矛盾和其他社会矛盾得到正确处理，社会公平和正义得到切实维护和实现。"② 社会主义市场经济体制的建立，形成了利益多元化的格局，各自的利益必然带来权利意识。人民群众的物质文化需要不断提高并更趋多样化，社会利益关系更趋复杂，特别是受经济文化发展水平等多方面的制约，统筹兼顾各方面利益的难度加大，不同社会利益群体之间的矛盾也大量出现。由于当前正处在体制转换、结构调整和社会变革的进程中，也是各种政治和社会问题的易发期和多发期，只有正确反映和兼顾不同地区、不同部门、不同方面群众的利益，在促进发展的同时，把维护社会公平放到更加突出的位置，综合运用多种手段对就业问题、腐败问题、分配不公问题进行有效协调和解决，才能确保公平正义，保证整个社会的和谐。

　　诚信友爱是社会主义和谐社会的道德基础。"诚信友爱，就是全社会互帮互助、诚实守信，全体人民平等友爱、融洽相处。"③ 诚信友爱，要求我们大力弘扬各民族同呼吸、共命运、心连心的精神，提倡各民族互帮互助、融洽相处，不断巩固和发展平等、团结、互助、和谐的社会主义和谐社会。没有诚信，就没有相互的合作，就没有社会的团结，就不能形成普通的认同，也就没有社会的和谐。只有健全的思想道德规范机制，利用法制、舆论、习俗等工具，规范人们的社会行为，调节人际交往关系，弘扬先进高尚的思想道德和社会风尚，加强政府、公民、社会等各领域中的诚信体系建设，才可以使和谐社会建立在坚固的诚信法制和保障信用体系上。

　　充满活力是社会主义和谐社会人民的精神面貌特征。"充满活力，就

---

　　① 胡锦涛：《在省部级主要领导干部提高构建社会主义和谐社会的能力专题研讨班上的重要讲话》，新华社，2005 年 6 月 26 日。
　　② 同上。
　　③ 同上。

是能够使一切有利于社会进步的创造愿望得到尊重，创造活动得到支持，创造才能得到发挥，创造成果得到肯定。"① 在充满活力的和谐社会中，工人、农民、知识分子建设社会主义的根本力量得到全面发挥，社会各阶层为经济社会发展贡献力量的积极性将被普遍激发。只有激发活力，尊重劳动、知识、人才和创造，营造鼓励人们干事业、支持人们干成事业的氛围，调动一切积极因素，团结一切可以团结的力量，激发各人民的积极性和创造性，让一切创造社会财富的源泉充分涌流；只有支持人们进行理论创新、制度创新、科技创新和其他方面的创新，使经济社会发展始终充满蓬勃的创造活力，才能造福于各族人民，巩固和谐社会的基础。

安定有序是社会主义和谐社会的社会环境条件。"安定有序，就是社会组织机制健全，社会管理完善，社会秩序良好，人民群众安居乐业，社会保持安定团结。"② 社会要和谐，首先要安定。安定有序要求我们正确处理各种社会矛盾，妥善解决影响人民团结的各种问题，保持安定团结的社会环境，维护国家安全、民族团结和祖国统一。新中国成立60多年来，党和国家高度重视经济社会的发展，广大人民群众的生活水平有了极大的改善。国家统一，民族团结，社会安定，人民安居乐业。

人与自然和谐相处是社会主义和谐社会的人文生态基础。"人与自然和谐相处，就是生产发展，生活富裕，生态良好。"③ 在人类历史进程中，人与自然关系的发展经历了依存、开发、掠夺、和谐四个时期。人与自然的关系不和谐，往往会影响人与人的关系、人与社会的关系。尊重自然、善待自然，其实也就是尊重和善待我们人类自己。因此，在发展经济的同时，要科学认识和正确运用自然规律，学会按照自然规律办事，更加科学地利用自然为人们的生活和社会发展服务。高度重视和加强环境污染的治理与生态建设。面对生态环境遭受严重破坏和环境污染日渐加重的严峻现实，我们应以科学发展观为指导，加大治理环境污染的力度，加强资源的节约和综合利用以及矿产资源的规划和管理，采取坚决行动保护自然，维护自然生态系统的平衡与和谐，努力实现经济增长方式向集约式的根本性转变。同时，增强全社会的环境保护意识，在全社会形成爱护环境、保护

---

① 胡锦涛：《在省部级主要领导干部提高构建社会主义和谐社会的能力专题研讨班上的重要讲话》，新华社，2005年6月26日。

② 同上。

③ 同上。

环境的良好风气。

二　社会主义民族和谐的基本理论

无论东方、西方，实现社会和谐，一直是人类追求的目标。从以上对社会主义和谐社会的表述不难看出：社会主义和谐社会要求每个部分、每个要素的协调运转，如果某个部分或要素出现问题，就会影响和谐社会的建设。在我国，小到一个人，大到一个民族，都关乎社会主义和谐社会的建设，尤其是民族问题，在世界民族问题越来越复杂的环境下，必须引起我们的高度重视。民族问题无小事，它关系到政局稳定和社会安定。而"安定有序"是社会主义和谐社会的特征之一。所以，民族问题事关社会主义和谐社会的建设。民族问题处理得好，则民族繁荣，国家昌盛；否则，将影响到社会的安定，引起社会动荡，乃至使国家走向灭亡。"和谐"是中华传统文化提倡和追求的社会理想，中华民族深厚的文化底蕴是创造和谐民族关系的理论渊源。马克思列宁主义在解决民族问题的基本途径、方式上提出了许多丰富的思想，对我国的民族关系理论产生了十分重要的影响。中国共产党成立以后，特别是新中国成立后，党的一代又一代领导集体将马克思主义民族理论与我国民族问题具体实际相结合，创造性地提出和建立了一系列处理民族问题的政策和制度，从而保证了我国民族关系的健康发展。

（一）民族和谐的理论渊源

第一、中国古代民族和谐思想

在中国思想史上，在儒家、道家的言论中，早有和谐思想的萌芽。儒家经典《左传》中记述："八年之中，九合诸侯，如乐之如，无所不谐。"道家提倡的："道生一，一生二，二生三，三生万物"[①]，其中"三"乃指"阴、阳、和"三种状态，即除了对立以外还有一个中间状态，即所谓的"和为贵"。

"中和"思想在中国历史上源远流长。"中和"即是"中庸之道"，它早于孔子而出现，所谓"和实生物，同则不继，以他平他谓之和"，就是这种观念的最初表述。后经孔子提出的"和而不同"、"天人合一"以及《礼记·中庸》的全面总结，"中和"思想遂告形成，一直成为中国传

---

① 《道德经》，第四十二章。

统文化的基本精神。《中庸》第一章说："喜怒哀乐之未发谓之中，发而皆中节谓之和。中也者，天下之本也；和也者，天下之达道也。致中和，天地位焉，万物育焉。"后世儒者据此提出"中和位育"之说，并将其作为儒家伦理的基本精神加以崇奉。"中"为恰当、适度之意，"和"即和谐，《中庸》里说："致中和，天地位焉，万物育焉。"朱熹注次曰："致，推而及之也。位者，安其所也。育者，遂其生也。"据此，我们可以将"位"引申理解为"秩序"，"育"引申理解为"发展"。就"中和"与"位育"的关系而言，"中"是天地"位"的前提，"和"是万物"育"的前提；"中和"是"位育"的前提，而"位育"则是"中和"的最终归宿。因此，我们要以"中和"为基本理念来使各民族之间的关系达到以和谐为核心的秩序，要以"中和"为手段达到"中和"的状态。"中和"思想突出强调了两个方面：一是"中"，即把握事物度量的准确性；二是"和"，即不同因素、不同方面的合理组合、对立统一。这种思想方法在古代中国社会曾经促使中国各民族在很大程度上实现自身协调、天人协调和人我协调，对于民族团结、社会稳定起到了重要的作用。

另外，注重"和合"也是中华传统文化的基本精神。"和合"即和谐与合作，在民族和谐上，这一思想讲的就是各民族的团结协调、和谐发展。在中国传统文化中，和谐包含了人自身、人与人、人与自然之间的全面和谐。"和气生财"、"和衷共济""心平气和"等古训讲的就是人和的道理。《尚书》中提出了国与国、民族与民族和谐相处的思想主张："克明俊德，以亲九族；九族既睦，平素百姓；百姓昭明，协和万邦。"① 孟子提出"天时不如地利，地利不如人和"的著名思想。《孙子兵法》提出"上下同欲者胜"，"善用兵者，携手若使一人"②，说的就是团结合作、上下和谐的道理。在中国传统文化中，道家特别强调"崇尚自然"，老子提出了"人法地，地法天，天法道，道法自然"的理论。庄子提出"太和万物"的命题，意思是说：在天地万物中本来存在着最大的和谐关系，因而人们应"顺之以天道，行之以五德，应之以自然"。人应该顺应天道的规律，按照五德来规范自己的行为，以适应自然的要求。他认为，远古时代是一个人与自然和谐的时代，那时人类社会是"莫之为而常自然"，不做什么破坏自然的事，而经常是顺应自然的。

---

① 《尚书·尧典》。
② 《孙子·谋攻》、《孙子·九地》。

第二、马克思列宁主义的民族和谐理论

马克思列宁主义民族理论是我们构建社会主义和谐民族关系的理论基础。马克思、恩格斯非常重视各民族之间的关系，他们认为随着生产力的发展，人们之间普遍交往的建立，就消灭了以往自然形成的各民族闭关自守、互不来往的孤立状态，使各民族彼此之间必然发生各种关系。在《德意志意识形态》中提出："各民族之间的相互关系取决于每一个民族的生产力、分工和内部交往的发展程度。这个原理是公认的。"① 社会分工、内部交往是由生产力发展水平决定的，因此，各民族之间的相互关系最终取决于每一个民族的生产力。生产力是民族和谐的基础条件。马克思、恩格斯主张各民族之间不论大小、强弱，不存在优劣之分，在权利和地位上都是平等的。马克思、恩格斯曾指出："古往今来每个民族都在某些方面优越于其他民族。如果批判的预言正确无误，那末任何一个民族都永远不会优越于其他民族。"② 这就是说，各民族只有大小和强弱之分，而没有优劣之别。马克思、恩格斯不仅承认国内各民族一律平等，而且承认世界范围内的各民族之间都是自由平等、和谐统一的。因此，马克思、恩格斯在构思"自由人的联合体"时，认为人与人、人与社会之间的理想状态应该是和谐、统一的。

列宁在继承马克思、恩格斯民族问题理论的基础上，进一步深化和发展了马克思、恩格斯的民族问题理论。首先，进一步深化了马克思、恩格斯关于民族平等的理论。列宁指出："谁不承认和不坚持民族平等和语言平等，不同各种民族压迫或不平等作斗争，谁就不是马克思主义者，甚至也不是民主主义者。"③ 列宁认为，民族平等的实现，必须依靠法制来保证。他在《俄国社会民主工党纲领草案》中指出："俄国社会主义民主工党的最近的政治任务是推翻沙皇专制制度，建立以民主宪法为基础的共和国，民主宪法应保证：……种族一律平等；承认国内各民族的自决权。"④ 其次，列宁认为，人类社会发展的基本规律是，随着各民族间经济交流和文化交往的日益频繁，各民族必将走上融合的道路。列宁指出："发展中的资本主义在民族问题上有两种历史趋势。民族生活和民族运动的觉醒，

① 《马克思恩格斯选集》第 1 卷，人民出版社 2012 年版，第 147 页。
② 《马克思恩格斯论民族问题》，民族出版社 1987 年版，第 46—47 页。
③ 《列宁论民族问题》，民族出版社 1987 年版，第 230 页。
④ 同上书，第 6 页。

反对一切民族压迫的斗争，民族国家的建立，这是其一。各民族彼此间各种交往的发展和日益频繁，民族隔阂的消除，资本、一般经济生活、政治、科学等等的国际统一的形成，这是其二。""第一种趋势在资本主义发展初期是占主导地位的，第二种趋势标志着资本主义已经成熟，正在向社会主义社会转化。"① 同时，要"支持一切有助于消除民族差别、消除民族隔阂的措施，支持一切促使各民族间日益紧密的联系和促使各民族打成一片的措施"。② 列宁的民族问题两种趋势的理论对研究和认识和谐民族建设的基本规律具有重要作用。

　　总之，马克思列宁主义坚持彻底的民族平等主张：第一，主张各民族一律平等，坚决反对民族压迫。第二，要求各民族在一切权利上完全平等，坚决反对任何民族享有任何特权。第三，对于少数民族和落后民族，要帮助它们发展和进步，以达到各民族事实上的平等。

　　第三、中国化马克思主义的民族和谐理论

　　毛泽东是中国共产党的创建者之一，也是中国共产党第一代领导集体的核心。在领导中国新民主主义革命、社会革命和建设的过程中，提出了解决中国民族问题的一系列理论和政策，其核心内容，可以概括为民族平等、团结、自治、发展。毛泽东指出："汉族和少数民族的关系一定要搞好。这个问题的关键是克服大汉族主义。在存有地方民族主义的少数民族中间，则应当同时克服地方民族主义。"③ 并且在马克思列宁主义民族区域自治理论的指导下，结合我国的历史条件、民族特点和现实情况，形成其民族区域自治思想。

　　邓小平非常重视民族问题和民族工作，在解决中国社会主义革命和建设过程中，特别是民族问题的实践中，坚持并丰富和发展了马克思列宁主义、毛泽东思想的民族理论。实现民族发展是邓小平民族理论解决民族问题的着眼点，实现各民族共同繁荣是解决民族问题的归宿点。在解决民族问题方面，他指出："解决民族问题，中国采取的不是民族共和国联邦的制度，而是民族区域自治的制度，我们认为这个制度比较好，适合中国的情况。"④ "我们中华人民共和国是一个多民族国家，只有在消除民族隔阂

---

①　《列宁全集》第 24 卷，人民出版社 1990 年版，第 129 页。

②　同上书，第 138 页。

③　《毛泽东文集》第六卷，人民出版社 1999 年版，第 227 页。

④　《邓小平文选》第三卷，人民出版社 1993 年版，第 257 页。

的基础上，经过各族人民的共同努力，才能真正形成中华民族美好的大家庭"①。邓小平的论述表明，就全国来说，解决好民族问题是真正形成中华民族幸福大家庭的前提条件。

以江泽民为核心的中国共产党第三代领导集体在处理民族问题、指导我国现阶段民族工作的过程中，深刻总结了其他国家民族问题方面的经验教训和我国新时期民族工作实践中的经验，逐步形成了一套特色鲜明、体系完整的民族理论。主要体现在发展和丰富了民族关系上的"两个离不开"的思想，形成了"三个离不开"思想，即"汉族离不开少数民族，少数民族离不开汉族，少数民族之间也相互离不开。"② 同时还指出，我国的民族关系基本上是各族劳动人民之间的关系，是新型的社会主义民族关系。

以胡锦涛为核心的新一代领导集体对民族问题也十分关注，党的十六届六中全会通过的《关于构建社会主义和谐社会若干重大问题的决定》中明确指出："巩固和发展平等、团结、互助、和谐的社会主义民族关系，使各族人民和睦相处、和衷共济、和谐发展。"胡锦涛在中央民族工作会议暨国务院第四次全国民族团结进步表彰大会上的讲话中指出："民族关系是多民族国家中至关重要的社会关系。正确处理民族问题，使各族人民和睦相处、和衷共济、和谐发展，对我们建设社会主义物质文明、政治文明、精神文明与和谐社会，具有十分重大的意义。"③ 这一论述进一步丰富了我国社会主义民族理论的内涵，对促进各民族共同团结奋斗、共同繁荣发展，提出了新的要求。

（二）社会主义和谐民族的内涵和特征

和谐民族理论是把马克思主义民族理论与中国民族问题的具体实际相结合的理论探索，它的提出反映了我国现阶段民族问题的复杂性和民族工作的严峻性。和谐民族是在构建社会主义和谐社会新的历史时期，针对现阶段民族问题的新特点，对民族工作提出的新课题和新要求。马克思在《共产党宣言》波兰文版序言和意大利文版中论及波兰独立问题和欧洲

---

① 《邓小平文选》第一卷，人民出版社1993年版，第162页。
② 国家民族事务委员会政策研究室编：《中国共产党主要领导人论民族问题》，民族出版社1994年版，第238页。
③ 胡锦涛：《在中央民族工作会议暨国务院第四次全国民族团结进步表彰大会上的讲话》，载《人民日报》2005年5月28日。

1848 年革命时分别指出："然而这种独立却是实现欧洲各民族和谐的合作所必需的。"① "不恢复每个民族的独立和统一，那就既不可能有无产阶级的国际联合，也不可能有各民族为达到共同目的而必须实行的和睦的与自觉的合作。"②

社会主义社会，特别是生产资料的社会主义改造完成之后，民族剥削、民族压迫的阶级根源已经不复存在了，我国各兄弟民族形成了平等、团结、互助、和谐的新型社会主义民族关系。2005 年 2 月 19 日，胡锦涛总书记在省部级主要领导干部提高构建社会主义和谐社会能力专题研讨班上的讲话中，总结了我国构建社会主义和谐社会的基本内容和重要特征，指出，根据新世纪新阶段我国经济社会发展的新要求和我国社会出现的新趋势新特点，我们所要建设的社会主义和谐社会，应该是"民主法制、公平正义、诚信友爱、充满活力、安定有序、人与自然和谐相处"的社会。2005 年 5 月 27 日，胡锦涛同志在《中央民族工作会议暨国务院第四次全国民族团结进步表彰大会的讲话》中进一步指出："坚持巩固和发展平等、团结、互助、和谐的社会主义民族关系。"③ 在我国社会主义民族关系基本特征中加入"和谐"的要素，使我国社会主义民族关系的内容更加完整。"和谐"要素的提出，是对我国各民族文化、利益多元性的承认和尊重，也是对在共同利益和目标基础上各民族和睦、协调、合作等统一性的强调。因此，民族和谐可以定义为在各民族间存在着特点的差异性和文化的多样性基础上，各民族的合法权益得到保障和实现，各民族的经济和社会事业得到协调发展，各民族的特点和文化受到尊重，民族共同体内部及民族共同体与外部不同要素之间处于一种相互依存、相互协调、相互促进的理想状态。构建和谐民族要求各民族在交往中相互调整行为，以平等协商、相互妥协等方式逐渐加深理解和相互尊重，在此基础上建立并巩固友好关系，以实现相互适应，促进彼此团结。

我们今天所说的和谐民族主要包括以下几个方面的内容：一是民族自身内部的和谐；二是民族与民族的和谐；三是民族与社会的和谐；四是民族与自然生态的和谐。

---

① 《马克思恩格斯选集》第 1 卷，人民出版社 2012 年版，第 395 页。
② 同上书，第 397 页。
③ 胡锦涛：《在中央民族工作会议暨国务院第四次全国民族团结进步表彰大会上的讲话》，载《人民日报》2005 年 5 月 28 日。

民族自身的和谐。民族自身和谐，是指民族共同体内部诸要素之间有一个比较均衡和稳定的关系。其中，民族结构和谐是民族自身和谐的前提。民族结构诸要素包括经济结构、政治结构、文化结构、人口结构、意识结构等。民族结构的合理化、优化标准在于民族结构内部各要素之间能够协调发展，在各要素相互联系作用的过程中达到最优配置。倘若民族结构不合理，必然导致民族地区经济、社会、政治的不均衡发展，出现资源浪费、利益纷争现象。在中国，民族经济、政治、文化、社会和谐是各民族人民群众的共同夙愿和理想追求，也是各族群众的根本利益所在。

民族与民族之间的和谐。民族之间的和谐，是指不同民族间和衷共济、和睦共处、共同发展。从历史上看，民族关系和睦，则民族发展、社会进步；民族矛盾重重，则民族停滞发展、裹足不前、社会动荡。民族与民族和睦交往的前提必须是民族间的平等，和而不同、互惠互利，即要在多样性中寻求统一，使本民族与他民族的利益同时得到增进。中国各民族之间相互促进、相互融合、相得益彰、利益均衡、权利公平、和睦共存、共同发展，是中华民族和谐繁荣发展的基本保证。

民族与社会的和谐。民族与社会的和谐是指民族与社会之间协调统一、共荣共进。民族与社会之间的辩证统一关系表明：社会现象中的民族因素与民族现象中的社会因素如影随形，民族发展与社会发展互为前提和基础。民族发展是社会发展的前提和目的，离开民族发展就谈不上社会的发展。社会发展又为民族发展提供了条件和手段，没有社会各方面的不断进步和发展，民族的发展就只能是纸上谈兵。

民族与自然生态的和谐。民族与自然的和谐是指民族与自然处于共生共存的良性循环状态。民族与自然的辩证统一关系表明：一方面民族与自然是相互联系、相互依存、相互渗透的。每一民族的存在和发展都离不开一定的地域空间范围，离不开自然；另一方面民族在其存在发展过程中不断改变自然，而自然资源的过度利用和不合理开发，会使民族丧失发展的物质基础，从而阻碍民族发展。因此，民族与自然的和谐相处是民族生存、发展的必由之路，各民族应改变片面追求经济利益的发展战略与思路，实现民族与自然和谐共进。

综上所述，民族自身的和谐是民族间和谐的基础和前提；民族间的和谐是民族与社会和谐的重要支撑；民族与社会的和谐为实现民族与自然生态的和谐提供条件；民族与自然生态的和谐是实现民族自身和谐的保障。

民族自身的和谐、民族间的和谐、民族与社会的和谐、民族与自然生态的和谐四者相辅相成，共同构成民族和谐的完整内涵。① 而从分析社会主义和谐民族的内涵中，我们不难看出社会主义和谐民族也具有其鲜明的特征：

第一，社会主义和谐民族以民族平等、和睦相处为前提。

民族平等是马克思主义民族理论的基石，也是中国共产党处理民族关系问题的基本原则。民族平等"是指不同民族在社会生活和交往联系的相互关系中，处于平等的地位，具有同样的权利，是指各民族在社会生活的各方面的地位、待遇和权利、利益的平等"②。我国的民族平等，是主张国内各民族无论大小、强弱、先进与落后，在国家政治生活中的权利和地位一律平等；在经济、文化、语言文字、风俗习惯等社会生活领域也一律平等。禁止一切形式的民族歧视和差别对待。尊重各民族之间的差异，包容民族之间的不同。让各民族在平等的基础上发展各种友好关系，在相互交往中和睦相处，和谐共进。

第二，社会主义和谐民族是以团结友爱为保障。

民族团结友爱，是指不同民族为了共同的利益和目标在自愿和平等的基础上真诚合作，是马克思主义处理民族问题的根本原则之一，也是我国社会主义民族关系的一个基本特征。民族团结友爱是中华民族凝聚力的具体体现，是衡量社会和谐程度的最重要指标，也是发展社会主义和谐民族关系的基本保障。

第三，社会主义和谐民族是以互帮互助为动力。

民族互帮互助，是指各民族在平等团结的基础上，为了共同的利益和奋斗目标，相互支持、相互帮助、相互促进。民族互帮互助是"汉族离不开少数民族，少数民族离不开汉族，各少数民族之间也相互离不开"的思想反映。各民族都有自己的优点和长处，同时又都存在着劣势和不足。民族地区经济社会发展并不是单单依靠一个民族就能完成的，所以需要各民族紧密团结起来，共同发展。民族间的互帮互助是民族和谐发展的动力，将进一步加深民族之间的感情，加强民族团结。

第四，社会主义和谐民族是以民族和谐发展、共同繁荣为目的。

发展，始终是民族和社会追求的目标。民族的发展是全方位的、多角

---

① 张银花：《民族和谐发展理论与实证》，内蒙古教育出版社 2008 年版，第 19 页。
② 金炳镐：《民族理论通论》（修订本），中央民族大学出版社 2007 年版，第 480 页。

度的。和谐民族关系要求民族取得均等的发展机遇、同等的发展条件、同等的竞争起点、大致相同的发展结果。构建社会主义和谐民族关系必须以促进各民族共同繁荣发展作为重要目标，加快少数民族和民族地区经济社会发展，逐步缩小发展差距，实现区域协调发展，最终实现全国各族人民共同富裕。

第二节　我国民族地区民族和谐发展的重要意义

我国是统一多民族的国家，56个民族中55个是少数民族。少数民族是否安居乐业，民族地区的社会是否平安有序，对于我国建设社会主义和谐社会具有十分重要的作用。民族工作是党和国家工作的重要组成部分，在党和国家事业发展的大局中有着重要的地位。正确对待和处理好民族问题，构建民族地区的和谐社会，事关民族地区经济社会的全面发展，事关国家的长治久安，事关社会主义现代化建设的顺利进行和中华民族的伟大复兴。

一　民族和谐发展是巩固和发展民族地区各民族平等、团结、互助关系的重要手段

我国各兄弟民族之间和睦友善的关系源远流长。几千年来，各民族在长期的相互关系中形成了平等、团结、互助的友好关系，缔造了伟大的中华民族，共同创造了灿烂的中华文明、形成统一的多民族国家、推动中国社会的进步。新中国的成立和社会主义制度的确立，揭开了中华民族团结进步的新篇章。我国56个民族不分大小和社会发育程度都获得了平等地位，都享有宪法规定的平等权利。伴随着社会主义制度的建立和实行符合我国国情的民族区域自治制度，我国各民族平等、团结、互助的新型社会主义民族关系得到确立并不断巩固和发展。改革开放以来中国共产党高度重视民族工作，采取了一系列重大举措，大力推进民族地区的经济社会发展。经过不懈地努力，我国民族地区的面貌发生了重大历史性变化，各族群众的生活水平得到了前所未有的提高，各族人民的政治、经济、文化等各方面权利得到了切实保障，平等团结互助的民族关系进一步巩固和发展，形成了汉族离不开少数民族，少数民族离不开汉族，少数民族之间谁也离不开谁的关系，开创了民族团结进步的新局面。这些都是民族和谐的

表现。但应该看到，在我国经济快速发展的今天，也存在不少社会矛盾和问题，主要是城乡差距、地区差距、居民收入差距持续扩大，就业和社会保障压力增加，教育、卫生、文化等社会事业发展滞后，人口增长、经济发展同生态环境自然资源的矛盾加剧，经济增长方式落后，经济整体素质不高和竞争力不强等。这些矛盾和问题是社会不和谐的因素，反映到民族关系上来，就表现为：一是由于经济发展差距的扩大，使发展不平衡性加剧；二是由于市场机制的作用，使得生产要素趋向发达地区，欠发达地区处于更加落后的分工格局，造成利益机制不平等，民族地区经济发展的矛盾日益突出；三是各民族地区发展差异的延续，会逐步减弱民族地区经济发展的亲和力和传统的联系性；等等。因此，这些矛盾和问题如果不能很好地加以解决，会加深民族矛盾，甚至会使各兄弟民族之间业已形成的休戚与共的民族关系受到破坏。因此，在民族地区构建和谐社会，是进一步巩固和发展平等、团结、互助的民族友好关系、推动民族和谐发展的重要手段。

二　民族和谐发展是促进民族地区经济社会发展、推动民族地区全面建设小康社会的重要保证

新中国成立以来，少数民族经济社会获得了长足发展，少数民族生活水平有了很大的提高，但由于历史原因、国家整体发展战略等因素的影响，少数民族地区与东部沿海地区经济发展差距明显拉大，各少数民族之间经济发展也出现了明显拉大的趋势。由于各少数民族经济文化上的落后，不能充分享受国家宪法和法律给予的各项权利和平等权利，势必造成一些不满和民族间的摩擦，势必影响民族团结的巩固和发展。在民族地区构建和谐社会能够激发各民族的主人翁意识，使不同民族的人们把民族地区经济社会发展的整体利益与自身利益统一起来，从而推动民族地区经济社会的快速健康发展。另外，党的十六大提出，全面建设小康社会，就要使社会更加和谐，努力形成全体人民各尽所能、各得其所而又和谐相处的局面。全面建设小康社会，特别是在经济较为落后的民族地区建设小康社会，体现了我们党坚持各民族共同繁荣的基本原则。在民族地区构建社会主义和谐社会，既是促进民族地区经济社会发展、推动全面建设小康社会的目标之一，又是实现全面建设小康社会的重要保证。因为，不能想象在一个没有民主法治、没有公平正义、矛盾

第二章　西南民族地区民族和谐
发展现状分析

在党的十六大把"社会更加和谐"作为全面建设小康社会的目标之一提出以后，党的十六届四中全会又把"提高构建社会主义和谐社会的能力"作为党执政能力的一个重要方面明确提出，党中央在十六届六中全会提出全面构建社会主义和谐社会，党的十七大又提出构建社会主义和谐社会是贯穿中国特色社会主义事业全过程的长期历史任务。党中央出台的这些纲领性文件对我们分析影响民族地区和谐发展的因素，指导民族地区社会发展起到了重要的作用，也使我国民族地区和谐社会的建设取得了长足的进步。西南民族地区是我国的民族聚居区，民族种类众多，西南民族地区和谐社会的构建会直接影响到我国和谐社会构建的进程。在党中央的领导和西南各族人民的共同努力下，西南民族地区在经济、社会、政治各方面得到了较大的发展，但与其他地区相比，仍处于较为落后的状态。本节将对西南民族地区和谐社会构建的现状作详细分析。

第一节　西南民族地区和谐社会建设现状

一　西南民族地区和谐社会建设取得的成绩

（一）民族地区经济得到一定程度的发展

改革开放以来，西南民族地区经济取得了较大发展，总体经济实力有了较大提高，基本解决了民族地区的温饱问题，这为新时期西南民族地区的民族团结与社会和谐提供了坚实的经济基础。世纪之交，中央做出实施西部大开发的战略决策，为加快西南少数民族和西南民族地区的发展，促进各民族共同富裕和共同繁荣创造了空前的历史机遇；同时，党中央有目的有计划地在民族地区安排了一批基础设施建设项目，例如：被誉为"全国最大的扶贫项目"的南昆铁路经过的全是民族地区；在红水河上建设的10座大型水电站全部坐落在桂西北民族地区；水南高速公路、南友高速公路、南百高速公路及在建的黔桂铁路复线、隆林至百色高速公路均在民族地区；此外，通信也得到了快速的改善。民族地区经济快速、平稳发展，是民族团结与社会和谐的基础。

（二）西南民族区域民族自治政策进一步贯彻落实

民族区域自治制度是中国共产党运用马克思列宁主义解决我国民族问题的基本政策，是我国的一项重要政治制度，同时也是各少数民族在中华人民共和国内在国家的统一领导下，遵循《中华人民共和国宪法》规定的总道路，以少数民族聚居区为基础建立民族自治地方，设立自治机关，行使自治权利，实现各族人民当家作主管理本民族内部事务的一种政治形式。新中国成立后，党和国家就在西南民族地区推行民族区域自治制度。为了使各少数民族充分体现自治，在《宪法》和《民族区域自治法》的规定范围内，西南各民族地区可以配备自治区主席、自治县县长和民族乡乡长，配备各级民族干部，按法定比例选举了少数民族的各级人民代表；逐步加强民族法制建设，制定自治区单行条例和自治县的《自治条例》。

目前，西南各少数民族中国共产党的领导下，民族区域自治制度得到了很好的贯彻落实，促进了西南民族地区的稳定和民族的团结，表现出高度的民族凝聚力，为构建西南民族地区和谐社会打下了坚实的政治基础。胡锦涛总书记在 2005 年 5 月召开的中央民族工作会议暨国务院第四次全国民族团结进步表彰大会上的讲话中指出："民族区域自治制度，是我国的一项基本政治制度，是发展社会主义民主、建设社会主义政治文明的重要内容，是党团结带领各族人民建设中国特色社会主义、实现中华民族伟大复兴的重要保证。在国家统一领导下实行民族区域自治，体现了国家尊重和保障少数民族自主管理本民族内部事务的权利，体现了民族平等、民族团结、各民族共同繁荣发展的原则，体现了民族因素与区域因素、政治因素与经济因素、历史因素与现实因素的统一。实践证明，这一制度符合我国国情和各族人民的根本利益，具有强大生命力。民族区域自治，作为党解决我国民族问题的一条基本经验不容置疑，作为我国的一项基本政治制度不容动摇，作为我国社会主义的一大政治优势不容削弱。"[1] 在新的历史条件下，我们必须进一步完善民族区域自治制度，努力构建西南民族

---

[1]　胡锦涛：《在中央民族工作会议暨国务院第四次全国民族团结进步表彰大会上的讲话》，载《人民日报》2005 年 5 月 28 日。

地区和谐社会。

（三）西南民族地区坚定不移地实施科教兴国战略，逐步提高各民族科学文化素质，促进西南民族地区社会主义精神文明建设

依靠科技进步与教育发展促进经济与社会发展已成为世界各国的共识。随着知识经济的兴起，为西南少数民族和西南民族地区实现科教先行、技术跨越，充分发挥后发优势创造了空前的历史机遇。首先，科技进步为西南民族地区实现了经济的发展，经济的发展促进了教育的进步，提高了西南民族地区人民的科学文化素质；其次，教育培养了大批的少数民族优秀人才，为西南民族地区经济社会的持续发展提供了人才资源。目前，西南各少数民族干部和高层次的领导干部在逐年增多，素质也在逐年提高，已建立起一支包括党政、经济、科技、文化、教育、卫生等各方面人才的少数民族干部队伍。促进了西南少数民族地区的社会主义精神文明建设。

（四）西南民族地区各少数民族的传统文化得到了确实的尊重和保护

西南民族地区各少数民族具有历史悠久、底蕴深厚、独具一格的文化，这是西南民族地区和谐发展的无价之宝。西南民族地区少数民族传统文化是千百年来各少数民族智慧的结晶，是各民族得以生存和发展的内在动力。新中国成立以来，西南民族文化政策以《共同纲领》为基础，经过多年来的不断丰富发展，到现在已经形成了较为完善的民族文化政策，包括尊重少数民族的风俗习惯、保护少数民族文化遗产、繁荣少数民族文化艺术事业、保护少数民族传统医药和发展少数民族传统体育运动等，党和政府对少数民族传统文化的这些保护政策，为保护、传承、繁荣发展西南民族地区的民族文化发挥了重要作用。

（五）西南民族地区各民族长期以来已经形成了团结和谐的民族关系

当前，西南民族团结和谐的民族关系，是历史上友好和睦的民族关系的继承和发展，也为西南民族地区民族和谐社会建设提供了坚实的民族基础。各少数民族大部分有着同源异流、相互通婚等亲缘关系，在民俗文化、宗教信仰、语言等方面都有很多的相似之处。各少数民族的团结始终是紧密的，现在不少民族地方都能融洽地聚居着几个不同的民族，各民族群众共同劳动，共同生活，有许多家庭是由几个民族的成员组成的，在政治、经济等方面很少有较大的冲突，形成了民族团结最生动最具体的写照。这种长期以来形成的良好的社会主义民族关系，是西南民族地区各少

数民族社会稳定、和谐的前提。

二　西南民族地区和谐社会建设存在的主要问题

(一) 各民族地区生产力发展不和谐

民族地区的发展，首先是经济的发展。只有不断解放和发展生产力，才能为民族和谐发展提供物质基础。马克思、恩格斯指出："生产力的这种发展……之所以是绝对必需的实际前提，还因为如果没有这种发展，那就只会有贫穷、极端贫困的普遍化；而在极端贫困的情况下，必须重新开始争取必需品的斗争，全部陈腐污浊的东西又要死灰复燃。"① 也就是说，只有生产力的发展，经济基础的强大，才能逐步增加人民物质资料生活资料，社会关系才会融洽，民族才会和谐；失去物质基础，民族将不和谐，社会和谐也将难以发展。目前，我国西南少数民族地区经济发展虽然取得了一定成绩，但总体上来说，社会生产力水平仍然低下、经济增长方式仍然落后，难以满足各少数民族人民的物质和文化生活需要的现状在短期内难以改变，这种情况既不利于整个民族地区的和谐，又在根本上制约民族与民族、民族与社会的和谐发展。因此，大力发展西南民族地区的社会生产力，促进西南民族地区各民族在经济上的共同发展，这是西南民族地区各民族和谐发展的根本。

(二) 民族内部结构不协调、不和谐

民族内部结构是经济结构、政治结构、文化结构、意识结构甚至家庭人口结构等的统称。其中，经济结构具有决定作用，制约和支配其他结构。对于民族和谐发展来说，内部结构的协调是一关键的因素。一个民族内部结构的合理程度与内部活力的能量程度是成正比例的。"民族内部结构各组成部分之间的合比例、协调的良性循环的关系结构，将产生着更大的助推力。反之，民族、内部结构的不合理甚至是畸形结构，产生着很大的阻碍力。"② 民族结构的合理化、优化的标准在于民族结构内部各个要素之间能够协调，在各个要素之间相互联系作用中内耗最小，能够产生既有结构水平中的最大的能量或能力质。民族内部结构的协调是民族发展获得动力、协调力的基础和前提。各个民族的内部结构，由于民族历史和现

---

① 《马克思恩格斯选集》第 1 卷，人民出版社 2012 年版，第 166 页。

② 金炳镐：《民族理论通论》，中央民族大学出版社 1994 年版，第 105 页。

实、社会和自然等方面条件不同而各有差异，因而对民族发展的影响（推动）力、制约（滞后）力也有所不同。[①] 目前，我国西南民族地区经济结构与政治结构、文化结构等之间存在着不协调现象，影响到经济发展与社会发展的不协调、不和谐。经济发展水平的不断提高，只是给社会发展提供了一个基础条件，如果忽视其他方面的发展，经济发展的整体效益就难提高，并最终还可能对经济发展产生不利影响。民族和谐发展，依赖于各子系统之间的相互协调。因此，要使西南民族地区处于和谐发展状态，在大力发展生产力的同时，还需要经济发展与其他各项社会事业发展相协调，不断完善各子系统之间的结构、功能和运动的衔接及顺畅的协调机制，使各个子系统之间的运行阻力和内耗不断降低。

（三）民族素质不和谐

民族素质的优化既是民族和谐发展的重要内容，也是民族和谐发展的主要内因之一。没有民族素质的提高和优化，难以实现民族自身、民族与民族、民族与社会等的和谐发展。[②] 民族素质是指民族在生产和发展的过程中，在长期的物质资料和精神产品的生产及人类自身生产的过程中，所形成的认识世界和改造世界的内在的和显现的能力。民族素质一般包括民族的科学文化素质、思想政治素质、心理意识素质和人口身体素质。民族素质的各方面是相互联系、相互制约、相互影响的。如，民族科学文化素质影响着民族的思想政治素质、心理意识素质和人口身体素质；同时，民族的思想政治素质、心理意识素质和人口身体素质也反作用于民族的科学文化素质。民族素质作为内因，对民族和谐发展的影响作用，主要是通过民族素质各要素之间的相互影响力、协调力、制约力来表现的。如果民族素质各要素之间不能相互协调，或是协调程度不够，都会直接影响民族自身、民族与民族、民族与社会、民族与自然的全面、共同、和谐、持续发展。目前，我国西南民族地区的民族整体素质不高，特别是一些人口数量少，经济落后的民族整体文化素质、人口素质较低，直接影响着民族地区经济、政治、教育、文化等的全面发展。要实现西南民族地区经济社会协调发展，提高和优化民族素质是必备的条件，而大力发展民族教育是提高和优化民族素质的必由之路。

---

① 金炳镐：《民族理论与民族政策概论》（修订本），中央民族大学出版社 2006 年版，第105 页。

② 金炳镐：《民族理论通论》，中央民族大学出版社 1994 年版，第110 页。

（四）民族关系不和谐

民族关系作为与民族共存亡的一种社会关系，在多民族共同生活的社会里，民族关系的和谐既是民族和谐发展的重要内容之一，又是民族和谐发展的客观环境和重要条件之一。民族关系是建立在一定的社会经济基础之上，并受社会政治制度、文化制度等制约的民族之间的相互影响、相互制约和相互作用的关系，一般表现为政治、经济、文化和社会四个层面的关系。政治层面的民族关系常常是各个层面关系的最为集中的体现；经济层面上的民族关系是各个层面关系的坚实基础，是民族之间在资源配置和经济利益分配方面的关系。"每一个社会的经济关系首先是作为利益表现出来的"①，民族经济也同样体现着民族共同体的根本利益；文化层面的民族关系体现于不同民族的文化交往与联系、文化接受与渗透、文化排斥或奴役；社会层面的民族关系是民族在社会生活以及社会交往互动过程中的关系。民族关系是涉及民族这个社会人们共同体的地位和利益，民族这个社会利益群体的权力和利益，民族及其成员的民族意识和感情的特殊社会关系问题。目前，我国西南各民族内部、民族之间的关系是总体上是向着良性方向发展的，但民族与民族之间政治地位和政治权利的不平等、经济利益和经济发展的不均衡、文化相互排斥以及社会交往中的冲突现象在一定范围内是存在的，这些情况的存在对民族地区构建和谐是极为不利的。因此，构建民族地区和谐社会，促进民族和谐发展，就需要增进理解，加强民族之间文化的交流。同时，任何民族在增进自身利益的时候，不能以牺牲或损害其他民族的利益为代价。要在坚持民族平等的基础上，和而不同、互惠互利。尊重文化的多样性，维护各民族正当的利益和合法的权利，保证各民族有平等的发展权利和发展地位、同等的发展利益和发展机遇，实现西南民族地区民族和谐发展。

（五）民族与自然关系不和谐

自然资源即自然界中能够为人类利用的物质和能量的总和，包括土地、淡水、森林、生物与各种矿产资源。环境是指以人类为主体的外部世界，包括自然环境和人工环境。自然资源、自然环境是民族赖以生存和发展的物质基础。民族与自然关系不和谐，影响民族与民族关系、民族与社会关系，自身和谐发展也难以实现。由民族、社会、自然构成的整个世界

---

① 《马克思恩格斯全集》第18卷，人民出版社2006年版，第307页。

是一个辩证发展的整体，一方面民族是自然界的产物，自然生态的可持续性决定着民族发展的可持续性；另一方面民族的生产方式影响着地球的生态系统，民族的发展构成了整个自然进化的一个组成部分。目前，"先发展，后保护；先污染，后治理"是我国西南民族地区发展中的突出问题，也是西南民族地区和谐社会构建中存在的重要问题。其原因主要在于经营方式粗放、经济增长主要靠增加资源投入和扩大投资规模。统筹民族与自然的和谐发展，必须改变片面发展的战略与思路，遵循民族与自然辩证发展的规律，发展循环经济、走科技含量高、经济效益好、资源消耗低、环境污染少、人力资源优势得到充分发挥的新型工业化道路，实现增长方式从"粗放型"到"节约型"的转变，促进自然—民族的可持续发展。

第二节　影响西南民族地区民族和谐发展的因素

我国的西南民族地区，是少数民族的主要聚居区，也有大量的汉族生活在这里，是典型的多民族地区。由于自然环境复杂、地理和政治区位特殊，同时民族文化多样、宗教影响突出、区域社会发育水平较低和多样化，以及毗邻其他国家等诸多因素的影响，这些地区在生产方式、生活方式、人口构成、社会发育水平、经济发展、社会文化、国际影响等方面，都与内地有很大的差别，从而使这里成为特殊性十分明显的区域社会。构建社会主义和谐社会，西南民族地区所处的自然环境、经济环境、政治环境、文化环境、社会环境和国际环境等的特点、面临的矛盾和问题、需要解决的紧迫问题、总体进程和阶段性的任务、发展规律及国家的政策导向等，都与国内其他地区有很大的区别。因此，构建西南民族地区社会主义和谐社会，不能照抄照搬其他国家和地区的做法，采取"一刀切"的政策和措施，而必须从当地的实际出发，在总体设计、政策指导、国家的支持和帮助诸方面采取特殊而灵活的做法。构建西南民族地区的和谐社会必须从当地特殊的历史和现实出发。

一　影响西南民族地区民族和谐发展的经济因素

西南民族地区与东部发达地区在经济发展上存在较大差距，这在一定程度上制约着西南民族地区和谐社会的构建。经济发展上的落后和差距，是一个影响民族团结，民族地区社会和谐的根本性问题，是民族地区各种社会问题的总根源。根据国家民委 2004 年提供的数字，目前全国农村未解决温饱的人口有 2800 万，其中少数民族和民族地区 1300 万，占 46%；全国农村低收入人口 5800 万，其中少数民族和民族地区 3300 万，占 57%。加上民族地区自然条件差，人口素质低等深层次致贫原因，扶贫工作仍然十分艰巨。① 经济发展的落后、贫困人口主要在少数民族地区的事实，已经造成了少数民族地区干部群众心理上的不平衡和困惑，从而影响到少数民族和汉族的关系。在西南民族地区情况也是如此，西南民族地区的贫困落后现象，特别是还有不少群众的温饱问题尚未解决的现实，更成为国内外敌对势力攻击我们党和政府的民族政策，诋毁社会主义，挑拨我国民族关系，特别是汉族和少数民族关系的口实。经济社会发展问题直接关系到少数民族物质利益的获取，物质利益得不到充分保障，就会影响到民族关系甚至会导致民族矛盾的上升。因此，在促进西南民族地区构建和谐社会过程中必须高度重视西南民族地区经济发展，加快西南民族地区经济发展，重视西南民族地区多种生产方式对经济发展的作用，以保持西南民族地区的社会稳定。

二　影响西南民族地区民族和谐发展的政治因素

目前，西南民族地区的社会发展程度仍有较大的差异，加之民族构成状况较为复杂、宗教信仰多样化的现实，对西南民族地区政治生活产生着重大的影响。同时，富有民族特色的多样性的政治文化也对政治关系的形成和演变发挥着十分重要的影响。另外，边疆民族地区有些民族与国外民族属同一民族，是跨境民族，因而很容易受周边国家的影响。因此，这里的政治关系与其他地区相比，显得更为复杂，体现出突出的民族性和边疆性。这种复杂性的突出表现就是，在这些地区除存在一般的政治关系以外，还存在一些特殊的政治关系：一是民族关系。西南地区是多民族聚居区，民族政治关系较为复杂。既有少数民族与汉族的关系，又有少数民族与少数民族的关系，还有区域内的主体民族与非主体民族的关系，实行区域自治的民族与不实行区域自治的民族的关系，以及实行区域自治的民族之间的关系等。二是宗教关系。各民族群众一般信仰宗教，甚至是全民信教。而各个民族信仰的宗教又是多种多样的，既有本土宗教又有外来宗

───────────

① 国家民委民族问题研究中心：《民族工作研究》2005 年第 2 期。

教，既有成熟的宗教又有原始宗教，既有为多个民族共同信仰的宗教又有只为个别民族信仰的宗教。三是宗教关系与民族关系相互纠缠。各个民族信仰的宗教往往与民族文化相结合从而成为民族的价值体系和信念系统，反过来，宗教又以民族和民族文化为载体，因此民族关系往往打上宗教的烙印。宗教关系往往具有突出的民族特色，民族关系与宗教影响盘根错节。四是传统政治关系。西南少数民族社会尤其是基层政治中，与现代政治相区别的传统政治的影响仍然程度不同地存在着，体制外的传统政治权威与体制内的现代政治权威同时并存，传统政治关系与现代政治关系难舍难分地联系在一起。另外，这里的政治关系容易受到境外因素的影响，国外势力对我国的渗透首先进入这里。由于政治关系更加复杂，矛盾和冲突也更容易发生，而且一旦发生矛盾和冲突，各种关系中的矛盾又相互扭结，新的矛盾和冲突如果不能得到及时控制和协调还会激活旧有的矛盾和冲突，容易形成"斩不断，理还乱"的复杂局面甚至形成连锁反应，并产生严重的后果，不仅会影响到平等、团结、和谐的民族关系，也会影响到社会主义和谐社会的建设；同时，还会影响到边防的巩固、地区的稳定和国家的统一。因此，在西南民族地区构建和谐社会，必须高度重视民族地区的政治关系现状，合理解决民族地区的政治问题。

三　影响西南民族地区民族和谐发展的文化因素

民族文化具有同一性与多样性两大特征。中华民族文化多样性是客观事实，它表现在两个方面：一是民族文化的多样性，56个民族都有自己的独特传统，都有自己的文化特色；二是地域文化的多样性，中国地域辽阔，千里不同风，百里不同俗，各地区均有自己的文化特色。即使是同一民族，不同地区的风俗习惯和语言也有较大的差异。文化同一性即同质性、共同性或一体性，表现在多方面：一是中华民族文化不是56个民族文化加在一起的总称，它是各民族、各地区文化在数千年的历史发展中逐步交融、整合而形成的有机的文化整体。二是各民族、各地区在长期的文化互动、交流中形成同质化和一体化现象，并逐步整合成一个具有共同价值取向的中华民族传统文化模式。三是各民族、各地区既认同本民族或本地区的文化，也认同中华民族文化。在这种双重认同中，认同中华民族文化或中华文化是最高层次的认同，也是最基本的认同；认同本民族、本地区的文化是第二层次的认同。四是各民族、各地区选择普通话和汉字作为共同交际的语言和文字。

中华民族文化的多样性与同一性的关系不是对立的关系，而是普遍与特殊、一般与个别的关系。文化的多样性是各民族、各地区文化的个体性、独特性，它使各民族、各地区的文化互相区别开来，但并不是彼此分立、相互脱离的。文化的同一性是各民族、各地区文化普遍具有的属性，即中华民族文化的共性。这一共性是各民族、各地区的文化在数千年的发展过程中，相互影响、相互借鉴、相互吸收，形成的你中有我、我中有你的难分难解的关系，并在各民族、各地区文化之上形成一般的东西，即共同的、普遍的属性。文化的多样性与同一性是个性与共性的辩证统一，它们反映着中华民族文化的差异性和统一性的辩证联系。文化的同一性不能脱离多样性而存在，同一性寓于多样性之中，没有多样性就没有同一性。

在西南民族地区构建社会主义和谐社会的进程中，各民族存在着传统文化与现代化之间的矛盾和冲突。交往的频繁促进了各民族间的交流与合作，同时也出现了更多的文化摩擦。民族文化存在着既相互联系又相互冲突的不同发展取向，必须切实保护和发展优秀的民族文化。民族地区社会建设应该包括文化和谐共生，即一是传统文化与现代文化的和谐共生，二是汉族文化与少数民族文化的和谐共生，三是不同少数民族之间文化的和谐共生。在构建社会主义和谐社会进程中，我们对民族文化和谐共生的态度是：坚持以发展为核心的原则，坚持发展与保护并行不悖的原则，坚持发展与保护相互促进的原则。

四　影响西南民族地区民族和谐发展的社会因素

民族地区社会事业的发展严重不足，也极不平衡的特点严重影响着构建和谐社会。我国的改革开放事业已经进入了一个重要的战略时期。这是一个充满发展机遇，也是多种挑战、社会风险并存的阶段，特别是对我们这个城乡发展、区域发展差距显著，人均资源占有量贫乏的大国来说，在人均 GDP 达到 1000 美元之后，经济社会发展所面临的各类矛盾更加突出，特别是缩小地区差距和促进经济社会协调发展的任务更加艰巨。在这方面，东西部之间的社会事业发展差距，尤其是少数民族聚居地区与东部地区的社会发展差距问题最为突出。社会事业，通常是指社会中的教育、文化、医疗卫生、市政公用事业、社会保障、体育等具有公共产品特征的社会性活动领域。一般而言，在社会的经济与社会生活中，任何地区社会整体的发展总是会呈现出一种先经济而后社会的表现。我国的民族地区，由于大多数长期处于贫穷落后的发展时期，这种状况就更突出。一方面是为了首先解决生存问题；另一方面还是由于认识的不足，因而导致了这些地方社会事业的发展不仅严重不足，而且也极不平衡。民族地区社会事业发展不足和不平衡的现状，严重影响民族地区和谐社会的建设。因此，在促进民族地区构建和谐社会过程中必须高度重视民族地区社会事业的发展，在发展经济的同时，注重推进社会事业的发展，保持经济社会发展的相对平衡。

五　影响西南民族地区民族和谐发展的历史因素

新中国成立前，西南民族地区在经济上落后封闭，普遍存在的经济形态是封建地主经济、封建领主经济、奴隶制经济、原始的农村公社经济。政治上，存在着多种政治形态，如彝族的诺合家支政治、傣族的土司政治、瑶族的石牌政治等。这样的社会历史因素必然使西南民族地区的经济社会发展的程度较低，影响到现实和谐社会的建设。新中国成立后，经过民主改革或社会主义改造，西南民族地区各民族由不同社会形态超越了一个或几个历史时代进入了社会主义社会，因此，西南民族地区社会发展既有与内地相同的历史条件，又有其特殊的历史条件。在西南民族地区构建和谐社会的过程中，我们既要看到西南民族地区社会历史发展的一般特点，又要看到其社会历史发展的特殊性，充分重视西南民族地区在经济、政治、文化、社会等方面与其他地区的历史差异。

六　影响西南民族地区民族和谐发展的宗教信仰因素

在我国西南少数民族地区存在着多种宗教信仰，宗教形态复杂多样。少数民族信教人口比例大，信教程度深，宗教信仰与各民族的生产生活、文化心理、风俗习惯等融为一体。根据西南民族地区宗教信仰的实际情况，西南民族地区构建和谐社会：第一，要贯彻好国家宗教信仰自由政策。第二，民族宗教无小事。要从政治稳定和民族地区发展的高度认识在民族地区正确处理民族宗教问题的重要性。第三，重视和增加各民族在宗教信仰方面正常的国际交往和交流活动，满足广大信教群众正常的交往交流需要，减少和消灭国外宗教势力以交往、交流为名，实现"分裂"、"分化"颠覆为目的非法渗透活动，维护民族地区国家安全，社会稳定。

第四，要严格区分两类不同性质的矛盾。在打击分裂势力分裂活动中，要严格区分分裂分子和它们所归属的民族的界限，分清敌我，不能因反分裂而伤害有关民族感情。

七　影响西南民族地区民族和谐发展的生态环境因素

我们所要构建的和谐社会是一个人与自然和谐发展的社会。我国西南少数民族地区生态环境受破坏现象严重，人与自然环境矛盾十分尖锐。在环境不断恶化，人与自然矛盾十分尖锐的情况下，加快民族地区经济社会发展，构建民族地区和谐社会，实现人与自然的和谐发展，就要求要高度重视民族地区生态环境的保护建设。西南民族地区生态环境的保护和建设关系到西南各民族人民的生存、健康和发展，关系到民族地区社会和谐。另外，西南民族地区构建和谐社会面临着发展经济和保护生态环境的两难选择，承担着保护生态环境，建设生态环境和实现经济社会发展三重任务。处理好经济社会发展与保护建设生态环境的关系，必须做到在保护和建设中实现经济和社会的发展，用经济和社会发展来推进生态环境的保护和建设，建立有利于生态系统良性循环，资源合理充分利用的生产生活方式，在西南民族地区实现人与自然、经济、社会的和谐与协调发展。

从上面的论述中不难看出，西南民族地区的和谐发展决定于其经济、政治、文化等各方面的协调发展，面对民族地区在发展中所面临的各种问题，理论界从各个领域都进行了探讨和思索。社会资本是理论界提出的一种促进社会发展的新资本，其对社会的经济、政治、文化等各方面的发展都能起到重要的作用，因此社会资本理论的提出，能够为西南民族地区和谐发展问题的解决提供一个新的视角。

第三章 民族地区和谐发展的新视角：社会资本

社会发展总是和一定的资本相联系的，没有资本或者资本不足，整个社会就会陷入停顿状态。社会发展不能仅仅满足于经济增长的目标，而是要实现经济、政治、文化综合的、全面的、协调的发展，实现社会公平、正义、和谐的价值目标。对于这种总体的或整体的发展，以往单纯着眼于经济增长的货币资本理论和人力资本理论显然是不够用的，有必要对全部投入中那些非有形资本的投入进行理论分析，以便厘清它们的生成机制和内在关系。要做到这一点，就需要形成一种富于概括性、综合性的资本概念。"社会资本"概念及其理论正是在此背景下产生的。

第一节 资本理论知识

一 早期资本理论

资本一词源自后期拉丁语"Capitalis"，该词又来自于原形印欧词"Caput"。"Caput"在原形印欧语中的意思是"头"，而在欧洲的远古年代，"头"是计量财富的一种方式。一个人拥有越多"头"牛，那么他也就越富有。到了12世纪和13世纪，随着商品经济的发展，特别是欧洲金融业的发展，资本一词逐渐具有了"资金"、"存款"、"款项"或"生息本金"等含义。据法国经济学家布罗代尔考证，"资本一词于是从意大利出发，接着在德意志和尼德兰广为传播，最后达到法国……总之，Capital（资本）一词已收入让·尼古的《法语宝鉴》（1606年）"，但在"当时没有立即下一个严格的定义，……资本一词正是在意大利被创造，被驯化和逐渐成熟的。它于1211年问世，于1283年以商行资本的含义出现。在14世纪已普遍使用，见诸乔伐尼·维拉尼、薄伽丘、多纳托·维吕迪的作品之中。1399年2月20日，费朗赛斯科·达蒂尼从普拉托写给他的一位客户：'当然，如果您愿买些天鹅绒或呢绒，您得先就资本和利润作出担保，其余则悉听尊便。'资本一词及其确指的含义可在锡耶纳的圣贝纳迪诺（1380—1444）布道词中见到：'这种繁衍不息的赚钱手段，我们通常称之为资本。'""该词含义逐渐发展为某家商号或某个商人的资金，意大利往往还用 Corpo 一词，即是'本钱'"①。从资本一词的起源可以看出，尽管最初人们对资本一词的理解还很模糊且充满歧义，但有一点是共同的，即资本是经济活动中必要的投入，这种投入能够产生利息或利润，也就是说资本是可以增殖的东西，或者通俗地说，资本是用以赚钱的。

18 世纪后半叶法国经济学家、重农学派的重要代表人物杜阁最早对资本进行了较系统的阐述。他在《关于财富的形成和分配的考察》一书中认为，资本就是储存的财货，他说："无论是谁，在一年中拥有较他需用为多的财货，他可以把多余的部分积蓄起来。这些储存的财货，就是人们所谓的资本。……无论这些财货，或这笔资本，是以金属的形式，还是以其他物品的形式保存下来，都完全一样。因为货币代表任何一种财货，正像，另一方面，所有其他财货代表货币那样。"② 杜阁对资本的理解比较强调资本的积累性，但他并没有说明储存的财货是用于消费，还是用于生产或借贷，这就使他对资本的理解显得模糊。首先，资本作为能够增殖的东西，必须是用于生产或借贷的那些财货，单纯地用于消费的财货不可能是资本。其次，他把货币等同于资本也是不确切的，因为货币虽是财货的代表，可以作为借贷的本金或自我生产的本金，但真正参与生产的却不可能是货币，只有当这些本金转换为具体的生产要素时才能真正转化为资本。正如 19 世纪英国著名经济学家约翰·穆勒所说："货币不是财富，同样也不是资本。货币本身并不能执行资本的任何职能，因为它不能向生产提供任何帮助。为了向生产提供帮助，必须把货币换成别的东西。"③

从生产要素的角度，明确地把资本定义为物质资本的是英国经济学家约翰·穆勒，他说："除了劳动和自然力这两种基本的和普遍的生产要素外，还有另一种生产要素，若没有它，工业便只能处于最初的原始而简陋的状态，而不可能进行任何其他生产活动。这就是以前劳动产物的积累。

---

① ［法］布罗代尔：《15 至 18 世纪的物质文明、经济和资本主义》第 2 卷，顾良、施康强译，生活·读书·新知三联书店 1993 年版，第 236—237 页。

② ［奥］庞巴维克：《资本实证论》，陈端译，商务印书馆 1991 年版，第 61 页。

③ ［英］约翰·穆勒：《政治经济学原理》上卷，赵荣潜等译，商务印书馆 1991 年版，第 72 页。

这种劳动产物的积累称为资本。"① 约翰·穆勒把工具、材料等生产资料看作是以前劳动的产物，称之为资本，但对于为什么劳动力、土地这两要素不是资本，却并未作出说明。约翰·穆勒关于资本的思想的可取之处在于强调资本只有在生产中才能增殖，只有通过生产才能存在下去，他说："资本得以一代一代地存在下去，靠的不是保存，而是再生产。资本的每一部分通常在生产出来后很快就被用掉或毁掉。但消费这些东西的人同时也被雇用来生产更多的东西。资本的增长类似于人口的增长。每个人都有生有死，但每年出生的人数却要超过死亡人数。因此，人口总是在增长，虽然构成人口的每一个人都是最近才来到人世的。"② 可见，约翰·穆勒认识到资本的积累不是靠保存，而是靠不断再生产积累起来的。

事实上，直到 19 世纪中后期，欧洲经济学界对于资本的理解依然存在着很多分歧。例如，在英国经济学家杰文斯看来，资本"不过是许多日用品的集合体，它们是维持各种各类的工人从事工作所必需的。食品的积蓄是资本的主要部分，不过服装、家具和一般日常使用的一切物品的供应，也是资本的必要部分。"③ 毫无疑问，生活用品确实是维持、恢复或补偿劳动力必不可少的东西，据此杰文斯将其包含在他的"资本"概念中。比较之下，与杰文斯同时代的法国经济学家瓦尔拉对资本的理解则显得更为宽泛，他将一切经济财货分为"资本"和"收入"两个部分。所有这些种类的财货，不管它们的目的如何，凡可以被多次使用的——就是所谓耐久性的财货——他都称之为资本；反过来，一切非耐久性财货则是收入。具体说来他叫下面这些为资本：土地，人和流动性耐久财货。而食物、工业生产中的原料和燃料等看作是收入。④ 由此可见，在瓦尔拉这里，土地、人（劳动力）都包括进了资本的范畴。

19 世纪末，奥地利著名经济学家、新古典经济学理论的主要代表人物庞巴维克在其《资本实证论》中对资本概念作了较为详尽的讨论，他认为，"资本只是在迂回生产过程中各个阶段里出现的中间产物的集合体罢了。"⑤ 所谓迂回生产就是指从生产中间产品到生产最终消费品的链条

---

① ［英］约翰·穆勒：《政治经济学原理》上卷，赵荣潜等译，商务印书馆 1991 年版，第 72 页。

② 同上书，第 94—95 页。

③ ［奥］庞巴维克：《资本实证论》，陈端译，商务印书馆 1991 年版，第 68 页。

④ 同上书，第 69 页。

⑤ 同上书，第 58 页。

很长、环节很多。庞巴维克认为迂回生产具有较大的生产力，其根本原因，就是大量的资本在生产中的运用。在庞巴维克看来，资本包括土地、各种生产性建筑物、工具及其他各种生产性器具、生产上用的动物和驮兽、原材料和辅助材料、在生产者和商人手中作为仓库存货的制成的消费品、货币。① 庞巴维克坚决反对将劳动力算作资本，他说，"资本产生利息或收益，是根据一种完全特殊的理由——这种理由不适用于劳力。"②他还说："工资的现象是简单和容易了解的。一个人贡献出叫做劳力的有价值的财货，另一个人给他一个代价，再也想不出比这更简单的事了。但是，资本产生利息这个事实并不是很容易理解的。"可见，庞巴维克不愿将劳动力视为资本，是因为他不承认劳动力在生产中贡献的价值除了工资（即劳动力补偿价值）外，还有一部分剩余价值。

从以上学者对资本的论述中可看到，在 19 世纪，经济学家们对于资本概念的理解虽然不尽相同，但他们都把资本理解为有形的物品，即有形资本或物质资本，但是，对于有形资本的来源、性质、构成等问题没有作出系统的、令人信服的阐述。这个问题的解决是由马克思的有形资本理论来完成的。

二　马克思有形资本理论

与西方经济学各个学派有关资本的种种理解相比，马克思在《资本论》中对资本的研究至今依然是最为系统和最有说服力的。马克思指出："资本本身总是表现为这种会直接自行增殖的价值"③，而资本增殖是由于在资本流通中加入了剩余价值。

针对当时经济学界普遍把资本的形态归结为货币这一观念，马克思指出："从历史方面看，资本首先总是出现在货币的形态上，当作货币财产，商业资本和高利贷资本，与土地所有权相对立。……每一个新资本当初总是当作货币走到市场这个舞台上来——商品市场、劳动市场或货币市场。那种货币通过一定的过程，就转化为资本。"④ 为了说明资本的价值增殖过程，马克思比较了商品流通的形式（W－G－W）和资本流通的形

① ［奥］庞巴维克：《资本实证论》，陈端译，商务印书馆1991年版，第58页。
② 同上书，第87页。
③ 马克思：《资本论》第3卷，人民出版社2004年版，第440—441页。
④ 马克思：《资本论》第1卷，人民出版社2004年版，第171—172页。

式（G－W－G'），指出，在资本流通的过程中，"由货币转化为商品，再由商品转化为货币，为卖而买。在运动中通过后一种流通的货币，转化为资本，成为资本，而且按它的使命来说，已经是资本。"① 因为，在完成了这个过程之后，从流通中取出的货币要比原来投入的货币更多。所以，这个过程的完全形式应当是"G－W－G'"，"原预付价值，不仅在流通中保存下来，而且在流通中改变了自己的价值量，加上了一个剩余价值，或者说增殖了。正是这个运动使价值转化为资本。"②

　　问题在于，资本为什么会在流通中增殖？这是一个困惑当是经济学家的一个重大问题。有的经济学家甚至认为，资本的增殖就如同母鸡会下蛋一样，是"自行增殖"。对此，马克思指出："要转化为资本的货币的价值变化，不可能发生在这个货币本身上，因为货币作为购买手段和支付手段，只是实现它所购买或所支付的商品的价格而它如果停滞在自己原来的形式上，它就凝固为价值量不变的化石了。"③ 也就是说，促使货币转化为资本的不是货币本身，而是另外一种商品。"要从商品的消费中取得价值，我们的货币所有者就必须幸运地在流通领域内即在市场上发现这样一种商品，它的使用价值本身具有成为价值源泉的独特属性，因此，它的实际消费本身就是劳动的对象化，从而是价值的创造。货币占有者在市场上找到了这样一种独特的商品，这就是劳动能力或劳动力。"④ "可见，货币占有者要把货币转为资本，就必须在商品市场上找到自由的工人。这里所说的自由具有双重意义：一方面，工人是自由人，能够把自己的劳动力当作自己的商品来支配；另一方面，他没有别的商品可以出卖，自由得一无所有，没有任何实现自己的劳动力所必需的东西。"⑤ 所以马克思认为，不是有了货币就有了资本，也不是货币可以自动地转化为资本，货币是以商品交换已经发展到一定水平的事实作为前提，"资本则不然。有了商品流通和货币流通，决不是就具备了资本存在的历史条件。只有当生产资料和生活资料的占有者在市场上找到出卖自己劳动力的自由工人的时候，资本才产生；而单是这一历史条件就包含着一部世界史。因此，资本一出

---

① 马克思：《资本论》第 1 卷，人民出版社 2004 年版，第 172 页。
② 同上书，第 176 页。
③ 同上书，第 194 页。
④ 同上书，第 194—195 页。
⑤ 同上书，第 197 页。

现，就标志着社会生产过程的一个新时代。"① 也就是说，资本只有在商品经济充分发达的资本主义生产方式中，才能获得完整的发展形态。

马克思为了更清晰地揭示资本增殖的内在机制，进一步从资本主义生产过程的有机构成上把资本区分为不变资本和可变资本。所谓不变资本，是指"转变为生产资料即原料、辅助材料、劳动资料的那部分资本，在生产过程中并不改变自己的价值量。因此，我把它称为不变资本部分，或简称为不变资本。"② 所谓可变资本是指"转变为劳动力的那部分资本，在生产过程中改变自己的价值。它再生产自身的等价物和一个超过这个等价物而形成的余额——剩余价值。这个剩余价值本身是可以变化的，是可大可小的。这部分资本从不变量不断转化为可变量。因此，我把它称为可变资本部分，或简称为可变资本。"③ 也就是说，资本应包括商品生产所需要的土地、物质资料（不变资本）和劳动力（可变资本）。而真正能够使资本增殖的，是转化为劳动力的可变资本部分。在商品生产中，劳动者出卖自己的劳动力，虽然得到了固定的周工资或月工资，但"劳动力维持一天只费半个工作日，而劳动力却能发挥作用或劳动一整天，因此，劳动力使用一天所创造的价值比劳动力自身一天的价值大一倍。"④ 因此，劳动力是一种特殊的商品，一种能够创造价值的价值。当劳动者所创造的剩余价值被资本家无偿占有，才能使资本得以增殖。这表明，在马克思看来，资本本质上必然包含着资本家与工人之间的剥削与被剥削的关系。

从历史唯物主义的角度看，无论是哪一位学者的理论都离不开他所处的那个时代的特定背景，都不可避免地具有这样或那样的局限性。在马克思那个时代，物质生产的最基本的资源是有形的物质资源，这些物质资源无论是物品还是劳动力都在产品的经济价值中占有绝对重要的比重，因而包括马克思在内的绝大多数经济学家都把注意力放在物质的或有形的资本上。而对于经济过程所依赖的其他社会条件缺乏足够的重视。当然并不是说，马克思没有看到其他社会条件如教育等在资本价值增殖中的作用，但由于在当时支付劳动力的劳动者受教育的程度非常之低，因而他就把教育因素化约为劳动力本身加以计算，如他说："为要改变一般人类本性，使

①　马克思：《资本论》第1卷，人民出版社2004年版，第198页。
②　同上书，第243页。
③　同上。
④　同上书，第226页。

他在一定劳动部门获得熟练和技巧，变成发展的特殊的劳动力，又需有一定程度的教育或训练，二者又多少不等地要费取一定量的商品等价物。教育费用，视劳动力的性质如何复杂而异。对普通劳动力来说，这种费用虽然小得近于没有，但是总归要算在它生产上支出的价值的范围之内。"①现在看来，马克思的这一观点是有一定的历史局限性的。随着后工业社会的来临，现代市场经济的形成，各种非物质因素在经济过程中的作用愈来愈明显、愈来愈重要，既不能忽略不计，也不能简单地化约为物品和劳动力两种形态。随着经济学理论的发展，经济学家们日益注意到知识、信息、教育以及和谐的人际关系显得愈加重要，并成为经济发展的关键，这就不能不使传统的资本理论受到挑战，从而导致资本内涵的不断延伸扩展。

三　人力资本理论的优势与不足

20世纪60年代以后，教育与科学技术在西方发达国家和某些新兴工业化国家的经济增长中所起的推动作用日益凸现出来，在有些国家甚至开始发挥着决定性的作用。根据美国经济学家的测算，1900—1957年美国物质资本投资增加4.5倍，利润增加3.55倍；而人力资源投资增加3.5倍，利润却增加17.55倍。在1919—1957年的38年间，美国国民生产总值增长额有49%是人力资源投资的结果。经济增长趋势的如此改变，促使西方的一些发展经济学家开始对长期以来处于主导地位的物质资本决定论进行反思，其结果就是人力资本理论的产生，使资本理论突破了只有厂房、机器、存货、食物、衣服、工具、原料等有形物质才是资本的传统观念。

一般认为，人力资本理论研究是由美国经济学家西奥多·W. 舒尔茨（T. W. Shultz）正式开始的。1960年，舒尔茨在美国经济学年会上发表了题为《人力资本的投资》的演讲中指出，过去人们总是以为，经济增长必须依赖物质资本和劳动力的增加，并把所有的劳动都看作是同质的。根据他的研究，人力资本即凝集在劳动者本身的知识、技能及其所表现出来的劳动能力，在质量上的提高对经济增长的贡献远超过物质资本和劳动力数量的增加，单纯从自然资源、物质资本和劳动力的角度，并不能令人信

---

① 马克思：《资本论》第1卷，人民出版社2004年版，第200页。

服地解释生产力提高的全部原因。他认为人力是社会进步的决定性因素，但人力的取得不是无代价的，需要耗费稀缺资源。人力，包括知识和技能的形成，是投资的结果，掌握了知识和技能的人力资源是一切生产资源中最重要的资源。舒尔茨后来在《人力资本投资》一书中，把人力资本投资范围和内容归纳为五个方面：（1）卫生保健设施和服务，概括地说包括影响人的预期寿命、体力和耐力、精力和活动的全部开支；（2）在职培训，包括由商社组织的旧式学徒制；（3）正规的初等、中等和高等教育；（4）不是由商社组织的成人教育计划，特别是农业方面的校外学习计划；（5）个人和家庭进行迁移以适应不断变化的就业机会。这些人力资本投资形式之间有许多差异。如前四项是增加一个人所掌握的人力资本数量，而后一项则涉及最有效的生产率和最能获利地利用一个人的人力资本。舒尔茨对人力资本理论的贡献在于：他不仅第一次明确地阐述了人力资本投资理论，使其冲破重重歧视与阻挠成为经济学上的一个新的门类；而且进一步研究了人力资本形成的方式与途径，并对教育投资的收益率和教育对经济增长的贡献做了定量的研究。舒尔茨在人力资本理论上的这些贡献，荣获了 1979 年诺贝尔经济学奖。

　　20 世纪美国经济学家加里·S. 贝克尔（Gary S. Becker）被认为是现代经济领域中最有创见的学者之一，成为人力资本理论的主要推动者。他对人力资本理论的贡献在于：注重微观分析，弥补了舒尔茨只重视宏观的缺陷，自觉将人力资本投资理论与收入分配结合起来。其理论的不足之处表现在：他沿用舒尔茨的人力资本概念，缺乏对人力资本本质的分析，也缺乏对人力资本全面的研究等。之后，美国经济学家丹尼森对人力资本理论也作出了贡献，主要在于对人力资本要素作用的计量分析。由于在用传统经济分析方法估算劳动和资本对国民收入增长所起的作用时，会产生大量未被认识的、难以用劳动和资本的投入来解释的"残值"，丹尼森对此做出了最令人信服的解释。继舒尔茨、贝克尔、丹尼森对人力资本理论做出了重大贡献后，卢卡斯、罗默尔、斯宾塞等人都在不同程度上进一步发展了人力资本理论。特别是在 20 世纪 80 年代以后，以"知识经济"为背景的以美国经济学家罗默为代表的"新经济增长理论"在西方国家兴起，明确了从长期来看，物质资本的边际收益率呈现递减而人力资本收益率呈现递增是一种客观规律，而且与 60 年代的舒尔茨采用新古典统计分析法不同，"新增长理论"采用数学的方法，建立了以人力资本为核心的经济增长模型，试图克服 60 年代人力资本理论的一些缺陷。

实际上，关于人力资本的主要思想，在 19 世纪的经济学家中就已经有比较丰富的资源存在了，如当时的英国经济学家纳骚·威廉·西尼尔就提出了一个非常前卫的命题：知识就是财富，"一切事业中最重要的是教育。"① 西尼尔虽然没有明确提出人力资本的概念，但在 100 年前就已经对人力资本理论的核心内容有了认识。他说："就我们现在的文化形态说——比较起来这已经算是很高的，但是跟我们可以想象得到的、甚至跟我们自信可以盼望得到的状态比起来，还差得很远——我们的智力和精神的资本，不但在重要意义上，甚至在生产力上，都已经远远超过有形资本。……大部分的国民收入是利润；而利润中单是属于有形资本的利息的那个部分大概不到三分之一，其余是个人资本（也就是教育）的成果。""决定国家的财富的并不是土壤或气候的偶然性，也不是生产的有形手段的现有积累，而是这种无形资本的量及其普及程度。据说爱尔兰的气候、土壤和环境各方面都胜过我们，至少不比我们差。它的贫困据说是由于缺乏有形资本；但是如果将爱尔兰本地 700 万居民换成英格兰北部的同胞，他们所缺少的资本很快就可以形成。……爱尔兰物质上的贫乏是由于它精神和智力上的贫乏，是由于它在精神和智力上没有获得充分发展。它还处于缺乏教育的状态，其人民的愚昧和强暴使该地人民的生命和财产得不到安全保障，使资本无法积累，无法运用。……据说知识就是力量；但是我们可以有更强得多的理由说知识就是财富。小亚细亚、叙利亚、埃及和非洲北部沿海一带一度是世界上最富足的地区，如今却要算是最困难的地区，这只是由于掌握着这些地区的各族人民没有足够的无形资源以保持有形资源。"② 西尼尔的论述应该说是非常深刻的，后人舒尔茨的观点在某种程度上可以说是对他的观点的重复，而且我们可以更进一步追溯到著名的古典学派代表亚当·斯密，他已经注意到人力资本的内容，在其 1776 年出版的《国富论》就已经指出，学习是一种才能，须受教育、须进学校、须做学徒，所费不少，这样费去的资本，好像已经实现并且固定在学习者的身上。这些才能对于他个人自然是财产的一部分，对于他所属的社会，也是财产的一部分。因此，人力资本理论的形成是人类历史进程日积月累的结果。

---

① ［英］西尼尔：《政治经济学大纲》，蔡受百译，商务印书馆 1977 年版，第 323 页。
② 同上书，第 202—204 页。

　　人力资本理论的产生，确实在社会发展理论的研究领域开拓了一个新的视野，对推进社会发展理论的研究起到了积极的作用，尤其是对各国追求发展的具体操作和规划中发挥了重大作用，致使许多人认为从 20 世纪 60 年代开始，长达十多年的全球各国教育经费的猛增，在很大程度上归功于人力资本的研究成果。这是由于人力资本理论发现了教育培训与个人收入水平的关系，进而建立了人力投资的收益率模型，将人力投资划分为教育投资与培训两个变量，并建立了个人收入与这两个变量之间的函数关系；发现了人力资本投资与企业发展及国民经济增长的关系；发现了人力（劳动力）内涵扩大再生产的重要性，从而将人力的扩大再生产划分为内涵扩大再生产（劳动者素质的提高即人力资源的质量提高）和外延扩大再生产（劳动者的数量增加即人力资源的数量增长）；发现了人力资源投入的生产性质，即人力资源投入不仅仅是消费，也是投资，从而将劳动者的支出划分为消费性支出和生产性支出（人力资本投资）。换言之，人力资本理论提出了劳动者的质量（人力资源素质）问题，将劳动者这一概念划分为劳动者质量（素质）和劳动者数量，进而建立了劳动者质量（素质）与个人收入及经济增长的关系。正因为如此，人力资本理论改变了人类对社会发展模式的传统观念，看到了社会的发展和人的智力活动水平及其结果的内在关联性，因而把现代科学技术与教育作为推动社会发展的重要因素，有利于重视人本身的价值，在某种程度上是人的自我意识觉醒的一个重要标志，在社会发展理论中真正自觉地意识到社会的发展不能没有人的发展，脱离了人的发展就没有社会发展，因为无论是科学技术还是教育，都是和人的发展联系在一起的。

　　不过，由于在不同时期的研究主线和思路各不相同，人力资本理论也存在各种缺陷和不足。

　　第一，对人力资本的定量分析研究，虽然许多经济学家在测量人力资本方面做了大量的探索，但仍没有令人信服的结果，还需要对此做深入的研究。决定一种因素在社会发展和经济增长中能否成为资本，起决定作用的是否就真正在于能够被量化？那么，人力资本作为一种资本形态，能否进行定量分析，在哪些方面可以进行定量分析，在哪些方面不能进行定量分析，就是一个必须认真对待的问题。

　　第二，人力资本理论在解释社会发展特别是经济增长时，尽管考虑到了一些重要的社会因素，如教育对整个社会发展的影响，却仍然没有考虑到社会本身的系统性和复杂性，忽略了影响社会发展的教育和科学技术造成的人的能力之外的其他因素，很容易陷入认为教育或者科学技术的发展就自然促进社会发展的误区，把教育和科学技术在社会发展中的作用唯一化。从这个意义上讲，科学技术在人与自然的关系中所伴生的各种负面效应，人力资本理论可以说是难辞其咎。科学技术的发展和应用有着十分复杂的经济社会背景，涉及社会生活的多方面因素，忽略这些因素就不能有效解释引进科学技术仍然不能改进社会、或者同样的科学技术在不同的国家和地区效率高低并不完全相同的事实。

第三，人力资本理论的核心是提高人口的质量，主张教育投资是人力投资的主要部分，教育是提高人力资本最基本的主要途径，也可以把人力投资视为教育投资问题，毕竟知识和技术水平高的人力带来的产出明显高于知识和技术水平低的人力，这有可能在人力资本理论研究中排除了普通劳动者，仅仅将人力资本等同于职业经理人和技术创新者。人力资本精英化实际上是意味着对劳动者的直接伤害，不仅伤害普通劳动者的经济利益，而且伤害了他们的人格尊严；不仅剥夺了普通劳动者接受教育和培训的权利，而且也减少了他们的就业机会、剥夺了他们的发展权和分享经济增长成果的权利；过分强调管理人员和技术人员以身份入股，必然降低普通劳动者的福利，更是对普通劳动者的长远利益的潜在侵犯。

人力资本理论以人作为立足点的社会发展和经济增长模式，本身包含着一个内在的矛盾，对人在社会经济发展中的片面重视导致对人的全面忽视，一方面把人的能力在推动社会发展和经济增长过程中放在非常重要的位置，另一方面却有可能把现实的普通人遗忘了。因此，探索新的社会发展模式的理论径路会逻辑地出现在新的历史时期。

第二节　社会资本理论的提出

任何一种理论的产生都决不是无本之木，无源之水，必然有其理论和社会方面的原因。社会资本理论的出现，与20世纪后半期的社会理论、社会环境的变化存在着直接关系。

一　理性选择范式及其解释限度

理性选择范式最早从哲学领域中开始，在经济学领域中得以成形、发展与完善，最后才在社会科学的各个领域中不断被应用。

理性选择范式中的理性直接源于托马斯·霍布斯的思想，霍布斯继承了文艺复兴时期人文主义者关于"自保"既是物之本性也是人之本性的观点，认为人的一切行为和活动都是自私和利己本性的表现，人性和道德的本质都可以归结为人们对利益的需求，人们为了追逐私利不惜否认真理，利己本性是人类行为最强大的驱动力，因此他在其名著《利维坦》中指出："因为人的状况是一种每一个人对每一个人战争的状况；在这种情况下，每一个人都是为他的理性所统治。"① 好在人类是有理性的动物，具有运用其理性权衡利弊的能力，意识到通过彼此放弃自己的权力，"把大家的意志转变为一个意志"，在人与人之间订立契约，"为的是当他认为适当的时候，可以使用他们大家的力量和工具来谋求他们的和平和公共的防御。"② 因此服从具有绝对权力的"利维坦"所施加的各种限制，放弃自由甘愿成为其"臣民"，根本上还是自身的权利。霍布斯关于人的利己本性问题的观点，在道德哲学和政治经济学领域内引起了广泛争论。

洛克在《政府论》中一方面继承了霍布斯关于人性自利的观点，另一方面又认为，对霍布斯进行批判，如果社会契约产生的国家是一个使社会成员畏惧的"利维坦"，"那不啻说，人们愚蠢到如此地步：他们为了避免野猫或狐狸可能给他们带来的困扰，而甘愿被狮子所吞噬，甚至还把这看做安全。"③ 洛克指出，霍布斯的理论是不合乎逻辑的，因为自然状态对人的伤害是偶然的，但如果社会契约所建立的政府是专制的，对人的伤害远比保护要大得多，人的理性是不会舍弃大利益而获取小利益的，自由权是人的理性选择不能放弃的重大利益。自然状态里人的自由是没有限制的，如果两个人同时对同一件事物如一块土地采取行动，对同一件事物主张所有权，就会产生财产权的冲突。当冲突发生时，每一个人都同时是法官和原告，还是自我判决的执行人，这种状况会导致混乱和争夺，财产权得不到保障，甚至生命权也会受到威胁，"正是这种情形使他们甘愿各自放弃他们单独行使的惩罚权力，交由他们中间被指定的人来专门加以行使；而且要按照社会所一致同意的或他们为此目的而授权的代表所一致同

---

① 北京大学哲学系：《西方哲学原著选读》上卷，商务印书馆1981年版，第397页。
② 同上书，第400、401页。
③ ［英］洛克：《政府论》上篇，叶启芳、瞿菊农译，商务印书馆1963年版，第57—58页。

意的规定来行使。这就是立法和行政权力的原始权利和这两者之间之所以产生的缘由，政府和社会本身的起源也在于此。"① 人的理性使人能够权衡利弊得失，为达到最大的幸福提供正确的途径。由此可见，为了消除因财产引起的争端，才是国家权力得以存在的真正原因，"人们联合成为国家和置身于政府之下的重大的、主要的目的，是保护他们的财产。"②

17 世纪英国荷兰裔心理分析学家伯纳德·孟德维尔提倡人类追求自身利益的正当性，原因在于，虽然社会性是人的本性，但是"人却是非常自私专横而又狡猾的动物"③，人类社会就像蜂群的生活一样，每个蜜蜂都极力满足自己卑贱的私欲冲动和虚荣，整个蜂巢充满自私自利的败行恶习，但正是因为它们各自施展本领，为所欲为，才创造了蜂巢的一切，凑合起来就使整个蜂巢繁荣昌盛，成为蜜蜂们的极乐世界。社会的繁荣也同样不能没有个人对个人私欲满足的追求，尤其是当人的需要变得复杂之后，满足自己的私欲必须同时也满足他人的私欲，要为他人服务，主观上为自己，客观上有利于他人和社会。因此，在孟德维尔看来，自利行为是社会文明和经济进步的源泉，社会之所以能够存在和发展，完全是由人的本性基于自身利益理性地所激发的各种行为相互作用、相互支撑的结果，国家的繁荣、社会的稳定和人民的富足，都必须顺应人的利己本性才能得以实现。

"经济人"模式的思想产生应当归功于亚当·斯密，他在前人研究成果的基础之上，超越了人性的利己和利他之间伦理道德层面的善恶判断，论证个人对自身利益的追求与社会利益之间的问题，从而把这一问题转化为政治经济学的主题，创造性地确立了政治经济学意义上的"经济人"的基本思想。在《国民财富的性质和原因的研究》一书中，他把个人谋求自身利益的动机和行为系统而清晰地纳入政治经济学的分析之中，认为基于分工而追求自身利益是政治经济学中个人的基本心理动机，也是人类生命和社会进步的主要源泉。斯密认为，为人们提供了那么多好处的劳动分工，并不是由于人类的智慧，而是人性中某种倾向的必然结果，这种倾向就是互通有无，进行物物交换，彼此交易，因为劳动分工，"人总是需要其他同胞的帮助，单凭他们的善意，他是得不到这种帮助的。他如果诉

---

① ［英］洛克：《政府论》下篇，叶启芳、瞿菊农译，商务印书馆 1963 年版，第 78 页。
② 同上书，第 77 页。
③ 周辅成：《西方伦理学名著选读》上卷，商务印书馆 1964 年版，第 749 页。

诸他们的自利心（self-love），向他们表明，他要求他们所做的事情是于他们自己有好处的，那他就有可能如愿以偿。……不是从屠夫、酿酒师和面包师得恩惠，我们期望得到自己的饭食，而是从他们自利的打算。我们不是向他们企求仁慈，而是诉诸他们的自利心，从来不向他们谈自己的需要，而是只谈对他们的好处。"① 经过边沁、穆勒等古典经济学家的继承和发展，被逐步抽象为"经济人"模式，成为解释各种形态的个体经济行为的逻辑基石。

理性选择范式（rational choice paradigm）是经济学最基本的思维方式，其理论假设的核心除了亚当·斯密思想中的"经济人"，同时还继承了马克斯·韦伯的"工具理性概念"和关于资本主义起源的某些判断方式，以个人在特定条件下进行选择和行动的动机作为解释的重点。有学者把理性选择范式的基本范式构成要件概括为四个方面：（1）把理性的个人作为分析的基本单位根本出发点，而这里的所谓理性就是个人有判断选择和行为的成本和收益的能力；（2）理性个人的选择和行为是实现成本的最小化、收益最大化，这是社会运行的基本动力；（3）制度和文化是既定的，是解释范式的外生变量，对所有个人的影响是均质的，因此不是解释范式中的自变量；（4）由于把个人界定为自我利益的最大化者，所以对整个社会的判断基本是冲突的。② 理性选择作为一种解释范式实际上是一种对人类行为所做的理论抽象，其实质在于有意识地突出研究对象的主要因素，对研究对象的原型加以合理的推演和外延，进而形成模型化的研究客体，然后通过对客体模型的研究，去间接地探讨其原型的规律。

以"经济人"为核心的理性选择模式的演变始终伴随着激烈的论争。19 世纪德国历史学派针对古典经济学中"经济人"抽象的片面性提出了批评。他们认为，英国古典经济学把追求自身利益的理性人作为经济分析的基础，忽略了社会经济状况本身的复杂性和丰富性，所谓的自利决不是人的行为的唯一动机；相反，各种经济理论都应该统一在一个发展的框架中，将其在时空中展开，同历史过程联系起来，赋予其动态感、整体感；只有用历史、文化、法律等的综合观点去探讨问题，才能找到合适的经济

---

① ［英］亚当·斯密：《国民财富的性质和原因的研究》上卷，郭大力、王亚南译，商务印书馆 1972 年版，第 18 页。

② 杨雪冬：《社会资本：对一种新解释范式的探索》，载于《社会资本和社会发展》，社会科学文献出版社 2000 年版，第 20 页。

学原理。例如，德国历史学派的代表人物李斯特就提出，要重视教育、科技在生产力进步中的作用，突出强调政治、经济和法律制度对生产力进步的作用，认为产业部门间的协调发展可以促进生产力的进步，指出民族精神的进化是发展生产力的基础。对于这类责难，新古典经济学家门格尔等则反驳说，古典经济学派并非没有认识到理性人除了追求自身利益以外还有其他动机，但是为了理解整个经济过程的本质和一般规律，就必须像物理学家对真空的抽象和化学家对元素的抽象一样，分析经济活动中最基本的构成要素即人的基本行为，并把与行为最相关的动机抽象出来进行研究。从 20 世纪 40 年代开始，以 1978 年诺贝尔经济学奖得主赫伯特·亚历山大·西蒙（Herbert A. Simon）为首的经济学家也对"经济人"模式进行了尖锐地批评，并提出"有限理性"（Bounded Rationality）的概念。西蒙指出，数理经济学的发展使"经济人"模式转化为一整套完全理性的理论分析框架，在这种框架之下，行为体被抽象为全知全能的形象。但事实上人的理性行为是有限的，它要受到人在心理上和生理上的客观限制，还要受不完全信息和行动后果不确定性的限制，因此在现实生活中，人根本无法求得最优策略。而且，"经济人"在追求自身利益的过程中并不必然坚持利益最大化的目标，而是以"满意的收益"作为其追求的标准。[①] 正是在这种挑战与回应之中，信奉"经济人"模式的经济学家们不断反思与修正，使"经济人"模式日臻完善。

理性选择范式在完善和发展过程中，它的解释优势得到突出的同时，其内在缺陷也显现出来了。由于把具体社会的各种制度排斥在解释框架之外，忽视了人的社会性存在，没有考虑人的需要的社会特性。

二 市场失灵及其影响

强调市场在社会发展中的作用，其代表人物是亚当·斯密，他用一个比喻的说法"看不见的手"对此进行了形象的说明。在《道德情操论》中斯密认为是"看不见的手"平衡了富人与穷人之间的利益关系，具有伦理的特性，反映了自然秩序包含道德秩序的思想；在《国富论》中斯密则认为"看不见的手"调节了个人和社会、私利和公利之间的关系，具有经济的职能，描绘了完全性市场的理想状况，"看不见的手"提供了

---

① 杨春学：《经济人与社会秩序分析》，上海三联书店、上海人民出版社 1998 年版，第 29—60 页、第 175—180 页、第 190—194 页、第 207 页。

一个由私利追求通达公利最大化的路径。斯密常借人体和社会的类比来说明自然秩序存在于社会历史领域并发挥着作用，他指出，人常有疾病，但人身上似乎有一种莫名其妙的力量，可以使疾病得到疗治，使身体恢复健康。同人的身体一样，社会内部也有一种团聚力量，保证和调节社会的运转，"个人的利害关系与情欲，自然会使他们把资本投在通常最有利于社会的用途。但若由于这种自然的倾向，他们把过多资本投在此等用途，那么这些用途利润的降落，和其他各用途利润的提高，立即使他们改变这错误的分配。用不着法律干涉，个人的利害关系和情欲，自然会引导人们把社会的资本，尽可能按照最适合于全社会利害关系的比例，分配到国内一切不同用途。"① 这反映了斯密理论体系中对于自然秩序的信仰。一方面，和同时代人一样，斯密认为自然秩序必然地发挥作用；另一方面，在社会科学领域，在现实经济运行的整体观当中，他对自然秩序的信仰又总是可以找到实证的依据。斯密所谓"看不见的手"所蕴含的内在逻辑就是，只有而且只要每一个个体都尽可能充分地发挥了它的积极性追求自身财富的最大化，整个自然秩序才能也必然就随之达到整体最优。

近代市场经济的发展历程，大致经历了从自由竞争的市场经济到有政府进行调节控制的市场经济这样一个过程。一般认为，市场是有效配置资源的手段，其所以如此，是因为价格作为市场信号能够灵敏地反映各种资源的相对稀缺程度。从理论上讲，反映市场供求且价格信号又不被扭曲，这就要求市场本身必须是完全成熟即竞争是充分的，但是完全竞争的市场只能存在于理论形态上，而不可能存在于实际的经济生活中。根据理性选择模式，经济生活的市场本质决定了市场主体的行为必须以终身的利益最大化为宗旨，加之竞争存在着自发倾向于垄断的趋势，使市场常常对经济生活中的某些领域无能为力，甚至引发市场导致的负面效应，这意味着市场本身也不是万能的。实际上，关于"市场失灵"的思想，在早期自由资本主义市场经济制度建立的初期和发展的鼎盛时期即产业革命时期，法国思想家圣西门、傅立叶和英国思想家欧文，就已经对这个制度可能存在的弊端进行了深刻的批判，但是其中道德的谴责始终占据了主要的篇幅，而学理的分析则明显不足。

法国古典政治经济学的完成者，经济浪漫主义的主要代表人物西斯蒙

① ［英］亚当·斯密：《国民财富的性质和原因的研究》下卷，郭大力、王亚南译，商务印书馆1972年版，第199页。

第于 1819 年在其《政治经济学新原理》一书中，对亚当·斯密的"看不见的手"这个"公认为定论的原理"提出了质疑，他说"我越往深处钻研，就越相信我对于亚当·斯密的学说所作的修整是必要的和正确的。……我对于最近几年在欧洲遭受的商业危机感到触目惊心；我在意大利、瑞士和法国亲眼见到产业工人所受的极度痛苦，至少说在英国、德国和比利时，社会情况完全相似。我认为这些国家，这些民族都走错了路，他们虽然努力设法补救，但是灾难愈益严重。"① 他特别指出，"英国长期以来倡导普遍竞争（或者说是为了不断生产而努力）和不断降低价格的学说，但是，我反对它，觉得它有害无益，因为这种学说虽然使英国工业有了长足的进步，可是它有两次使工业家们陷入了可怕的灾难之中"，"在相距只有几年的期间，就发生了两次可怕的危机，它使一部分银行家垮台，使英国的全部工厂都受到灾难；同时，另一个危机摧毁了农场主，从而打击到零售商身上。"② 西斯蒙第对"市场失灵"的分析有三个方面的贡献：（1）认识到自由放任的原则对生产和消费等各种比例关系具有严重的破坏作用，同时注意到政府在调节经济生活避免不良竞争应该发挥作用。（2）在古典经济学承认商品的交换价值必须由生产商品时所耗费的劳动量来决定的原理基础上，进一步指出了不是一切劳动耗费都创造交换价值和增加财富，只有为社会所必须的劳动耗费才能产生交换价值和增加财富。因此他把需求和劳动时间的比例看作是基本的比例关系。（3）生产和消费比例的破坏，分配的不平等以及不顾有支付能力的需求而盲目地发展生产，必然造成生产过剩的危机。③

三　计划和政府失灵及其影响

1929—1933 年爆发的历史上最严重、最持久、最广泛的经济危机，使传统的经济理论对其中出现的各种经济现象不能提供有效的解释，更是无力为摆脱危机提供有效的对策。因此，在社会主义国家用计划经济体制替代市场经济的同时，这场经济危机也促使西方经济学家不得不反思市场经济制度的缺陷，其中凯恩斯式的政府干预体制是突出代表。英国经济学

---

① ［瑞士］西斯蒙第：《政治经济学新原理》，何钦译，商务印书馆 1977 年版，第一版序，第 16 页。
② 同上书，第二版序，第 5 页。
③ 刘力臻：《市场经济"现代体制"与东亚模式》，商务印书馆 2000 年版，第 59—60 页。

家凯恩斯为了寻求摆脱经济危机的出路，经过潜心研究，针对亚当·斯密所主张的市场运行具有自足性的主流经济学观点，在前人的基础上进一步提出了质疑，认为市场的运行是非自足性的。经过凯恩斯的努力，市场的非自足性这一事实被多数人认定了，长期以来的市场自足性神话被打破，为政府宏观调控理论确立了必要的逻辑前提。凯恩斯从市场的运行是非自足性的事实出发，认为如果政府不积极干预市场的运行过程，资本主义的大厦就有倒塌的危险，政府不仅是市场运转的保障和补充，而且是市场运转中必不可少的、积极的内在因素。

市场失灵到阻碍经济与社会发展的程度，传统的经济发展模式的变革就必然要发生。为了克服市场失灵，在20世纪的下半期，出现了全球性的经济体制变革和转化：以苏联为代表的高度集中的社会主义中央计划经济体制的兴起；以西欧福利国家为代表的高度税收调节的具有完善的社会保障体系的福利经济体制的兴起；以美国为代表的政府宏观需求管理的国家干预的经济体制的兴起。这种转变的根本在于，政府运用计划、税收、经济政策等手段，对资源配置、生产过程和收入分配进行直接或者间接的调节，或者对市场经济进行彻底否定，或者对市场经济进行改良。

最能够体现政府干预的是凯恩斯提出来解决危机的三个方面的政策。一是实行膨胀性的财政政策，由政府扩大开支，实行赤字预算以刺激经济扩张，而不是降低开支来达到预算平衡；二是实行膨胀性的货币金融政策，在就业不充分的情况下，通过适度增加货币发行，既扩大投资规模又刺激消费和扩大需求，既推动上涨又使产量（就业量）增加；三是实行扩张性的对外经济政策，主张政府干预对外贸易，通过扩大出口同时又限制进口的狭隘政策，得出贸易顺差。凯恩斯主义在第二次世界大战后的西欧国家得到普遍实行，也一度确实带来了普遍的经济繁荣。凯恩斯主义的成功，致使经济学家们完全陶醉而不能理智地看待国家过度干预经济，进而侵害市场所产生的消极后果。到了20世纪70年代，西方国家普遍出现经济发展停滞不前与通货膨胀同时并存的"滞胀病"，特别具有特点的是，资本主义的经济衰退一改传统的物价下跌、供给过剩、有效需求不足，而是出现了物价上涨、供应不足的现象。这种现象在美国尤为典型，以至于出现了如下呼声："美国经济一直苦于商品短缺，生产力增长迟缓，资本投资呆滞和制造工业生产能力不足——现在的主要问题很清楚，已经不是如何刺激需求而是如何刺激供给。"[①] 凯恩斯主义最终也不得不宣告失败。

　　传统的主流经济学往往把社会发展等同于经济增长，"市场失灵"实际上阻断了企图仅仅或者主要通过物质资本的扩张来做大市场，从而推动社会发展的思路，而计划和政府的失灵，又使试图通过政府对经济发展进行干预的思路无奈地终止。在这样的历史背景下，资本理论本身也因社会发展的需要，符合逻辑地要寻求一条新的出路，需要跳出单纯地从经济这个角度来看待资本，探索资本理论的新内容。

第三节　社会资本理论的主要代表人物及其思想

　　"社会资本"这个术语的正式使用，可以在亚当·斯密的《国富论》中看到，也可以在马克思的《资本论》中发现，特别是 19 世纪 70 年代形成的奥地利学派中享有盛名的庞巴维克，在其《资本实证论》中把"社会资本"与"个人资本"联系起来使用。庞巴维克在梳理了诸多的资本概念后，认为只有对资本的如下理解经受住了所有的考验："将资本理解为产品的集合体，这种产品不是准备用于直接消费或使用，而是用作获利的手段的。"作为资本的一个分支概念，社会资本只包括生产手段，但是从他所列举的作为促进生产的产品总和所包含的 7 个项目来看，与我们通常所说的经济资本没有什么区别。[②] 真正从经济学之外的视野、运用社会学的思路提出"社会资本"概念，是 20 世纪 80 年代的事情，其中不能不提到四个著名的社会学家，以及反对使用社会资本概念的一些意见。

一　皮埃尔·布迪厄：社会资本理论的开创者

　　使社会资本这个概念在学术界引起重要反响的是法国社会学家皮埃尔·布迪厄（P. Bourdieu）。他早年写了一篇讨论莱布尼茨的论文，也出版过《1945 年以来法国的社会学与哲学》、《马丁·海德格尔的政治本体论》等哲学专著，以一种晦涩难懂的哲学术语、冗长句子表达其哲学倾向；也可以说他是个人类学家，他的《实践理论大纲》和《实践的逻辑》已经成为人类学的经典；由于他在英语世界获得的最初声誉，与他在

---

①　刘力臻：《市场经济"现代体制"与东亚模式》，商务印书馆 2000 年版，第 101 页。

②　[奥] 庞巴维克：《资本实证论》，陈端译，商务印书馆 1964 年版，第 94—99 页。

《教育、社会和文化的再生产》中对于教育体制保守功能的批判有关，说他是教育家也不为过；他的《语言与符号权力》在语言学界被广泛征引，使其无愧于语言学家的称号；可以说他是个文艺理论家或者美学家，因为他的皇皇巨著《区隔：趣味判断的社会批判》、《艺术的法则》和论文集《文化生产场：论艺术和文学》等著作，在某种程度上摧毁了康德以来的一些我们视为常识的一些文学、美学观念……当然，无论是学界的学人，还是布迪厄本人，都把他定位一个社会学家，不过，重要的是布迪厄已经使社会学的含义发生了变化，用他自己的话来说，他是一个社会学的社会学家。换句话说，他已经几乎将社会学等同于普遍性的社会科学，等同于一种元科学。

布迪厄的社会学首先批判了各种继承下来的范畴和已被接受的思想方法，以及被专家政治论者和知识分子以文化与理性的名义使用的微妙的统治形式。其次，布迪厄的社会学还批判了权力、特权和支持它们的政治的既定样式。可以通过以下方面初步地了解布迪厄独特的知识方案及其形式。

第一，在关于社会行动、结构和知识的概念方面坚决地反对二元对立，致力于消解各种对立，因为这些对立确定了社会科学中长期存在的以下这些争论阵线，如在主观主义和客观主义的理论模式之间，在社会生活的物质维度和符号维度之间，以及在阐释和解释之间，在历时和共时之间，在微观分析和宏观的分析之间。

第二，科学思想和实践是综合性的，同时跨越学科的、理论的和方法的界限。在理论渊源上它们是不同知识源流的汇合，而这些学术传统曾被认为是不相容或者不协调的：马克思和毛斯，涂尔干和韦伯，还包括卡西尔、巴什拉和维特根斯坦的多种哲学传统，梅洛－庞蒂和舒茨的现象学，以及索绪尔、乔姆斯基和奥斯汀的语言学。在方法上，布迪厄的研究是把统计学方法、直接观察与对相互作用、话语、档案文件的解释结合在一起的典范。

第三，社会存在（社会生活）在根本上是竞争性的。社会世界是充满无穷无尽的同时也是无情竞争的场所，通过这些竞争并且处于竞争之中形成的差异是社会存在的根本精髓。

第四，布迪厄的哲学人类学不是建立在利益观而是在认识和相应的误识的基础上。布迪厄认为行为的最终源头是对尊严的渴望，只有社会可以平息这种渴求。只有在一个群体和制度中，被授予一个名称、一个位置、一项功能，个体才有希望逃避存在的偶然性、有限性和最终的荒诞感。社会存在意味着差异，差异则隐含着等级制，由此交替产生认识和误识，任意性和必然性之间的无穷尽的辩证关系。

接着布迪厄的社会理论提出了习性、场域和社会资本三个主要概念。

习性是指通过我们在世界的感知、判断和行动而形成的长期的、可转换的性情系统，这些性情系统具有可塑性，因为它们将社会环境不断演化的影响铭刻在身体中。习性无时无刻都在过滤着环境的影响，这种铭刻处于最初的（早年的）经验设定的限制中，根植于我们的心智以至于身体内部，会超越我们遭遇的一些具体情境而发生惯性作用，因此习性具有稳定性。①

布迪厄所说的场域就是在发达社会中伴随着社会分化出现的形态各异的生活、艺术、科学、宗教、经济、政治等空间，并逐渐形成具备它们自己的法则、规律和权威形式的独特的微观世界。"从分析的角度看，一个场域可以被定义为在各种位置之间存在的客观关系的一个网络，或一个构架，正是在这些位置的存在和它们强加于占据特定位置的行动者或机构之上的决定性因素之中，这些位置得到了客观的界定，其根据是这些位置在不同类型的权力（或资本）——占有这些权力就意味着把持了在这一场域中利害攸关的专门利润的得益权——的分配结构中实际的潜在的处境，以及它们与其他位置之间的客观关系（支配关系、屈从关系、结构上的同源关系，等等）。"② 场域具有三个方面的特征：首先，场域是一个结构化的位置空间，一个将自己的特殊决定性强加在进入其中的所有成员身上的权力场（force field）。如果一个人想成功地当上科学家，他就必须具备由特定时间和地点中的科学环境所要求的最起码的"科学资本"，除了遵循它所强加的道德和规则之外别无选择。其次，场域是一个斗争的场所，行动者和机构在其中竭力维护或颠覆现存的资本分配，如在科学场中，对机构、学科、理论、方法、主题和杂志等等的依次排序，这是一个战场，其中身份和等级的基础被无休止地争夺。第三个关键特征是它的自治程

---

① 可详细参考朱国华《习性与资本：略论布迪厄的主要概念工具》（上），载《东南大学学报》（哲学社会科学版）2004 年第 1 期。

② ［法］布迪厄等：《实践与反思》，李猛、李康译，中央编译出版社 1998 年版，第 133—134 页。

度，比如说在场域发展的过程中，场域获取的使自身同外部影响隔离开的能力，以及坚持它自己的评价标准高于、对立于那些相邻或入侵场域的标准的能力，例如，科学原创性反对商业利益或政治上的正确性，每个场域都是一个处于冲突中的场所，冲突发生在那些维护该场域特有的自律原则的人和那些力图引进他律标准的人之间，后者需要用外部的力量来改善他们在场域中的被支配地位。

资本是在一个特定的社会领域里有效的资源，它使个体获得因为参与社会领域并在其中竞争而形成的特殊利益。布迪厄有过一段对资本的著名说法，由于社会世界是一部积累的历史，其中的行动者不能被简化为瞬间机械平衡的不连续系列，是不可互换的，因此必须把资本概念引入对社会世界的解释，"资本是积累的劳动（以物化的形式或'具体化的'、'肉身化'的形式），当这种劳动在私人性，即排他性的基础上被行动者或行动者小团体占有时，这种劳动就使得它们能够以具体化或活的劳动的形式占有社会资源。资本是一种铭写在客体或主体结构中的力量，它也是一条强调社会世界的内在规律性的原则，"它不像轮盘赌那样具有短时间内改变人的社会地位的可能性，资本"需要花时间去积累，需要以客观化的形式或具体化的形式去积累，资本是以同一的形式或扩大的形式去获取生产利润的能力，资本也是以这些形式去进行自身再生产的潜在的能力"。①布迪厄的资本概念显然既不是马克思式的也不是正规经济学的，而是一种对某人自己的未来和对他人的未来施加控制的能力，资本在他那里本质上是一种权力形式，个人在社会中的地位，在社会生活中的可能性和机遇，都决定于他们能够积累的资本，也就是说，一个人拥有资本的数量和类型决定了他在社会空间中的位置。现代社会分化成不同的场域，它们又是由资本的不同分配构成的，不同场域中的不同位置都有不同的资本。一个行动者的资本本身是其习性的产物，资本的作用同时又必须依赖于一定的场域。任何个体、群体和机制在社会空间中的位置都可以用他们保留的资本的总量和资本构成——这两个坐标来确定。习性、资本和场域这几个概念之间是如此内在地相互联系在一起的，以至于每一个概念只有在其他三者相随时，才能获得它的充分的分析潜能。它们一道使我们可以清晰地阐明再生产的状况——即社会结构和精神结构相互协调和相互巩固，以及转型

---

① 《文化资本与社会炼金术——布迪厄访谈录》，包亚明译，上海人民出版社1997年版，第189—190页。

时期——习性和场域之间产生不协调，从而导致革新、危机和结构变迁。

布迪厄认为资本可以表现为三种基本形态：经济资本是可以直接转化成金钱，以财产权的形式被制度化的；文化资本在某些条件下可以转化为经济资本，是以教育资格的形式被制度化的；社会资本在一定的条件下也可以转化为经济资本，是以某种高贵社会头衔的形式被制度化的。①

社会资本在布迪厄的社会理论中被最早使用，是在一篇《社会资本随笔》的短文中，该文发表于由他在巴黎高等师范学校执教时领导的一个研究小组编辑《社会科学研究行为》杂志上（这本杂志创刊于 1975 年，致力于传播社会学最新的研究成果，并且从严谨的科学视点干预突出的社会问题）。但是，社会资本的思想则可以追溯到他在 20 世纪晚期引进"习性"概念，20 世纪 70 年代他和帕瑟龙（Passeron）合著的《再生产》一书中，对建立一种文化再生产如何培育群体和阶级之间的关系的社会再生产进行专门论述，关于社会资本的思想得到了进一步发展。必须指出的是，在布迪厄的社会理论中，社会资本与其他资本如经济资本和文化资本相比，还只是处于从属地位，不能独立于经济资本和文化资本而存在，也远没有后者那样的重要性。

后来关于社会资本的含义基本上是在他对资本的一般性分析上的延续，体现了资本的权力化倾向。"社会资本是实际的或潜在的资源的集合体，那些资源是同对某种持久性的网络的占有密不可分的，这一网络是大家共同熟悉的、得到公认的，而且是一种体制化关系的网络，或者换句话说，这一网络是同某个团体的会员制相联系的，它从集体性拥有的资本的角度为每个会员提供支持，提供为他们赢得声望的'凭证'，而对于声望则可以有各种各样的理解这些关系也许只能存在于实际状态之中，只能存在于帮助维持这些关系的物质的和/或象征性的交换之中。这些资本也许会通过运用一个共同的名字（如家族的、班级的、部落的或学校的、党派的名字，等等）而在社会中得以体制化并得到保障，在这种情况下，资本在交换中就或多或少地真正地被以决定的形式确定下来了，因而也就被维持和巩固下来了。"② 由此我们可以看出，布迪厄的社会资本具有两个比较明显的特征：第一，社会资本是一种与群体成员资格和社会网络联

---

① 《文化资本与社会炼金术——布迪厄访谈录》，包亚明译，上海人民出版社 1997 年版，第 192 页。

② 同上书，第 202 页。

系在一起的社会资源；第二，社会资本是以互相认识和认知为基础的，社会生活中的个人能够有效地加以运用的联系网络规模越大，他能够占有的社会资本数量就越多，也就能够产生更好的增值效应。布迪厄的社会资本概念是工具性的，他关注的中心是个人通过参与团体活动不断增加收益以及为了创造这种资源而对社会能力的精心建构。在他的理论活动中一直试图通过文化机制将阶级关系的再生产过程理论化，在这种努力的过程中，他不断地将社会资本置于分析的中心地位，但这对他来说始终还是一个未尽之业。

总的来说，布迪厄的资本理论的重点在于不同资本形式之间的相互转化，以及所有资本简化为经济资本。其中，经济资本可以轻易有效地转化为社会资本，而社会资本虽然也可以转化成为文化资本和经济资本，但这种转换却不能是即时性的。如行为者通过网络联系获得各种经济资源，通过与专家或者有知识的个人接触提高自己的文化资本，都必须借助于一定的中介环节，也就是说社会资本本身并不直接等于经济资本。不过"资本不同类型的可转换性，是构成某些策略的基础，这些策略的目的在于通过转换来保证资本的再生产（和在社会空间占据的位置的再生产）。这些转换从工作的角度和（在社会权力关系的特定状态下）转换自身固有的损失的角度来看，是代价最小的。"① 布迪厄同时也看到，社会资本的形成不仅需要经济资源和文化资源的精心投入，而且相对于经济交换而言，更少透明更多不确定性，因此会掩盖本来是很清楚的市场交换，即社会资本本身具有负效应。

二　詹姆斯·S. 科尔曼：社会资本理论的社会学研究视野

由布迪厄开启的从社会网络来研究社会资本的思路，在美国社会学家詹姆斯·S. 科尔曼（James S. Coleman）的社会理论中得到继续并被强调和扩展。

在当代美国著名社会学家波茨（Alejandro Portes）看来，尽管科尔曼对使用社会资本有可能获得教育特许权问题的分析非常类似于布迪厄所开创的观点，但是科尔曼关于社会资本在人力资本创造过程中的作用的最初

---

① 《文化资本与社会炼金术——布迪厄访谈录》，包亚明译，上海人民出版社1997年版，第202页。

分析中，并没有提到布迪厄，这是令人感到吃惊的。[①] 科尔曼本人直接承认自己关于社会资本的理论，受到了经济学家洛瑞（Glenn Loury）、波拉思（Ben Porath）和威廉森（O. Willamson）以及社会学家格兰诺维特（Mark Granovetter）的影响。

洛瑞首先把社会资本概念引入经济学，用以代表存在于社会关系中的个人资源，他认为，以经济人的假设为前提的古典经济学和新制度经济学，没有注意到现实的个人是处于一定的社会网络中的，而不是以独立的方式超然于社会去实现其目标的，个人追求的利益更不是完全以自我为中心的，经济学所描述的利己主义者与现实生活中的人之间存在矛盾，这使经济学家必须要修改经济理论。波拉思提出了涉及交换系统活动的概念"F—连接关系"，即家庭（family）、朋友（friend）和公司（firm），这些社会组织影响了经济交换方式。威廉森对影响经济活动组织方式的各种条件的新制度经济学探讨，注意到特殊经济制度产生的条件以及这些制度即社会组织对系统活动的影响。社会学家格兰诺维特从经济社会学的立场对新制度经济学进行了批判，认为它不过是一种拙劣的功能主义，用经济制度的功能来解释其存在的原因，在经济理论上存在着严重的失误，这种失误具体表现在忽略了个人关系及其社会关系网络对产生信任、建立期望以及确定和实施规范的重要影响。格兰诺维特在分析经济系统时试图引入社会和组织关系，但不是仅仅把这种关系看成行使经济功能的一种结构，而是把它作为对经济系统活动有着独立影响的社会结构。[②]

科尔曼把上述几位对社会资本理论的研究合并到自己的理论框架中，提出社会资本是个人拥有的以社会结构资源作为特征的资本财产，它与物质资本和人力资本一起构成了资本的三种形态，社会资本既不同于可见的物质资本，也不同于表现为个人掌握的技能和知识的人力资本，它表现为人与人之间的关系，由组成社会结构的各个要素构成，存在于人际关系的结构之中。科尔曼根据社会资本的功能对其给以定义，"它不是某种单独的实体，而是具有不同形式的不同实体。其共同特征有两个：它们由构成社会结构的各个要素所组成；它们为结构内部的个人行动提供便利。和其

① ［美］亚历山德罗·波茨：《社会资本：在现代社会学中的缘起和应用》，载李惠斌、杨雪冬主编《社会资本与社会发展》，社会科学文献出版社 2000 年版，第 123 页。

② ［美］詹姆斯·S. 科尔曼：《社会理论的基础》（上），邓方译，社会科学文献出版社1999 年版，第 351—353 页。

他形态的资本一样，社会资本是生产性的，是否拥有社会资本，决定了人们是否可以实现某些既定目标。与物质资本和人力资本一样，社会资本并非可以完全替代，只是对某些特殊活动而言，它可以被替代。为某种行动提供便利条件的特定社会资本，对其他行动可能无用，甚至有害。与其他形式的资本不同，社会资本存在于人际关系的结构之中，它既不依附于独立的个人，也不存在于物质生产的过程之中。"①

从科尔曼的这段话以及其他论述中，我们可以看到，他所理解的社会资本具有这样几个特征：第一，生产性，也就是说社会资本为结构内部的个人行动提供便利，是否拥有社会资本，决定了人们是否可以实现某些既定目标，"社会资本是影响个人行动能力以及生活质量的重要资源。"② 第二，不完全替代性，这是针对社会资本的生产性而言，即社会资本的生产性功能必须和具体的社会行动联系起来才能得以实现，它只是对某些特殊活动而言才是可以被替代的，那些能够为某种行动提供便利条件的特定社会资本，对其他行动则可能是无用的，甚至可能还是有害的。第三，公共性，即社会资本具有公共物品的性质，而不像其他形式的资本那样是私人所有的，这是由其存在形态决定的，即社会资本存在于人际关系的结构之中，既不依附于独立的个人，也不存在于物质生产的过程之中。"许多社会资本具有的公共物品特征是社会资本与其他形式资本最本质的差别。"③例如，特定的社会结构使社会规范以及相应的惩罚措施得以存在，这种结构不仅使积极参与建立规范的人受益，而且使处于相应结构中的所有人都受益。第四，不可转让性，社会资本的公共性使其"不同于新古典经济学所研究的可分割、可转让的私人物品。……社会资本实际上具有不可转让性。"④ 与社会结构具有的特征一样，社会资本对其受益者而言，不是一种私有财产，因而是不可转让的。

在关于社会资本的规定中，科尔曼还对社会资本的形式进行了归纳，提出社会资本的五种形式。(1)义务与期望。如果 A 为 B 做了某些事情，并且相信 B 日后会报答自己，那么 A 对 B 就有了一种期望，B 对 A 也就

---

① ［美］詹姆斯·S. 科尔曼：《社会理论的基础》（上），邓方译，社会科学文献出版社1999 年版，第 354 页。

② ［美］詹姆斯·S. 科尔曼：《社会理论的基础》（下），邓方译，社会科学文献出版社1999 年版，第 371 页。

③ 同上。

④ 同上书，第 369 页。

承担着一种偿还的义务。如果对 A 承担义务的不止 B 而是有很多人，那么 A 通过这种关系占有大量的社会资本。不过在这种形式的社会资本中，社会环境的可信任程度以及个人担负义务的范围是两个至关重要的因素。社会环境的可信任程度越高，人们履行义务的可能性越大，义务和形式的社会资本也就越普遍；个人在社会结构中承担的义务越多，他拥有的可利用的社会资本就越丰富。(2)信息网络。存在于社会关系内部的信息网络是社会资本的一种主要形式，这提示了利用已经存在的社会关系是获取信息的重要手段。例如，不了解最新时髦服装的妇女往往通过女友中的那些最了解时装的人来获取它所需要的信息，从而使她购买服装的行为更加方便。密切注视本领域中最新研究成果的社会科学家，也可以利用与同事的工作接触，掌握必要的信息。(3)规范和有效惩罚。有效规范是一种作用很大的社会资本，通过奖励大公无私的行动，惩罚自私自利的行动，可以促进人们放弃自我利益，依集体利益行事。这种社会资本不仅为某些行动提供方便，而且还可以制约犯罪，限制其他不利于社会正常秩序的行动。当然，这种社会资本也可能导致相应领域中的创新精神受到压抑，因为规范不仅限制伤害他人的越轨行为，而且也压制对众人有利的非凡行为。(4)权威关系。权威就是个人拥有的控制他人行动的权利。如果行动者 A 把有些行动的控制权转移给行动者 B，那么 B 就获得了以上述控制权利为形式的社会资本。如果有更多的行动者把同样的控制权利转让给 B，后者的社会资本以权力的形式表现出来而且社会资本的总量增加了。这种把权威授予具有超凡魅力的领导人在特定的条件可以增进公共利益，克服在众多的行动者中间存在的坐享其成的问题。(5)多功能的社会组织和有意创建的组织。所谓多功能的社会组织是指那些为了某一目的而建立同时又可以服务于其他目的的组织，即不仅使创建者受益，也使其他人得到好处，从而形成可以使用的社会资本，这是一种极其普遍的现象。①

　　科尔曼在理论上研究了人力资本和社会资本之间的关系，特别对当时在政策制定领域以人力资本理论为指导思想的主流观点进行了批判，在其《社会资本在人力资本中的作用》一文中，他认为社会资本对于教育文凭的获得者存在着积极的影响，在此他把社会资本定义为"行动者可以获得的某种资源"，包括多种实体。科尔曼把社会资本的研究集中在教育领

---

① ［美］詹姆斯·S. 科尔曼：《社会理论的基础》（下），邓方译，社会科学文献出版社1999 年版，第357—367 页。

域，认为社会资本与人力资本是互相补充的，这使其与布迪厄的观点存在类似之处，不过科尔曼主要从社会资本的功能进行定义，认为虽然社会资本的生产性质使人们尽力地创立这种资本，但创立社会资本的活动往往为行动者之外的人带来利益，因而，创立社会资本成为不符合行动者利益的行动，结果许多社会资本原来不过是其他行动的副产品。另外，布迪厄使用社会资本概念表示精英团体运用他们的联系来再产生他们的特权，而科尔曼却把这个概念的范围扩大到包括非精英集团的社会关系。

　　科尔曼还对可能导致社会资本的出现和消亡的各种因素进行了探讨，他把这些因素归纳为四个方面。第一，社会网络的封闭性。如果信任关系建立在合理基础上，即受托人已被证明是值得信任的，网络封闭与否就显得十分重要，因为社会网络的封闭保证了互相信任、规范、权威和制裁等的建立和维持，增加了系统内部行动者之间的依赖程度，减少了内部行动者对网络外部行动者的依赖程度及资源的可替代性，由此可以保证能够动员网络资源。当然，这种封闭的系统可能导致极端信任或者不信任，除去这种不稳定性，一定程度的封闭为系统内部的个人决定是否给予信任提供了便利条件。第二，社会结构的稳定性。除了以职位为基础建立的正规组织，各种形式的社会资本都依赖于社会结构的稳定性。社会组织或者社会关系的瓦解会使社会资本消亡殆尽。以职位而不是以人为结构元素的社会组织的创立，提供了一种特殊形式的社会资本，这种社会组织在人员变动的情况下，仍然能够保持稳定。之所以如此，是因为在这类组织中，人的地位降到仅仅是职位的占有者，人仅仅履行职务，而不是结构自身，人员流动不会对组织结构造成影响。但是对其他形式的社会资本，个人流动将使社会资本赖以存在的相应结构完全消失。第三，意识形态。意识形态形成社会资本的途径是把某种要求强加给意识形态的信仰者，即要他们按照某种既定的利益或者某些人的利益行动，而不考虑其自身利益，这有利于社会资本的生成。但是意识形态也能够对社会资本的形成产生消极的影响。比如，古希腊伊壁鸠鲁学说的信徒所信奉的享乐原则，以及作为新教基础的、强调个人独立于上帝的意识形态，由于不考虑他人或社会利益，从而抑制了社会资本的形成。第四，官方认可的富裕及需要的满足。这是影响社会资本形成和消亡的重要因素。因为社会资本具有公共物品的性质，需要相互帮助的人越多，所创造的社会资本数量就越大；而富裕、政府资助等因素使人们相互需要的程度越低，所创造的社会资本就越少。总之，社会资本的价值随时间的推移而逐渐下降，因而社会资本和人力资本、物质资本一样需要不断更新，否则将丧失价值。无法保证期望和义务管理历时长久而不衰，没有定期的交流，规范也无法维持。①

学术界对科尔曼的社会资本理论存在着不足之处所做的评价是以美国社会学教授亚历山德罗·波茨为代表的，他认为科尔曼对社会资本的定义是相当模糊的，因此给许多不同的，甚至是矛盾的过程重新贴上社会资本的标签打开了方便之门。在科尔曼的社会资本术语中既包括了生产社会资本的机制，也包括拥有社会资本的后果，还包括为原因和结果具体化提供背景的"可利用的"社会组织。波茨认为，从接受者的角度看，通过社会资本获得的资源具有礼物的特征。因此，在社会资本概念中应该把资源与通过不同社会结构中的成员获得资源的能力区别开来。在社会资本的理解中把这些要求进行区分是必要的：社会资本的拥有者；社会资本的来源；资源本身。但在科尔曼的影响下，它们却经常被混在一起，造成了社会资本概念用法和使用范围的混乱。更为重要的是，由于他把社会资本等于他获得的资源，导致了逻辑上的同义反复，就如同说成功地成功一样。② 社会资本在科尔曼的社会理论中被泛化，既用来解释国家与国家、社会与社会的信任程度、社会发展、社会规范、社会团结与社会动员、政治模式等方面的差别，也用来解释组织的运作、发展以及个人的社会化、各种目标取向明确的社会行动。于是，社会资本理论的发展经过科尔曼之后呈现出分化的趋势，一是以普特南（Robert D. Putnam）为代表的学者把社会资本用来研究宏观社会现象，对社会资本与公共生活的关系进行分析；二是以伯特（Ronald Burt）为代表的学者把社会资本用来解释个人的地位获得、社会流动的结构空洞（structural hole）理论。

三　罗伯特·D. 普特南：社会资本理论的政治学研究视野

在普特南之前的诸多学者关于社会资本的研究中，多把社会资本放在个人或者微观的层面上来理解，而普特南可以说是最早尝试从整个社会范围内来使用社会资本概念的学者。普特南是哈佛大学政治学教授，《使民

---

① ［美］詹姆斯·S. 科尔曼：《社会理论的基础》（下），邓方译，社会科学文献出版社1999年版，第372—376页。

② ［美］亚历山德罗·波茨：《社会资本：在现代社会学中的缘起和应用》，载李惠斌、杨雪冬主编《社会资本与社会发展》，社会科学文献出版社2000年版，第124—125页。

主运转起来：现代意大利的公民传统》（*Making Democracy Work：Civic Tradition in Modern Italy*）给他带来了巨大的声誉，甚至有学者称之为可以与托克维尔、帕累托和韦伯等学者的著作相比肩的杰作。

为什么有些民主政府获得成功而有些却失败了？这是一个古老而且依然还在困扰着我们的问题。普特南的目的就是要研究影响民主制度绩效的因素，试图回答这样一些问题：正规制度是怎样影响政治和政府的运行？如果我们改变制度，政治和政府的运行会跟着发生改变吗？一个制度的绩效是否取决于它的社会经济文化背景？如果我们在新环境下引进民主制度，它会像在旧的环境下一样成长吗？或者民主的质量取决于公民的素质，从而每一个群体只能拥有与他们相配的政府？这些问题本身是理论性的，但是普特南及其合作伙伴们的研究方法却是实证的，即对过去 20 年意大利各地区所做的制度改革试验（开始于 1970 年）进行总结，从中得到启示。

对现代意大利南北政府的绩效之差异所进行的研究，是普特南的主要工作。他把制度绩效概念建立在一个很简单的治理模型上：社会需求——政治互动——政府——政策选择——实施。理解制度绩效的动态关系，是社会科学长期关注的问题，普特南总结了社会科学领域解释制度绩效的三个学派及三种模式，第一个学派强调制度设计；第二个学派强调社会经济因素；第三个学派则强调社会文化因素。[①] 在新制度主义看来，"制度影响个人和集团在已有制度内外的行为方式，影响市民与领导人之间的信任关系，影响政治共同体的普遍期望，影响社区的语言、认识和规范，而且还影响各种概念如民主、正义、自由以及平等等的涵义"，而这种观点在普特南看来只是一种假说而不是一种公理。[②]

根据研究，意大利北方的地区政府的制度绩效水平比南方地区要高，是什么原因造成同样的制度在北方能够成功而在南方却是失败的？很难相信，富裕程度和经济现代性方面的巨大差异不是地区政府绩效的一个重要原因，但是却不能把南北方制度绩效上的差异仅仅归结为由此造成的地方政府可以使用的财经资源的差异。普特南要强调的是地区的治理质量与该地区的"公共精神"之间存在更重要的关系，"换句话说，经济发达地区

---

① ［美］罗伯特·D. 普特南：《使民主运转起来》，王列、赖海榕译，江西人民出版社 2001 年版，第 9—12 页。

② 同上书，第 19 页。

的地区政府之所以比较成功仅仅是因为它们有更强的公共精神。"① 有许多公民社团、很多报纸读者、许多事务取向的选民和很少庇护—附庸网络的地区，可以培育出更有效率的政府。从两个层面可以反映出来，一是在公民性程度较低的地方，地区委员与公民之间会见的时间和人数都多，且大多数是为了找工作和庇护关系，而在公民性程度高的地方，地区委员与公民之间会面的时间和人数都远少于前者，并且他们会面主要不是寻求庇护关系，讨论的主要是政策问题；二是公民性程度高的地区的政治领导人比公民性程度低的地区的政治领导人更热心支持政治平等，也更愿意妥协，这些地区较少发生冲突和争端，且领导人更愿意用谈判解决冲突，人与人之间呈现的是伙伴关系而不是没有伙伴关系，公民性程度强的地区人们都可以期望他人遵守规则，在公民性程度低的地区则几乎每一个人都认为别人会破坏规则。普特南的结论是："公民共同体与制度绩效和地区富裕程度的关系如此紧密，以致很难在统计的意义上把它们对生活满足感的影响区分开来，不过这三者中，公民性的影响是最大的。"②

普特南通过对意大利公民共同体的历史考察，还进一步认为，当用公民传统和以往的社会经济发展，来预测当前的社会经济发展水平时，发现公共精神实际上远较经济发展本身更为准确。也就是说，经济虽然无法预测公共精神，但是公共精神却能够预测出经济，实际上比经济本身更为准确。特别是在 20 世纪，一个地区要想取得社会经济发展，更多地要靠其公共精神禀赋。因此，公民传统可能既对制度绩效产生极大的作用，也对经济发展和社会福利产生重大影响。普特南沿着这个思路推广到对第三世界国家发展的问题上，为什么有这么多的第三世界国家依然如此落后，人们一直百思不得其解，是因为资源匮乏，中心—边缘的依附性，政府决策失误，市场失效，抑或是"文化"因素？从意大利个案的研究，可能对这个问题的解答作出重大的贡献。当然，他并没有忘记，如果认为这里所说的公民传统是决定经济繁荣与否的唯一或者最重要的因素，那将是荒唐可笑的。"在互相交错的良性和恶性循环中，公民传统一旦确立，富裕会增强公共精神，而贫穷则会遏制它。我们的论据表明，在这些互动中，经

---

① ［美］罗伯特·D. 普特南：《使民主运转起来》，王列、赖海榕译，江西人民出版社2001 年版，第 113 页。

② 同上书，第 131 页。

济—公共精神的链条不是决定性的，公民规范和网络是经济进步潮流上浮现的浪花。"①

　　普特南从制度绩效的研究引入了社会资本概念，认为在一个继承了大量社会资本的共同体内部，对于解决集体行动悖论的自愿合作行为更容易出现。在科尔曼的社会资本概念基础上，他提出："社会资本就是指社会组织的特征，诸如信任、规范以及网络，它们能够通过促进合作行为来提高社会的效率。"② 大多数的社会资本形式，都有一个共同的特征，即使用得越多就会增加其供给如果搁置不用则会减少供给；同时，社会资本一般说来都是公共用品（public goods）而不是私人用品（private goods）。

　　信任是社会资本的必不可少的组成部分。在意大利公共精神发达的地区，社会信任长期以来一直是伦理道德的核心组成部分，它维持了经济发展的动力，确保了政府的绩效。在立法和行政之间，工人和管理者之间，政党之间，政府和私人组织之间，小企业之间都需要进行合作。但是往往明确的协议条款和监督通常都因代价太高而难以做到，而第三方执行又不切合实际。在一个共同体中，信任水平越高，合作的可能性就越大。而且合作本身就会产生信任。正是在这个意义上，社会资本的稳步发展构成了意大利公共精神发达地区的良性循环的最关键部分。③

　　那么，私人的信任如何才能转换为社会的信任呢？普特南认为，在现代的复杂社会中，社会信任能够从这样两个相互联系的方面产生：互惠规范（norms of reciprocity）和公民参与网络。普特南把互惠规范区分为两种，即"均衡的"（或"特殊的"）和"普遍化的"（或"扩散的"）。所谓均衡的互惠是人们同时交换价值相等的东西，如办公室同事交换节日礼物，或者议员们互相捧场。而普遍化的互惠则是指交换关系持续进行，在特定的时间内是无报酬和不均衡的，但能够产生共同的期望，现在自己给予他人，将来他人给予自己。在这两种互惠规范中，他主要是用后者来界定社会资本，而且认为是一种具有高度生产性的社会资本。遵循了这一规范的社会共同体，可以更有效地约束投机，解决集体行动问题。

　　要使私人的信任转换为社会的信任，除了普遍化的互惠规范之外，普

_____

① ［美］罗伯特·D. 普特南：《使民主运转起来》，王列、赖海榕译，江西人民出版社2001年版，第188页。

② 同上书，第195页。

③ 同上书，第200页。

特南认为还需要公民参与网络。无论是现代的还是传统的，专制的还是民主的，封建主义的或者资本主义的社会，都是由一系列的人际沟通和交换网络构成的，这些网络既有正式的，也有非正式的。其中一些以"横向"为主，把具有相同地位和权力的行为者联系在一起；另一些则以"垂直"为主，将不平等的行为者结合到不对称的等级和依附关系之中。在实际生活中，几乎所有的网络都包含二者。普特南倾向于认为，这两种网络中以"横向"为主的公民参与网络越密，越是有利于为了共同利益而进行合作，因为诺思的制度经济学研究证明：公民参与网络减少了人们在任何单独交易中进行欺骗的潜在成本；培养了强大的互惠规范；促进了交往以及有关个人品行的信息的流通；公民参与网络体现的是以往合作的成功，可以把它作为一种具有文化内涵的模板，未来的合作可以在此基础上进行。而以"垂直"为主的网络，则无论其多么密集，也无论对其参与者多么重要，都无法维系社会信任和合作。信息的垂直流动之所以不如水平流动那么可靠，是部分地因为下属为了免受剥削而对信息有所保留。据此可以认为，社会资本——体现在横向公民参与网络之中——提供了政府和经济的绩效。只有强社会才能强经济，强社会才能强国家。①

尽管普特南的工作引起了学术界的注意，也得到了很高的评价，但是也存在不同的看法，最典型的是亚历山德罗·波茨的批评。

波茨认为社会资本并不仅仅如普特南所说的那样是具有积极性的，与事实相反，个人和团体用做社会资本的同样机制可能有其他的、让人更不喜欢的结果。重点强调这些后果出于两个原因：首先，避免把社群网络、社会控制以及集体惩罚完全看作是幸事的认识陷阱；其次，要在严肃的社会学分析而不是道德化表态限度内进行分析。最近的研究至少已经指出社会资本的四个消极后果：第一，为团体成员带来利益的强大联系通常也能够禁止他人获得收益。第二，团体或者共同体的封闭在特定条件下，可能会阻碍其他成员进行创新。第三，社群或团体参与必然产生服从的要求，限制个人自由。第四，为了避免个人的成功削弱了团体的一致，最后就不得不用规范来消除那些优秀的人，迫使那些更有雄心的人离开。波茨提醒人们，在赞美社会资本的时候，看到它的两面性尤其重要。

对普特南把社会资本归结为公民传统和公共精神来论证经济发展，波

① ［美］罗伯特·D.普特南：《使民主运转起来》，王列、赖海榕译，江西人民出版社2001年版，第201—207页。

茨认为是一种循环论证。之所以如此，是因为有分析上的两个原因：其一是从结果开始的，而且反过来努力要找到把它们区别开来的原因；其二是试图解释所有可以看到的差别。为了使社会资本的研究能够避免论证上的同义反复，他提出社会资本的分析者必须遵循特定的逻辑原则：在理论上和实证上把概念的定义与它指称的结果分开；在指向上有所控制，这样可以在证明中使社会资本的存在先于它可能产生的结果；控制其他的、可以解释社会资本及其指称的结果的因素；全面认识到社会共同体的社会资本的历史来源。[①]

四　弗朗西斯·福山：社会资本理论的文化学研究视野

从文化角度研究社会资本比较有影响的学者是日裔美国社会学家弗兰西斯·福山（F. Fukuyama，又译弗朗西斯·福山）。福山的社会资本理论是建立在社会信任基础上的，他认为："所谓信任，是在一个社团中，成员对彼此常态、诚实、合作行为的期待，基础是社团成员共同拥有的规范以及个体隶属于那个社团的角色。这里所指的规范可能是深层的价值观，也可能包含世俗的规范。"[②] 而"所谓社会资本，则是建立在社会或其特定的群体之中，成员之间的信任普及程度，这样的信任也许根植于最小型、最基础的社会团体里，也就是我们熟知的家庭，也可能存在于规模最大的国家，或是其他居于两者之间的大大小小的群体中。社会资本和其他形态的人力资本不一样，它通常是经由宗教、传统、历史、习惯等文化机制建立起来的"。"虽然契约和自我利益对群体成员的联属非常重要，可是效能最高的组织却是那些享有共同伦理价值观的社团，这类社团并不需要严谨的契约和法律条文来规范成员之间的关系，原因是先天的道德共识已经赋予了社团成员互相信任的基础。"[③] 社会资本是建立在信任基础上的，而信任又以文化为基础，所以经"信任"传递，文化成为了社会资本深层的决定性条件。一般来说，信任主要存在于家庭与社团两种组织中，社会资本也相应地由这两种组织提供：一种是由家庭提供的社会资

---

① ［美］亚历山德罗·波茨：《社会资本：在现代社会学中的缘起和应用》，载李惠斌、杨雪冬主编《社会资本与社会发展》，社会科学文献出版社 2000 年版，第 137—144 页。

② ［美］弗兰西斯·福山：《信任——社会道德与繁荣的创造》，李婉容译，远方出版社 1998 年版，第 34 页。

③ 同上书，第 35 页。

本，表现为注重家族内部团结协作的家族主义，社会信任程度较低，聚合社会资本的能力弱，中、法、意等国家就属于此类社会；一种是社团提供的社会资本，表现为社会团体内部成员互助合作的团体主义，有助于促进更广泛的社会信任，提高聚合社会资本的能力，德、日是典型的代表。福山进一步指出社会资本获取方式的特殊性。"创建这类道德性社团所需要的社会资本，没有办法向其他形态的人力资本一样，透过理性的投资决策来获得。……社会资本的获取，所需要的是整个社团具有的道德规范，成员需要具备忠诚、诚信、可靠的美德，更甚者，在团体成员对彼此普遍感兴趣之前，社团就必须先采纳一套规范；个人固然可以自己采取行动去增加人力资本，但是团体却无法单纯依靠个人行动的累积，去增加整体的社会资本。"福山强调社会资本是由内在于其中的、整体的价值观和道德规范所决定的，单纯的个人的社会资本增加或减少不会影响整体的社会资本状况。

福山还把社会资本同一个国家私营大企业的发展状况联系起来，认为信任可以节约交易成本，"一个社会能够开创什么样的工商经济，和他们的社会资本息息相关，假如同一企业里的员工都因为遵守共同的伦理规范，而对彼此产生高度的信任，那么企业在此社会中经营的成本就比较低廉。"① 社会资本能以其独特的合作机制，对一定范围内的人际关系加以整合，通过提高有效利用率，激活、放大有限的人力资本；通过提高企业内部无形的社会资本，降低其有形的组织经营成本。福山认为，一个社会的经济繁荣程度，取决于该社会的信任程度（即社会资本），信任程度的高低决定现代私营大企业的发展状况，从而决定了一个国家经济的发展状况。

福山从文化角度出发研究社会资本理论，强调社会信任对于经济发展的重要性，为研究社会资本理论提供了一个崭新的视角。他强调社会资本或社会信任对经济发展的重要性，并用以解释一个国家私营企业组织和经济结构发展的状况，揭示现代市场经济要求市场主体从以互不信任的交往转向以互信为基础的交往。要在市场中取得有利的地位或者说更多、更容易地获取利益不仅需要"理性"，同时更需要社会信任与社会合作。把经济与非经济的因素结合起来分析经济发展的这种见解是十分深刻的，为考察社会历史及人类行为的动因提供了有启发性的见解。同时，福山还为建

---

① [美] 弗兰西斯·福山：《信任——社会道德与繁荣的创造》，李婉容译，远方出版社1998年版，第36—37页。

立或重建社会信任提出了可供参考的途径和方法。福山对自发性社会群体——政府与个人之间的中间社会团体尤其强调，包括企业、宗教团体、俱乐部、民间教育组织等等，指出这些中间团体对于维系和培育一种信任关系至关重要。但是福山的社会资本理论仍然具有很大的局限性，他把社会结构纳入了文化范畴，不仅忽略了经济、政治和其他制度因素对社会结构的影响，也容易陷入文化决定论。其论证方法也缺乏历史研究应该具有的客观性、全面性，造成具体观点的主观性，如认为中国作为儒家文化国家缺乏社会信任，社会资本低下、社会结构松散，家庭主义小规模经济占主导，现代化大型企业很难建立。中国难以产生现代化的私营大企业，是历史和现实中各种因素综合作用的结果，不能片面归结为社会资本的低下。

五　放弃或替代：学术界的另类态度

现阶段对于社会资本理论的看法，除了我们看到的来自各个学科的热情之外，还存在着一种与之相左的立场。

由于这个概念本身与经济学的核心概念——"资本"——具有家族相似性，引起经济学家们的注意是自然而然的。经济学家们以自己专业背景对社会资本作为一种理论上的新解释范式，发表了不同的看法。肯尼思·阿罗，这位美国斯坦福大学的著名经济学家，诺贝尔经济学奖获得者，对待社会资本的基本态度就是应该予以放弃。这主要出于以下理由：

第一，社会资本的主要概念即信任、规则和网络，都不是什么新的思路，其实早就已经是被讨论过的话题。比如"信任能够促进经济进步，这即使是在经济学家当中也是一个早已被讨论的话题，博弈论中的'声誉效应'（reputation effects）就是其理论基础。"就网络而言，交互作用的动机并不是经济的，人们可以通过熟人或者朋友网络找到工作，但是在多数情况下，人们并不是为了这个目的才加入这类网络的。即使社会网络能够防止由不均衡的信息所导致的市场失灵，是一些有效的补充性活动，能够开创出依赖其他活动开创不了的调节工具，而"这些组织是不是一种社会'资本'的形式，其后果和自我管理的'自发的'社会不是一样的？它们在任何情况下或在任何规模水平上都更有效率这一点，是否得到真正的检验？"肯尼思·阿罗表示了怀疑，他把这种怀疑进一步延伸到社会资本理论著名的倡导者普特南，"在'社会资本'的假设中，影响最为深远的部分是和罗伯特·普特南（Robert Putnam）的名字联系在一起的。他的主张是，社团身份（membership in associations）增进了政治和经济效率，即使社团本身既不涉足政治也不涉足经济时也是如此。从结构上说，这种主张乃是马克斯·韦伯有关宗教在经济活动中的重要性命题的回声。在他们两人的命题中，都存在着思维方式从一个领域到另一个领域的转换。过了几乎一个世纪，韦伯的命题还没有个定论。专门的检验不曾成功，但人们还是普遍相信有那么回事。普特南的命题是否也会遇到同样的命运。"第二，社会资本与经济学意义上的"资本"的涵义不能对应，或者说它不具有资本的特性，其涵义是模糊不清的。肯尼思·阿罗把资本的特性概括为："（1）时间的延续性；（2）为了未来的收益有意地作出当前的牺牲；（3）可让渡性。"他认为，社会资本只是在第一个方面"还可以稍微说得过去"，其他方面都是不适用的。第三，社会资本具有不可测量性。"测量交互行为的想法也许是一个陷阱，一个妄想。与其考虑多少的问题，倒不如把当前存在的社会关系看做是一个早已存在的、经济的新配件（例如发展计划）必须装配进去的网络。"①后者也是整个学术界诟病社会资本理论的重要依据。

基于以上原因，肯尼思·阿罗强烈建议放弃资本的这个隐喻，以及"社会资本"这个词，也不应该把它当作资本的另一种形式。当然坚持这种看法的也有其他学科领域的人，如亚历山德罗·波茨就与阿罗有差不多的看法，他说："这个概念所指的一组过程不是新的，而且已经在过去被用其他的名义研究过。在很大程度上，把它们称为社会资本只是用一种更有吸引力的概念包装来提出它们的手段。"②而另一些学者则批评社会资本存在着理论上的诸多弱点，其中之一就是有试图用太少的理论来解释太多的现象的危险。③

美国著名经济学家，诺贝尔经济学奖获得者罗伯特·索洛则以一种相对比较温和的态度对社会资本的概念及其应用的方式展开了批评。在他看来，社会资本的基本思想对于经济效益并非不重要或者没有关系，"相

①　[美] 肯尼思·阿罗：《放弃"社会资本"》，载曹荣湘选编《走出囚徒困境——社会资本与制度分析》，上海三联书店 2003 年版，第 225—228 页。

②　[美] 亚历山德罗·波茨：《社会资本：在现代社会学中的缘起和应用》，载李惠斌、杨雪冬主编《社会资本与社会发展》，社会科学文献出版社 2000 年版，第 145 页。

③　[美] 迈克尔·武考克：《社会资本与社会经济发展：一种理论综合与政策构架》，载李惠斌、杨雪冬主编《社会资本与社会发展》，社会科学文献出版社 2000 年版，第 251 页。

反，我认为，那些谈论和研究社会资本的人试图理解某种难解、复杂且重要的东西：一个社会的制度和共有的态度与其经济运作方式是如何相互作用的。这是一件吃力不讨好的工作，但总得有人去做；而主流经济学家却清高地避开这一任务。我的问题是，我希望有人做好这项工作，希望严肃的研究能找到有根据的答案。但至今只看到模糊的想法和偶然的经验结论。"

罗伯特·索洛坚持传统的"资本"概念，认为资本代表一批生产出来的或者具有自然属性的产品，人们期望从这种产品能在一段时间内提供生产性服务。任何谈论资本的人，从一开始在头脑中就有了一批有形的、实在的，常常是耐久的东西，比如建筑物、机器和存货清单这样的东西。这是非常典型的古典资本理论。"到底社会资本是什么呢？比如信任、合作和协调的意愿和能力、即使无人旁观也为公共事业出力的习惯，所有这种那种的行为模式，都是对生产力的增加有利的。……这些从前没有分析过的对生产的重要影响，可以合在一起称为社会资本，这样，进行整体分析的工具就成为可能了。"索洛并不认为用社会资本概念指称这些有利于生产力增加的因素是合适的，他的疑问在于，既然任何一批资本都是过去逐渐投资的积累，再扣除过去逐渐贬值的部分，那么"社会资本方面那些过去的投资是什么呢？从原则上说，一个会计人员如何测度并积累那些投资呢？……有谁能严肃地谈论，对于社会资本来说，究竟是线性的还是加倍余额递减的贬值更为合适呢？"这些问题都是社会资本理论不能以符合传统资本理论特有解答方式给予回答的。

可接受的或者可期望的行为模式，是从作为社会规则出发的，或者是由于父辈的压力，或是由于同辈的压力、宗教的教导以及通过其他的方式，这些行为模式得到加强并最终内化。这样的行为模式可以使交易成本更低，经济效益也会更好。但可资利用的行为模式的类型有哪些，其中之一又是如何被确立成为标准的"或者更广泛地说，哪一种制度和习惯使得一种经济和一个社会通过发现和利用合适的行为理念，能够更好地适应变化的环境"。资本理论的语言和工具对此却缺乏更多的帮助作用。因此，为了避免造成不必要的混乱，同时又不放弃理解这些复杂且重要的东西，罗伯特·索洛建议用"行为模式"这个概念来代替"社会资本"这个模糊不清、具有类比性质的概念。①

　　但是我们认为，如果因为某些问题已经被某一学科讨论过，就拒绝其他学科或者其他学科以新的范畴继续研究，这是有悖于人类思想发展的历史的，同样的问题被不同的学科以不同的形式进行研究的事例可以说是数不胜数，而且这恰恰是学术进步最基本也是最重要的途径。比如伦理学就并非专属于哲学家的领域和话题，经济学家、法学家，甚至医学以及其他诸多的自然科学都在不同程度上介入，这正好是伦理学繁荣昌盛的原因。相反，某一话题一旦被垄断，不论是被部分人还是被某一学科垄断，都会严重阻碍人类思想的升华，阻断学术进步的源泉。要是按照肯尼思·阿罗的说法，在数学史上三角理论、生物学史上生物化学、法学史上宪法经济学等的产生根本就是一个错误，因为它们都是在把不同学科联系起来考察的过程中形成并完善的。阿罗的说法确实让人想起今天在学术界颇为流行的一句话——"经济学帝国主义"。所以说，信任之类的问题早就被经济学研究过，进而否认其他学科介入或者纳入新的范畴进行思考是必要的，完全可以说是话语霸权心态淋漓尽致的表现。确实，假如期望社会资本将提供解决主要社会问题的现成方法是不切实际的，但是任何一种理论思考都总是包含着寻求尽可能精练的解释范式的努力。因此，社会资本理论试图用较少的理论来解释多领域的现象并没有什么危险，学术发展的真危险恰恰在于诸多的同类问题被分割为不能统一的领域，那些本来被不同的学科讨论和研究的问题，如果能够由一个或者较少的概念统一起来，可能会具有处于分离状态所不具有的解释力。社会资本可能正是这样一个处于经济学、社会学、伦理学、政治学甚至哲学交汇点上的范畴。

　　社会资本理论对学科局限性的突破意味着社会资本的内容必然具有丰富性与跨学科性，同时，社会资本理论与社会哲学都以交往关系作为研究的起点，都关注着社会的价值定位，这便决定了社会资本理论理应得到哲学的关注，或者说，社会资本问题本身就是一个哲学问题。然而从以上论述可以看到，虽然社会资本研究者在谈论社会资本时侧重点都不一样，有的从功能的角度讲得多一些，有的从组织和结构的意义上讲得多一些，但是，对于哲学意义的研究则几乎没有。社会资本理论对于解决哲学中的问题，尤其是对哲学中的社会正义、社会和谐问题有着不可忽视的作用，因

_____

　　① ［美］罗伯特·索洛：《论经济运行与行为模式》，载曹荣湘选编《走出囚徒困境——社会资本与制度分析》，上海三联书店2003年版，第229—233页。

此，本文对社会资本的研究主要是限定在哲学领域内，力图从马克思主义的观点出发，用社会存在和社会意识关系原理来审视社会资本概念，并力图阐明影响社会资本存在的因素，以为后面的社会资本与社会正义、社会和谐问题的深入探讨奠定必要的基础。

第四节　什么是社会资本

正如埃莉诺·奥斯特罗姆担忧的那样，把社会资本看作只是一时的狂热是非常不幸的。① 然而，社会资本理论是否真的能够有益于社会的经济、政治、意识形态的发展，有益于克服集体行动问题，实现合作，促进社会正义而和谐地发展呢？为此，必须首先回答什么是社会资本。

一　从构成要素看社会资本

社会资本是存在于以拥有平等地位因而也是自由的社会成员所组成的社会关系中的。人必须处在一定的社会关系中，不能摆脱社会关系的制约，正如马克思所说："人即使不像亚里士多德所说的那样，天生是政治动物，无论如何也天生是社会动物。"② 为了维持自己的生存与发展，人与人之间进行着长期而稳定的交往，并结成一定的社会群体与社会关系网络。这些网络既有正式的，也有非正式的；一些以"横向"为主，把具有平等地位和权力的行为者联系在一起，还有一些则以"垂直"为主，将不平等的行为者结合到等级和依附关系之中。而那些拥有平等观念的人群长期自由交往、相互作用而自觉形成的横向人际网络，即公民参与网络便是社会资本的重要组成部分。如俱乐部、合作社、互助社、文化协会和其他志愿者协会及非营利性团体等。根据普特南的看法，各种形式的横向关系网络越密，其公民就越有可能为了共同利益进行合作，这主要是因为：公民参与网络增加了博弈的重复性和各种博弈之间的联系性，是人们在任何单独交易中进行欺骗的潜在成本；公民参与网络培育了强大的互惠规范；公民参与网络促进了交往，加速了有关个人品行的信息流通；公民参与网络体现的是以往合作的成功，可以把它作为一种具有文化内涵的模

---

① ［美］埃莉诺·奥斯特罗姆：《流行的狂热抑或基本概念》，载曹荣湘选编《走出囚徒困境——社会资本与制度分析》，上海三联书店 2003 年版，第 24 页。

② 《马克思恩格斯全集》第 23 卷，人民出版社 1979 年版，第 363 页。

板，作为未来合作的基础。而那些由不平等的行为者所组成的垂直关系网络无论多么密集，也无论其参与者多么重要，社会合作都难以维系，这是因为垂直的信息流动渠道常常会扭曲信息本身，使信息失真，而且那些用以支撑互惠规范的惩罚手段不可能被真正双向使用，尤其难以对那些处于上游状态的人，即使实施了也不大可能被接受。因此，横向组织的成员数量与良好的政府之间存在正比例关系，而等级组织的数量则与政府的良好状态呈反比例关系。①

公民参与网络产生与发展不仅需要社会成员平等的人际关系，而且还必须以个人能够充分自由与自治为基础。首先，公民参与网络是一种横向的人际关系网络，并不是在强制力下产生的，因此公民自由地加入各种形式的公民参与网络并志愿地参与网络的各种活动。其次，从价值取向的角度看，这种公民参与网络中的价值目标既不是国家权力的效率优化，也不是个人利益的最大化，而是以公共利益为目标实现了对权力和权利的超越。在公民参与网络中，连接人们之间的核心纽带是公共利益，而对公共利益的追求并不是借助于强制力量，而是以立足于个人发自内心的自愿。社会成员通过公民参与网络参与公共利益的维护和积累，在主观心理上完全是自由自愿的，他们获得的是一种更高境界上的自我实现。"无论人们会认为某人怎样自私，这个人的天赋中总是明显地存在着这样一些本性，这些本性使他关心别人的命运，把别人的幸福看成是自己的事情，虽然他除了看到别人幸福而感到高兴以外，一无所得。"② 当然，仅仅停留于这个层次上理解人们的意义追求，还是非常表面化的。通过公民参与网络参与公共利益更深刻的地方在于，参与者在很大程度上是以奉献或者无偿转让自身的利益为代价，因此超越自我权利才是这种人际关系网络的实质。因此，自愿而不是强制地以私利增长公共利益的公民参与网络，存在必需的前提是平等的社会关系与个人的自由。

公民参与网络可分为以个人为中心的关系网络和以组织为中心的网络。以个人为中心的关系网络主要指以家庭、朋友、工作等方式联系起来的以个人为中心的关系网络，拥有者可以通过这种关系网络获得包括信息、信任、帮助、机会等各种稀缺资源。与个人网络不同，以组织为中心

---

① ［美］罗伯特·D. 普特南：《使民主运转起来》，王列、赖海榕译，江西人民出版社2000年版，第20—207页。

② ［英］亚当·斯密：《道德情操论》，蒋自强、钦北愚译，商务印书馆1997年版，第5页。

的网络是从全体成员的角度出发的，其中存在着一个多数人的利益问题。所谓以组织为中心的网络，是指社会资本体现为以共同收益为目的的集体行动的网络，体现为全组织的内在和谐关系。这种和谐关系使得组织内各成员以更合作的态度相处，从而以较低的成本获得较大的收益。这里的组织既包括小到仅有几人的小团体，也包括大到一个国家的组织。两个层次的网络都可以表现为积极的关系，即个人可以通过自己的网络获得所需的资源，包括个人在内的组织网络也呈现出和谐的面貌。当然，也可以表现为消极的关系，如裙带关系，对于一个国家和区域而言，它不仅不是经济和社会发展的动力，而且还会成为社会发展的阻力和障碍。于是，为了避免两个层次的公民参与网络表现为消极的关系网络，促使网络关系向良好的方向发展，网络成员会自觉不自觉地逐渐建立起一系列互惠规范和制度，以确保网络关系在自由、平等观念中延伸、确保网络的稳定与发展。

这里的互惠规范既是自然演化的也可以是人们自觉设计的非正式规范。允许公民参与网络系统的形成，能为网络成员个体之间的平行联系架起桥梁，而不同组织成员内外平行联系的多次重复性，则为共同体成员之间从非合作到合作提供了前提，并能使互惠规范在整个共同体运作中逐步形成。互惠规范是共同体成员在自组织过程中为了个人利益的有效实现，为了公民参与网络稳定而良好地发展而必然要求制定的。构成社会资本的互惠规范必须能够促进共同体内的合作，因此它们往往跟自由、平等、诚实、遵守诺言、履行义务及互惠之类的传统美德存在联系，包括各个层次的规范：行为规范、道德规范以及习俗习惯等等。这种社会规范不同于由国家机构自上而下指令性发布的法律规则，它会在网络成员多次重复自由组合过程中，逐步发展为保障个人利益最优并最大化实现公共利益的最优纳什均衡①，这种最优纳什均衡可以在信息逐步相对完善的长期博弈中产

---

① 最优纳什均衡是意大利经济学家、社会学家帕累托（1848—1923）在其引人注目的社会福利体系理论中，对社会最大满足问题进行了深入的阐述，所提出的社会最大满足的状态："我们看到，要取得一个集体的福利最大化，有两个问题待解决。如某些分配的标准为既定，我们就可以根据这些标准去考察哪些状态将给集体的各个人带来最大可能的福利。让我们来考虑任何一种特定状态，并设想作出一个与各种关系不相矛盾抵触的极小变动。假如这样做了，所有各个人的福利均增加了，显然这种新状态对他们每个人是更为有利的；相反地，如各个人的福利均减少了，这就是不利。有些人的福利仍旧不变亦不影响这些结论。但是，另一方面，如这个小变动使一些人的福利增加，并使别人的福利减少，这就不能再说作此变动对整个社会为有利的。因此，我们把最大效用状态定义为：作出任何微小的变动不可能使一切人的效用，除那些效用仍然不变者外，全都增加或全都减少的状态。"

生，使个人理性最大化与社会理性最大化取得相一致的求解。因此，互惠规范的确立最后能在个人、社会之间创造一种双赢局面：既不以单纯追求个人的利益和需要为目标，也不以单纯追求他人利益和社会进步为目标，而是以追求个人的良好发展和社会的繁荣进步有机统一为目标。

当受到互惠规范约束时，人的行为就具有了可预见性。如果一个人帮助过某人，那么人们便能预见后者会表示感激并且有机会回报一次服务。如果他没有表示感激，也没有回报，人们就把他看成一个忘恩负义的小人，并给予一定的惩罚。如果他作出恰当的报答，那么其他人所得到的社会报酬就会成为进一步扩大帮助的诱因，这种行动形成的互换会逐步在人与人之间建立起普遍的信任。

所谓信任是指"相信而敢于托付"，它作为一种在后天社会交往活动中所习得的对周围其他人行为表现的预期。事实上，信任往往是与风险联系在一起的。信任是应对风险以获取非一般性利益的行为方式，信任是寓于人们因利益而生的风险之中。关于这个问题的讨论，我们必须提到20世纪产生了重要影响的德国社会学家卢曼（Niklas Luhmann）的著名论述："信任……不是取决于天生的危险，而取决于风险。然而，风险只是作为决定和行动的一个组成部分出现的，自己不会单独存在。如果你取消了行动，你就不冒风险。信任是对产生风险的外部条件的一种纯粹的内心估价。虽然，可能显而易见，做一件有风险的事情是值得的，或甚不可避免（例如，去看医生而不是只忍受痛苦）。然而，它依然是个人自己的选择，或者当一个情景被定义为信任的情景时，似乎是这样的。换言之，信任是基于风险和行动之间的循环关系的，两者在需求上是互补的。行动把与某一特定风险有关的自身定义外部的（未来的）概率性，虽然同时风险是行动中固有的和只有行动者选择惹起不幸后果的机会和选择信任时才存在。风险同时出没于行动：它是一种行动参照自身的方式，是一种构想行动的矛盾的方式，并且这样说应该是恰当的，正像符号代表了熟悉和不熟悉间的差别再进入到熟悉的领域一样，风险也代表了可控与不可控的事物间的差别再进入到可控的领域。"① 不仅信任取决于风险，而且信任还是风险存在与否的条件，我们认为卢曼的这些观点是非常具有建设性的，需要指出的是，他并不仅仅认为信任是一种对产生风险的外部条件纯粹内

①　［德］卢曼：《熟悉、信赖、信任：问题与替代选择》，载郑也夫编《信任：合作关系的建立与破坏》，中国城市出版社2003年版，第124页。

心评价，其实在他看来信任本身也是一种行动。

信任是社会资本的核心内容，社会资本中的其他组成部分，无论是互惠规范还是公民参与网络离开了共同体成员间的信任，都难以存在和有效地运行。一定的人际关系的持续需要信任来维持，人类的相互交往包括经济生活中的相互交往，都依赖于某种信任。信任导致了合作，信任是人与人之间联结的纽带和润滑剂，是维持组织效能与维系组织生存的重要影响因素。正因为如此，笔者在以后几章的论述中，将对信任于社会发展的作用著以更多的笔墨。

作为社会资本核心内容的信任既体现为建立在理性的社会制度的存在物，也体现为基于道德和习俗之上的文化规范；既包括在重复交往中自然发生的个人信任系统，更包括共同体中由于公民自律而产生的社会信任系统。个人信用体系建立在个体人格道德基础之上，成员之间相互信任的心理认同可以看成是在长期重复性横向交往中自觉自愿签订的隐性契约，伴随各种显性规范的逐步发展完善而产生的。而社会信任系统是基于国家法制体系和道德习俗之上，形成一个庞大的社会支持和制约体系，维护和实现着社会普遍有效的责任信用体系。这种社会资本有助于增强国家共同体的凝聚力和人们的价值认同感。福山在其著作《信任——社会道德与繁荣的创造》一书中就提出建立在宗教、传统、历史习惯等文化机制之上的信任程度构成了一个国家的社会资本，一个国家的信任度高低又直接影响企业的规模，进而影响该国在全球经济中的竞争力。[①] 在该书中，福山首次从国家的高度提出信任是国家经济增长的重要因素之一，普遍的社会信任系统能促进经济增长。成员间的信任在互惠中产生，而且信任关系的建立又可以使共同体产生大量的互惠规范，形成丰富的社会关系网络，并可以在集体行动中节省大量的信息收集时间，降低合作成本，提高合作概率，如此才能产生合作、民主、宽容的民族性格。在任何协作活动的实施中，如果参与者拥有大量社会资本，同意协作行动，并对未来行动的结果承担责任，那么，不论他们运用什么样的物质资本和人力资本，他们都将具有更高的生产力。例如，科尔曼曾拿纽约的犹太钻石商作为例子，这些人因非正式地进行他们的交易而节省了一大笔律师费。几袋价值连城的宝石在没有签署任何文件的情况下被拿去整夜化验。使得这些高效率的交易

---

① ［美］弗兰西斯·福山：《信任——社会道德与繁荣的创造》，李婉容译，远方出版社1998年版。

有可能进行的，就是因为在各成员之间广泛建立了信任。还有，随着东亚经济的崛起，人们开始对其发展成功的原因进行广泛研究。其中有一种看法认为，东亚之所以在短时间内取得了如此惊人的经济成就，重要的原因就在于整个社会在经济发展目标上达成的共识以及国家与社会之间的和谐关系。

综上所述，笔者倾向于把社会资本界定为：以人与人之间平等的社会关系为基础，以（个人和）一定组织的共同收益为目的，通过组织成员自由地、长期地横向交往合作而形成的有利于增进（个人和）组织的收益的一系列互惠规范、公民参与网络和信任等非物质存在形态。因此，社会资本主要反映的是一个社会中人与人之间的宏观和微观层次上的各种关系状态。从数量上讲，说一个社会或者个人拥有更多的社会资本，往往意味着这个社会或个人的各种关系状态良好；从性质上讲，说一个社会或者个人拥有较弱的社会资本，则意味着这个社会或者个人的各种关系状态较差。社会资本的丰厚程度，往往可以显示出一个社会或一个社会组织本身的效率高低和和谐程度。

二　社会资本的资本属性

我们把能够通过投资而带来收益的资源称为资本。每一种资本形式都有其不同的动力机制和作用方式，细分资本形式的意义就在于真正区别构成资本的不同要素，从而发现它们不同的动力机制。理论界把促成社会发展和经济增长的要素最早归结为物质资本（自然资源、土地等），其主要以货币资本的形式表现出来，后来看重人力资本（人力资源、劳动力的技术改造和创新以及管理与开发），近年来又将目光聚焦于社会资本（社会关系网络、信任与互惠规范），这反映了人们对于促成发展的资本要素的认识越来越全面深刻。任何资本都具有能够使价值增值的属性，社会资本作为一种资本，也同样具有使价值增值的属性。不管人们为社会资本下定义时具体的表述如何不同，但至少有两点是一致的。其一，社会资本存在于人与人的网络关系结构中，体现为一定的社会组织的特征，是社会信任与规范的来源。[①] 其二，拥有恰当的社会网络关系，个人和公司能获得意想不到的收获。投资于社会资本，就是投资于成功。正如美国密歇根大

---

① 参见 ［美］ 罗伯特·帕特南《使民主运转起来》，王列、赖海榕译，江西人民出版社2001年版，第195页。

学教授韦恩·贝克（Wayne Baker）所指出的，"我们知道，富裕的社会资本对于创造商业价值至关重要。社会资本能推动信息的交流、知识的共享、相互间的合作、问题的解决、创造力的发挥、效率和生产力的提高。拥有富裕的社会资本的人会获得更高的报酬和更快的提升，因为他们的社会资本能为他们的公司和顾客创造价值。如同金融资本、人力资本（知识和技能）一样，社会资本是一种生产性的资本。一个人或者公司可以对社会资本进行投资，然后它们就会产生回报。"①

社会资本增值的主要原因是由于两方面因素引起的：一方面是由于人际的合作带来的效益，是由于和谐的人际关系，导致团队的合作行为，通过人际的相互配合，能够取得超过他们各自单个活动收益的总和，产生合作效益——即一定的群体或组织以获取稀缺的资源或共同收益为目的、通过人际的相互配合而取得的、超过他们各自单个活动收益总和的那部分社会效益。它不仅包括通常意义上的由于合作带来的剩余，还包括了由于协作产生的社会效益。另一方面是由信任、互惠等道德规范作为非经济因素带来的社会效益与社会价值。道德规范作为一种非制度化的规则或非正式制度，首先是社会活动的价值精神和行为准则的一种有效激励机制。信任、互惠等道德规范作为协调人际关系的价值精神和行为准则，通过强化人们在集体活动中的责任心和团结协作精神，激发人们在人际关系方面的更有效地投入；其次，它还是可以减少交易成本，降低资源配置和经济调节的成本，有效地调节网络成员内的人们之间的利益关系，减少人际互动的摩擦成本，可以避免纵向一体化所带来的过高的行政费用和规模过大而缺乏灵活性；同时也可以减少短期的市场交换必须付出的过高的交易费用，从而促成资源配置和社会调节成本的降低，促进社会效益的提高，也能促进合作效益或合作剩余的创造，从而创造更高的社会效益。

三　社会资本的基本特征

马克思的资本概念以及人力资本和文化资本概念的兴起，为理解社会资本的特点提供了理论基础。社会资本与物质资本、人力资本和文化资本一样有利于经济行为和经济发展，但是，社会资本与物质资本、人力资本相比，又有其自身的特点：

---

① ［美］韦恩·贝克：《新型社会资本及其投资》，载曹荣湘选编《走出囚徒困境——社会资本与制度分析》，上海三联书店 2003 年版，第 16 页。

1. 社会资本存在于人与人之间的关系中。物质资本体现在物上，人力资本和社会资本都体现在人身上，但是人力资本存在于人本身，而社会资本却存在于人与人之间，它不离开个人而独立存在，却不完全依附于个人。社会资本不具有具体的独立的性质，物质资本可以存在银行，人力资本可以存在人的脑中，而社会资本只能存在于人际关系结构中。一个人必须与他人发生关系，才能拥有社会资本。

2. 社会资本是一种公共资源，具有公共物品特征。物质资本与文化资本既具有公共物品的性质也具有私人物品的性质，有的是个人拥有，有的可以供多人使用；人力资本只属于个人私有，不能供多人使用，具有与主体不可分割的特征，如人的知识、技能等等。社会资本则纯粹是公共物品，一旦形成就不仅仅是一个人能使用它，这与社会资本的性质有关，它只能存在于两个人以上的人中间。社会资本是关系人共有的一种社会结构资源，社会资本植根于人际关系中。与其他形式的资本不同，社会资本是关系人共有共享，任何个人都无法单独占有。

3. 社会资本的增值具有特殊性。首先，社会资本的增值具有社会性。作为社会资本结果的增值，不仅仅应使个人受益，有利于个人的生存与发展，也应使他人和社会受益，即出现有利于社会发展的结果。其次，就社会资本的实施主体而言，其增值的目标不仅仅包括获得经济效益，而且是一种包括经济效益在内的社会效益或社会资源，包括财富、地位、声望、名誉等各种社会资源。

4. 社会资本的投入和产出是不平衡的。社会资本的投资也需要花费一定的时间、精力、体力，包括物质花费与情感付出等等。这种投入不一定会立即得到回报，但从长远来看，社会资本产生的社会效益往往可以大大超过其投入的成本。而且，一种社会资本一旦形成，包括和谐的人际关系以及较高的文化道德水准，就可以重复地发挥其效用并在使用中不断增值。这与经济交换有两个不同之处：其一，欠债者不一定需要用相同的"货币"来还债，而是可以用无形的物品如效忠、尊敬等等。其二，没有约定的还债期限和还债人。施予者的回报不一定直接来自于受惠者，而可能会来自于整个群体，如地位、荣耀、认可等。

5. 与上一点相关，由于社会资本的投入与产出是不平衡的，因此社会资本的价值难以进行测量。物质资本和人力资本都可以用未来的期望收益和投入成本来衡量其价值，但是社会资本却难以这样处理。因为就投资者而言，常常并非有意地在为未来做什么有形的投资，成本难以度量，同时也难以度量收益。

6. 社会资本分布具有非均衡性。所谓非均衡性，主要是指社会资本在不同时间、空间位置上的存量不同，使得共同体中处于不同位置的人对社会资本的拥有量有着先在的差异性，从而使其行动所受到的制约不同。吉登斯对这种非均衡现象有过这样的论述："那些占据中心的人已经确立了自身对资源的控制权，使他们得以维持自身与那些处于边缘区域的人的分化。已经确立自身地位的人或者说局内人可以采取各种不同形式的社会封闭，借以维持他们与其他人之间的距离，其他人实际上是被看作低下的人或者说局外人。"① 那些长期居于资源中心的人相对于居于边缘的人来说拥有较多的优势，甚至拥有一定的支配权。应该说，这种非均衡分布是客观存在的。但是，如果这种非均衡性超过了一定的界限，或者说局内人与局外人的分化超出人们所能承受的限度，社会的正常流动将会受阻，人们的被剥夺感也会加深，并由此而引发一系列的社会问题，社会秩序陷于紊乱，社会发展脱离常轨，社会和谐难以体现。

我们不难看到，"社会资本"这个概念与我们通常所熟悉的经济学意义上的"资本"概念有很大的不同。"资本"一词，就其最原始的含义而言，大致相当于为做成某件事情而必须进行的"投入"。一个人或者一个组织但凡要做成一件事，就需要为做成这件事进行或大或小的投入。经济学意义上的资本，即货币资本（或有形资本），往往是必不可少的，但这并不是说有了货币资本就一定能达到预期目标，显然在全部"投入"中必定还包含着这样一些有形或无形的投入，如一个企业中劳资之间、员工之间在长期合作的基础上通过彼此间的相互信任而形成的企业合力；企业之间通过长期的合作形成的良好的、互信的交易关系；企业长期以诚信为本在客户和社会公众心目中建立起来的良好信誉等等，这些投入恐怕在某种意义上是比货币资本更为重要的投入。毫无疑问，一个人或一个组织在为完成某个事业所进行的所有投入中，除了可以折成货币加以计算的资本外，还有许多难以或不能折成货币加以计算的"资本"，特别是那些只能在人的心理的或精神的活动中显现出来的"无形资本"。至于说到一个社会或一个国家的发展，更是如此。国家或社会的发展必然需要大规模的、

① ［英］安东尼·吉登斯：《社会的构成——结构化理论大纲》，李康、李猛译，生活·读书·新知三联书店 1998 年版，第 222 页。

持续的投入，否则就会陷入停顿状态。这种投入就包含更多种类的社会资源。尤其是社会发展不能仅仅满足于经济增长的目标，而是要实现经济、政治、文化综合的、全面的、协调的发展，实现社会公平、正义、和谐的价值目标。对于这种总体的或整体的发展，以往单纯着眼于经济增长的货币资本理论和人力资本理论显然是不够用的，而社会资本这个概念涉及人们之间经济的、政治的、伦理的和心理的多重交往活动和交往关系，无疑对社会的和谐发展起着不可或缺的作用。西南民族地区是我国多民族地区，地处偏远、发展落后，由于现代社会资本的缺失，更使得西南民族地区的和谐发展显得步履维艰。因此，寻求西南民族地区和谐发展的道路，我们必须对西南民族地区社会资本的存量与积累进行详尽的研究与探讨。

第二部分

西南民族地区社会资本现状解读

西南地区是我国民族聚居区，民族种类众多，民族文化丰富，是考察民族地区社会资本与民族和谐发展关系的绝佳地区。探索西南民族地区社会资本产生的背景和条件、储存的现状和基本内容，无论是对于丰富社会资本的内涵、发展社会资本理论，还是促进民族地区的和谐发展，构建社会主义和谐社会都具有重要的意义。

第四章　西南民族地区社会资本
形成的条件

从《中国民族分布图》上我们不难看出：我国众多的少数民族主要分布在东北、西北和西南地区，并以云贵高原为中心的西南地区的民族种类最为众多。据有关资料：这片面积不大的国土上竟然集中分布了 30 多个兄弟民族。其中云南一省就有汉族、彝族、哈尼族、傣族、苗族、瑶族、回族、白族、纳西族、壮族、景颇族、傈僳族、普米族、藏族、蒙古族、基诺族、怒族、独龙族、阿昌族、德昂族、佤族、拉祜族、布朗族、布依族、水族、满族。其中，白族、哈尼族、傣族、傈僳族、佤族、拉祜族、纳西族、景颇族、布朗族、阿昌族、普米族、德昂族、怒族、基诺族、独龙族等 26 个民族聚居，成为我国民族种类最多的一个省。仅在云南少数民族中，人口超过 100 万的民族就有 6 个，即彝族、白族、哈尼族、傣族、壮族、苗族；人口超过 10 万不到 100 万的民族有 8 个，即傈僳族、回族、拉祜族、佤族、纳西族、瑶族、景颇族、藏族；人口超过 1万（含 1 万）不到 10 万的民族有 10 个，即布朗族、布依族、普米族、阿昌族、怒族、基诺族、德昂族、蒙古族、水族、满族；人口超过 1000 不到 1 万的民族有 1 个，独龙族。其他还有仡佬族、土族、土家族、侗族等几个世代居住民族共 4 万人。云南少数民族分布表现为大杂居与小聚居交错，且多居住在边疆和山区。云南省没有一个县是单一民族自治县，回族、彝族在全省大多数县均有分布。若以单位面积上拥有的民族数作为民族密度来衡量，那么西南区的民族密度之高，不仅在我国是首屈一指的，即使在世界上也是绝无仅有的。

西南民族地区传统的社会资本，是各民族在自身的历史文化发展中长期受其所在的社会环境与自然环境的影响下形成的。新中国成立以来，西南民族地区在社会、经济、文化、政治体制等各个方面都产生了巨大变革。同时，当代开放的全球环境中，外来文化以及各民族文化对于传统社会资本产生的整合，使西南民族地区的社会资本在传统社会资本的基础上融合进了一些现代因素，成为一种在传统的基础上发展起来的复合形态的社会资本，但这种社会资本依然是以传统社会资本为主体的社会资本形态。在西南民族地区，不同的民族虽然生存于同一时代，但由于居住在不同的自然环境，也有不同的社会历史发展状况和文化背景，造成了不同民族存有的社会资本具有一定的差异性，这种差异性不仅表现为社会资本中核心资本内容的差异，同时也会表现为不同形态的社会资本其存量以及在社会发展中的影响力的差异。但总体来看，西南少数民族地区社会资本的形成与储备主要受以下因素的影响。在这些因素中，既有决定所有社会资本形态产生的基本条件，更有影响西南民族地区社会资本储存的特殊背景。

第一节　人的社会性是所有社会资本得以产生的现实基础

　　如上一章所述，社会资本是存在于各种社会关系中的，我们认为从社会关系及其相关因素进行分析是适当的。人没有社会性，便不可能进行交往，更不可能结成一定的社会关系网络以产生社会资本。马克思说："人的本质是一切关系的总和"，人只有在一定的社会关系中，在与他人的社会联系中，才能成其为人。亚当·斯密也把人与人之间的相互依赖和联系看成是人与动物的根本区别，他认为人与人之间的相互依赖是为人类所特有，在其他各种动物中都找不到。"没有成千上万的人的帮助和合作，一个文明国家里的微不足道的人，即使按照他一般适应的舒服简单的方式也不能够取得其日用品的供给的。"每个社会个体在社会中所拥有的资源总是有限的，人的需要中只有一小部分能靠个体自身得到满足，大部分的需要都要靠社会互动来满足，人只有生活在群体中才能得以生存。不仅如此，人也只有在一定的群体中，才能获得全面发展的手段。正如社群主义者所认为，社群对于人类生活来说不是可有可无的，而是必不可少的。首先，任何个人必定生活在一定的社群之中。或者说，个人总是生活在一定的社会历史文化关系中，任何人也逃脱不了社会历史文化传统的约束。其次，社群对于个人来说是一种需要。例如，感情的归属和自我认同是个人的一种需要，而只有社群才能满足个人归属和认同的要求。第三，社群能培养个人美德。诸如爱国、奉献、牺牲、利他、团结、互助、友睦、博爱、诚实、正直、宽容、忠信等美德，都是通过社群形成的。甚至连自由主义者竭力倡导的个人权利，如自主和平等，也只有在社群中才能真正实现，或者至少说，在社群之内要比在社群之外更容易实现。最后，社群还是个人的自我的构成性要素。现实中的任何个人都拥有一定的目的、理想、价值，而这些构成自我的东西恰恰是由社群决定的。由此可见，个人离不开社群，人的社会性是人得以存在与发展的基础，离开了社会群体，不仅个人的道德、理性和能力无从谈起，就连个人的自主性也无从谈起。

人的社会性决定了人必须在生活中结合成一定的群体与社会关系，而社会资本便深深地根植于社会群体与社会关系中，更进一步说，社会资本就是社会主体在社会关系与群体中通过长期平等的交往、互助而实现对社会资源的占有或分享。每个主体之所以要积累社会资本，是力求通过相互的帮助和依赖克服自身的不足，为了寻找解决人类需求无限性与资源匮乏性的矛盾。人的个体力量无法满足其不断增长的需要，人们必须相互依赖、相互合作，才能解决生活中的各种问题，也才能在社会群体中取得自己所需的利益或价值。所以，社会资本必然是与某一社会关系网联系在一起的。在一个共同体内，成员要形成、建立、维系其社会资本，必须要依托于一定的社会群体与社会关系网络。不过需要强调的是能够形成社会资本的关系网络，只能是那些拥有平等观念的人群自由、自愿地结合的横向关系网络，而不是纵向的制度型关系网络。自愿结社的横向关系网络产生于成员的自愿结合，一般不带有功利性的目的，这种社群常常与我们内心各种真实的情感需求有关：或者是信仰上，或者是兴趣的驱使。社会群体中的成员有着相同的习俗、文化、规范，有着共同的利益，这些成为社会资本的产生与维持的必要条件。

人的社会性决定了人要生存与发展必须结成一定的社会关系和社会群体，而社会关系与社会群体的存在使社会资本的产生成为可能。然而，如果社群成员间的交往仅仅是非重复性的，社会资本仍然难以产生与存在。因为只有在反复的交往中，成员间才会逐渐拥有信任，建立较稳固的社会关系网络。因此，人的交往重复性对于社会资本的产生同样是一个非常关键的因素。

第二节　人与人之间的交往重复性是所有社会资本产生的机制

人的本质贯穿着人的群体性与社会性，交往与人的群体性如影相随。

交往是社会关系系统实现的必要条件之一，任何一种社会关系都必须通过个体间的直接交往表现出来。马克思在谈论人的活动包括实践活动的时候总是把它同人的交往与人的社会性联系在一起的，他说："甚至当我们从事科学之类的活动，即从事一种我只是在很少的情况下才能同别人直接交往的活动的时候，我也是社会的，因为我是作为人活动的。不仅我的活动所需要的材料，甚至思想家用来进行活动的语言本身，都是作为社会的产品给予我的，而且我本身的存在就是社会的活动，因此我从自身所做出的东西，是我从自身为社会做出的，并且意识到我自己是社会的存在物。"①交往个体既是社会关系的创造者又是社会关系的产物。同时，人的交往是具有重复性的。因为人作为个体在时间上和空间上都是非常有限的，这种有限的个体，在其孤立的状态下，都不足以作为人而存在，他们必须支持一次又一次的反复交往、重复合作以克服个体的有限性，即必须借助于空间上同代人的结合和时间上不同代人的绵延而超越个体的有限性。因为即便是最为基本的人自身的再生产，也须通过个体之间的反复交往、合作方能进行。所以，人与人之间的重复交往内在于人的活动之中，既是人的一切活动的前提，又是活动的本身，人也只有通过反复的交往才能使自己的本质力量获得现实性意义。

在一个共同体内，社会资本正是在成员间的重复交往中产生，关于这一点，可以借助于博弈论中囚徒困境模型来说明。囚徒的困境博弈模型假设有两名罪犯被捕而分别接受侦讯。每名罪犯可选择与同党合作建立攻守同盟，或者出卖对方换取免于起诉的机会。对他俩来说，最好是两人都坚持攻守同盟，最坏的情况是两人都相互出卖。但对个人来说，最大的利益是出卖对方，其次是攻守同盟，再次之是互相出卖，而最坏的是自己坚持攻守同盟，同伴却将之出卖。如果要达到集团的最大利益（选择攻守同盟），可能会出现个人最坏的情况，因此，罪犯往往会选择出卖同伴，把自己的利益凌驾于集团利益之上。所以一次性囚徒的困境博弈不会产生合作，然而，如果博弈是重复的，博弈双方就可能采取一种简单的"一报还一报"战略（以合作求合作，以背信还背信），从而产生合作。从非博弈理论的角度来看，如果个体之间反复地进行互动，他们就会对"诚实可靠"之类的声誉进行投资。在重复博弈的处境中，即使自私、理性的

---

① 《马克思恩格斯全集》第 42 卷，人民出版社 2006 年版，第 122 页。

行动者，亦不会在囚犯两难之局中随便出卖对方。因为只顾个人眼前利益，将引发互相出卖的情况，就长远而言对自己没有好处。相反，行动者会学习互相合作，创造双赢局面，一种平等交易的策略最能引导合作的出现。换句话说，如果在一个共同体中提供一种机制，让成员有一种重复的、稳定而持久的交往，则能创造一种"重复博弈"的处境，有助于成员间的信任与合作，更有助于社会资本的产生，从而有助于共同体的稳定。普特南曾提出一种平等交换的规范有助于发展人与人之间的互信。所谓平等交换的规范，指的是交换双方均有清楚的责任和义务。甲施恩于乙，乙便有责任回报甲。反之亦然。如果这种关系形成一种规范，个人便能够不计较眼前的得失而为他人或群体的利益作出贡献。因为在平等交换的规范下，可预期其他人将作出相同的贡献。譬如说一个社区建立了一种互相守望的规范，我便乐于为出了门的邻居留意他的门户，因为我相信当我出门时，邻居亦会为我留意门户，这种守望相助的规范能减少社区为聘任更多保安所带来的成本。要发展这样一种规范，必须通过社区成员间不断的交往，唤起一些有助合作的价值和创造一种群体的身份和意识。事实上，在传统熟人社区，上述这些沟通、平等交换的规范和互信都不难建立，因为那种社区就是博弈论中的"重复博弈"情境，社会资本会自然发生。

然而，在现代社会中，人口众多且流动性高，如果人与人视彼此的交往或交易均是短暂的"一次性博弈"，信任与社会规范都难以建立。此时，社会资本的产生便离不开人的道德性。

第三节　人的道德性是所有社会资本生成的主体因素

亚里士多德认为人的道德性是人的美德，是人的一种品性，这种品性就是"一种使人成为善良，并获得其优秀成果的品质"。所谓正义、友爱、节制等等，被理解为道德意义上的品格。行德是道德行为主体自愿自觉地谨守中庸之道的个体品质，即"是人们用理智来控制和调节自己的感情与行为，使之既不过度也无不及，而自始至终保持适中的原则"①。在对道德的追求中，人的价值得到体现，得到尊严的满足和幸福的感受。

---

① 周辅成：《西方著名伦理学家评传》，上海人民出版社 1987 年版，第 36 页。

孔子曰："好仁者无以尚之。"① 也就是认为对人来说道德的价值是至高无上的。孟子说："仁义忠信，乐善不倦，此天爵也。"② 更是把道德当作天赋的、高贵的价值。马克思则指出："人们只有为同时代人的完美，为他们的幸福而工作，才能使自己也达到完美"，"经验赞美那些为最大多数人带来幸福的人是最幸福的人。"③ 和先天的秉赋有所不同，道德性本质上并非与生俱来，而是后天获得的品格，但德性一旦形成，便逐渐凝化为较为稳定的精神定式。这种定式内化到人格结构中因而在某种意义上成为人的第二天性，并相应地具有恒常的性质。一个具有道德的人，当其在社会交往中实施各种行为时，会对不同的行为动机、行为后果形成相应的情感反映或体验。当一种不合乎道德规范的动机萌生时，主体在反省之后将因之而自责；若自己的行为导致了某种不良的后果，主体常常会有一种内疚或悔恨感；在完成了善的行为之后，自我往往会感到自歉；对他人的善行或恶行则加以认同或排拒，等等。这种自责、自谴、内疚、自歉、认同等情感，在道德中同样成为稳定的定式。以自我评价的形式实现的道德制裁，构成了道德实践过程重要的一环，它从内在的机制上，抑制了不良的动机（或偏离道德规范的动机）向现实行为的过渡和转换，并为避免因主体失误而再度产生负面行为结果提供了某种担保。

人的道德性可以促使人在社会交往中形成道德自律，人与人的交往在自律的状态下更容易产生信任与合作，结成平等与和谐的关系网络。尤其是在上面所谈到的短暂的"一次性博弈"交往中，要产生社会资本，产生互惠与信任，更多的只能依靠人的道德性。道德性对社会资本的获得和保持起着重要的作用。人的道德性有助于人去遵守社会规范，维护道德，人的道德性能使他去关心别人的命运，并以他人之幸福为自己生活所必需，悲人之所悲，忧人之所忧。像人性的其他所有原始情感一样，这种需要决不只是秉性仁慈之士所独有。"当我们看见有一根棍棒正朝着某个人的腿或手臂快要打下来的时候，我们自然而然会收缩自己的腿或手臂；当这一棒真的落下时，我们也多少会有所感觉，就像被击者一样受到伤害。"④ 这也正是孟子所讲的人人皆有"恻隐之心"、"辞让之心"、"是非

---

① 《论语·里仁》。
② 《孟子·告子上》。
③ 《马克思恩格斯全集》第 40 卷，人民出版社 2006 年版，第 7 页。
④ ［英］亚当·斯密：《道德情操论》，余涌译，中国社会科学出版社 2003 年版，第 4 页。

之心"。人的道德与良心使人去信任和帮助自己周围的人，甚至是陌生人，使人能够助人为乐、舍身为公。因此，人的道德性可以增加团体互动的利益，有利于产生互惠，促进社会信任，也就促进了社会资本的产生。

第四节 不同的民族习俗与民族文化影响着西南民族地区社会资本的产生与构成

习俗与文化对人际关系或对社会资本的影响主要表现为：其一，规范约束作用。习俗作为一种自发的社会秩序，一旦生成，就像一种行为规则那样对人的行为有一种自我强制性的规约。任何一个民族都有自己的风俗习惯与传统文化，而很多风俗与文化又有着从主导价值观上规范人们行为的作用，直接影响着人们的相互交往过程。倘若有人在交往中严重违反了大家所公认的习俗与文化，就会影响到民族成员间的人际互动。习俗与文化来源于人们实际的生活，对人的行为和意识产生约束作用，但这种约束是一种自发的社会秩序，对人行为的约束更多地带有传统的精神观念，这种观念往往在人的潜意识中，通过一代又一代的传承，被模式化为一种带有遗传的特质，渗透到人的衣食住行，表现在日常生活的各个领域。习俗与文化的这种约束力是对法律的重要补充。因此，习俗与文化对人际关系具有潜在的影响作用。人际互动的过程在一定程度上蕴涵着互动者对一定的习俗与文化的要求。要想构建社会关系网络，获得社会资本，了解人际关系后面的习俗与文化是重要的前提和条件。其二，协调保证作用。习俗还在一定程度上有效地协调着人际关系，甚至代替法律发挥功能。特别是在一些农村地区，由于特殊的地理环境，独特的文化圈，特殊的农民主体，使他们逐渐形成了一些特殊的生活方式和行为模式。社会舆论、乡规习俗、习惯势力的力量是非常强大的，它对维持农村社会的秩序、人际关系的正常运行有重要的保证作用。其三，凝聚作用。一些习俗与文化如春节团聚、拜年，可以加强亲族的联系，调节人际关系，强化社会集体意识，提高群体内聚力。

民族习俗与民族文化不仅影响着社会资本的产生，还影响着民族社会资本的构成。在西南民族地区有20多个世居少数民族，而构成这些少数民族的支系数以百计。在长期的历史发展与对社会、自然环境的适应中，不同的民族甚至同一民族中的不同支系都形成了自己的习俗与文化，包括社会组织制度、宗教、节日、生活方式、行为规范、文化艺术等，使西南民族地区的民族习俗与民族文化呈现出较显著的多样性。事实上，民族习俗与民族文化中的大量因子本身也就是社会资本的构成内容，如不同民族的伦理道德规范、组织制度、经济制度、行为规范、宗教等，都是各民族社会资本构成的重要内容，在这个意义上说各民族都有自己特有的社会资本。由于不同民族拥有自己的社会资本，形成了西南民族地区社会资本的差异性与多样性，例如在云南西北的纳西族、藏族、普米族、白族等民族中在历史上私有经济已经较为发达，小家庭在经济与社会关系中的独立性较强，商品经济在这些民族中显得比较活跃，在宗教方面受到藏传佛教的影响，因此这些民族中社会网络关系、伦理道德、经济关系、家庭制度等，都与这些社会特征有直接关系。而在云南南部的傣族、哈尼族、布朗族、佤族等少数民族中，在20世纪50年代村社制度仍然是这些民族重要的基础制度。村社制度由村社的政治制度、经济制度、社会制度等构成，家庭依附于村社而获得生存的基础，在宗教上一些民族受南传上座部佛教的影响，同时保持着自己的原始崇拜。在这些民族中经济制度主要是村社经济，商品经济及不发达私有制，其社会指标也同样与这些社会特征相关联，社会网络关系、社会中存在的各种规范等都是以村社为基础存在的。在云南西北的彝族中，家支制度作为一种以家庭为基础的社会网络制度，对于社会有较大的控制力，因家支制度而使社会分割为不同的层面，而家族制度在云南南部的傣族、哈尼族、布朗族等民族中就没有相应的控制力。[①] 由上可见，西南地区各少数民族民族习俗与民族文化的差异性较大，也因此使各民族社会资本呈现出不同的内容构成和特征。

第五节　西南民族地区不同民族的社会环境与地理　　　　环境使各民族的社会资本各具特点

　　西南民族地区不同民族所处的社会与地理环境有较大的差异，有的民族所处的是一种相对开放的社会与地理环境，而有的民族所处的是封闭的社会与地理环境。例如贵州省黔东南州岜沙的苗族所处的地理环境十分封闭，此地被称为是我国最后一个持枪部落，当地的苗族生活在深山区，与

————————————————

① 郑晓云：《社会资本与农村发展》，中国书籍出版社2008年版。

外界的接触很少，与其他民族的交往不多，民风朴实，但也因此造就了其社会环境的封闭性，社会网络小，其社会资本主要是由本民族的文化所构成。在经济制度上，多是自给自足的自然经济，基本没有商品经济。而贵州的布依族则多生活在较为开放的地理与社会环境之中，与其他民族有较为紧密的关系，在各民族间有较频繁的社会与经济交往，从而形成相应的社会、经济、政治等网络关系以及社会规范，在 20 世纪 50 年代以前，其商业网络已横跨云南、湖南、四川、贵州等诸多的省（区、市），形成了较大的商业网络关系。在历史上，很多民族都具有较广泛的由权力分治而形成的社会网络关系，例如西双版纳景龙国管辖着现老挝、缅甸、泰国、越南等国境内诸多地方王国，在这些地方政权范围内，人们由于地缘与亲缘关系可以自由流动、经商。可见，地域与社会环境的封闭与开放也是形成各个民族社会资本要素的重要内容。

以上是各个民族传统社会资本在 20 世纪 50 年代以前，即中华人民共和国成立以前所形成的一些主要的社会、历史、文化、地理等背景。在 20 世纪 50 年代以后，由于中华人民共和国成立，改变了各民族传统的社会、经济与政治制度，各民族都进入了全国一体化的社会、经济、文化等运行体制中，使各民族社会资本的构成产生了重大的变化，这些变化一方面使得一些传统的社会资本丧失了，如各民族传统的政治制度、管理制度等，而在"文化大革命"中，各民族的宗教信仰受到压制，相关的宗教规范的丧失导致了相关的社会资本丧失；另一方面，新的社会资本在这个过程中得以形成和增长。20 世纪 80 年代以后，国家推行家庭联产承包责任制，大力发展商品经济等，各民族的家庭经营以及商品经济都得到了发展，同时国家的教育、科技、文化的发展及全球化进程带来了今天各民族前所未有的社会开放，也改变着各个民族的观念、社会与个人的行为，不断更新着各少数民族当代社会资本的构成，形成了很多新的规范、新的网络关系以及组织制度等，这些都是各民族在当代新的社会资本构成中的重要内容。

第五章　西南民族地区传统社会资本的基本内容

社会资本是社会中的网络关系、信任、社会组织制度以及社会规范，人们所共同认同的社会意识、认同观念等非物质形态。由于西南民族地区各民族的历史发展背景、习俗文化的不同，不同民族社会资本的特点呈现出差异性。尽管各个民族之间社会资本的构成要素有较大的差异，但是仍然有一些共同的构成。下面，我们从社会资本的一些总体的构成要素对西南民族地区传统社会资本的基本内容进行较为详细的概述。

第一节　传统的特殊信任模式

在社会资本的各个构成部分中，信任是最核心的要素，无论是互惠规范还是公民参与网络离开了共同体成员间的信任，都难以存在和有效运行。因此，研究社会资本在社会领域中的地位理应从信任入手，探讨信任之于社会的重要性，以便对信任及社会资本有更深的解读。信任对社会经济、政治的影响是通过与货币和权力的关系表现出来的，要对此问题进行阐述，首先必须了解其自身存在的一般规定性。

一　信任的内涵

无论在西方还是在东方，虽然有关信任的思想不乏积累，可是真正把信任作为一个专门的学术话题，则始于 19 世纪末 20 世纪初德国著名社会学家、心理学家齐美尔。他指出：信任是"社会中最重要的综合力量之一。"（1978）"没有人们相互间享有的普遍的信任，社会本身将瓦解，几乎没有一种关系是完全建立在对他人的确切了解之上的。如果信任不能像理性证据或亲自观察一样，或更为强有力，几乎一切关系都不能持久。"（1950）靠着信任的功能，"个体的、起伏不定的内部生活现实地采取了固定的、牢靠之特征的关系方式。"（1950）"现代生活在远比通常了解的更大程度上建立在对他人诚实的信任之上。"（1950）① 齐美尔的研究产生了深远的隔代影响。自齐美尔去世后，信任的研究几乎被遗忘，半个世纪后这一视角才被多家学科重新发现。心理学家、行为主义的代表人物多依奇是第一个使用囚徒困境方法的学者，也是较早从探讨冲突的解决中开始思考信任问题的人。他执着于心理学的微观实验的方法，可惜未能产生理论上的影响。他（1958）说："一个人对某件事的发生具有信任是指，他期待这件事的出现，并且相应地采取一种行为，这种行为的结果与他的预期相反是带来的负面心理影响大于与预期相符时所带来的正面心理影响。"此后，一批心理学家在研究信任时对信任下了不同的定义。20世纪心理学家赖兹曼（1974）说："信任是个体特有的对他人的诚意、善意及可信任的普遍可靠性的信念。"罗特（1967）说："信任是个体对另一个人的言词、承诺及口头或书面的陈述的可靠性的一般性的期望。"萨波尔（1993）说："信任是交往双方对于两人都不会利用对方的易受攻击性的相互信心。"② 20世纪中叶美国数理经济学家阿罗（1974）认为，信任是经济交换的有效的润滑剂。他（1975）说："世界上很多经济落后可以通过缺少相互信任来解释。"经济学家赫希（1978）认为，信任是很多经济交易所必须的公共品德。这些无疑是由经济学家为主体的理性选择学派的思想。他们努力以这种思想方法解答一切现象，自然也包括信任。社会学家科曼也在充实着理性选择理论。他（1990）认为，信任是致力于在风险中追求最大化功利的有目的的行为；信任是社会资本形式，可减少监督与惩罚的成本。甚至哲学家也开始讨论信任。维特根斯坦以（1980）他特有的智慧谈论着信任和确定性。"既定同样的证据，一个人完全相信，一个人却不能。我们并不以无力解释和判定而将其中一个排除在社会之外。""如果我信任他，我的心智能进入他的思想中吗？如果我不信任他，我说，我不知道他的想法。但是如果我信任他，我不能说我知道他的想法。""我们的问题和我们的怀疑依赖于一些不受怀疑的命题，它们像枢纽一样，其他的东西围绕它们转动。"社会学家们终于捡起了齐美尔的话头。以色列社会学家爱森斯塔德在其《保护人、被保护人与朋友》中说："社会学创建大师们强烈地感到社会分工组织与权力合法性调节及其与信任结

---

① 转引自郑也夫《信任：溯源与定义》，载《北京社会科学》1999年第4期。
② 转引自彭泗清、杨中芳会议论文《中国人人际信任的初步探讨》，1995年。

构和意义结构的巨大冲突，对这一冲突的强调或许是古典社会学理论留给我们的最重要的遗产。"谈到现代社会，他（1984）说："扩展信任，将之与更广阔的工具权力以及更广阔的意义结合起来，变得至关重要。"德国社会学家卢曼（1979）在《信任与权力》中提出，信任是简化复杂性的机制之一。① 这一见解对信任理论的建设具有重要的意义。吉登斯则将信任定义为："对其他人的连续性的相信以及对客观世界的相信，它产生于儿童的早期经验。"② "信任作为基本的'保护壳'而在自我与日常现实的应对中提供自我保护。"③

据此可以认为，信任作为社会资本的核心内容，是人类实际生活过程中的作为主体的人与他人（包括各种形式和不同层次的法人）以及各种制度之间关系的状态，这种状态是以人们不同层次、不同类型与内容的利益追求为基础的，尽管在这种状态由于时间不对称致使信息的不对称而使其中包含着潜在的风险，却体现了一种对他人品质、声誉和能力以及对各种制度的公正性毫不置疑的认可。在这种关系状态中，一个人既是信任者也是被信任者，这取决于特定的时间—空间。在实际社会生活过程中，任何人都会因生活之需要而不断地被赋予信任者或者被信任者的角色。只能在互动中生存和发展这个基本事实，必然使我们在整个社会生活中追求信任关系的普遍建立，而不是仅仅满足于狭小范围内建立有限的信任关系。单个人之间或者小集团之间的信任关系进行机械相加，并不能形成社会范围内的信任关系。因此，信任关系在本质上是对社会关系的一种价值描述，表达的是一种对社会秩序的理想追求，是作为互相猜忌的、无序的对立面而存在的，是社会关系处于正常良好状态的标志，而不是一种独立的社会关系。

一般说来，信任关系具有以下性质：第一，时间差与不对称性。言与行、承诺和兑现之间存在着时间差，往往不可能即刻兑现。信任者与被信任者之间存在着某种不对称性，作为信任者，我们无法对被信任者（无论是人、法人还是制度）做到全面彻底的了解。第二，不确定性或者风险性。个体的能力始终是有限的，不可能掌握所有的相关信息或者预知未

---

① 转引自郑也夫《信任：溯源与定义》，载《北京社会科学》1999年第4期。

② ［英］安东尼·吉登斯：《现代性与自我认同》，赵旭东、方文译，生活·读书·新知三联书店1998年版，第272页。

③ 同上书，第3页。

来，但是实现自己的目标又不能不借助于他人的活动。第三，主观性。这是因为行动者对被信任者不可能做到完全理性的计算。所以，信任关系往往具有明显的主观性倾向和愿望，带有信任者非常浓重的价值认同，即相信被信任者无论在主观上还是客观上不可能伤害自己的利益。因此，信任关系的确立是对风险的自觉意识，在一定程度上可以认为是一种冒险，同时也可以说是一种宽容，没有宽容就不可能生成信任。①

　　根据有关研究，可以把信任做如下归类。第一，人品信任和能力信任。其中人品信任主要是对被信任者的私德的信任。这种划分主要是依据人与人之间的亲疏关系进行的。第二，私人信任和公众信任。私人信任是指包含私人利益的纯粹家庭化的联系，公众信任则是出于纯粹社会性的公德。第三，人际信任和制度信任。人际信任是个体对交往对方的合作动机和行为、行为与角色规范之间出现因果连带的可靠性预期。制度信任是在给定的制度下，相信他人不得不按照别人所预期的那样行动，在技术上不得不如此。第四，以认知为基础的信任和以身份为基础的信任。前者是局限于特殊对象的，不鼓励信任者走出自己熟悉的小圈子。后者则以被信任者的社会地位、特殊身份为基础。第五，直接的信任和间接的信任。前者是不需要通过中介建立起来的信任，后者则是需要通过中介才能建立的信任。比如，国家权力的公正性，制度设施的可靠性等。这些划分往往可能是重叠的。究竟应该把信任划分为哪些类型，实际上并不是一个优劣问题，而主要是解释结构的需要问题。第六，特殊信任和普遍信任。韦伯进行了这种区分，特殊信任是一种基于血缘性社区，建立在私人关系和家族或者准家族关系上的，其特点是仅仅信任与信任者有私人关系的人。普遍信任则以人与人交往中所受到的规范准则、法纪制度的管束为基础。

二　传统的信任模式

　　马克思主义认为，社会存在决定社会意识，社会意识是社会存在的反映。社会资本作为一种网络关系和规范，从根本上是受其所处的社会生存环境和文化环境决定，社会资本实际上是在一定文化模式的影响下，人们依其对所处社会生存环境的理解而做出的选择。在人类发展不同历史阶段

---

① 郑也夫、彭泗清:《中国社会的信任》，中国城市出版社2003年版，第304页。

中，与生产方式相联系的社会资本规定着社会信任模式，同时社会信任模式反作用于社会资本。社会信任模式总是随着社会资本形式的改变而改变。因此，离开社会资本，抽象的考察和研究社会信任问题，就不可能对社会信任状态做出真实的认识和理解。从秦汉到清末这一段两千多年的传统社会中，自给自足的农业生产占主导的生产方式，社会的主要形式是以血缘或亲缘关系形成的家庭，家长制管理是其主要管理形式，社会成员同质性强。这种生产方式下形成的社会资本是以血缘和地缘关系为核心，并具有先赋性、封闭性、纵向性、不平等性的特点。血缘是人们因婚姻、生育、繁衍等生命活动而构成的血亲关系。血缘关系是社会关系的重要方面，属于人的自然。但这种关系却能够影响和制约着其他社会关系，正如费孝通所说："血缘关系的意思是人和人的权利和义务根据亲属关系来确定。"① 在中国传统社会，个人以家族为中心，个人依附和服从于家族群体，个人不具有主体资格，没有独立的权利、地位和性格。正如马克思所说的："我们越往前追溯历史，个体，从而也是进行生产的个体，就越表现为不独立，从属于一个较大的集体……"② 地缘是由于人们共同居住的生活空间而形成的人际关系网络。由于地方历史和文化发展的结果，某一特定地域的人们会形成共同的或相近的习俗或价值观，彼此之间容易产生认同感和归属感。传统的社会关系网络是以血缘关系和地缘关系为出发点，通过交往而建立的可选择关系。在人际交往中，以"己"为中心，逐渐向外推移，表明自己的亲疏远近。如费孝通所说："好像一块石头丢在水面上所发生的一圈圈推出去的波纹，每个人都是他社会影响所推出去的圈子的中心，被圈子的波纹所推及的就发生联系，每个人在某一时间、某一地点，所动用的圈子是不一定相同的。"越靠近中心，就容易被人们接纳和信任，距离中心越远就越容易被排斥。但家族、血缘范围有限，加上农业生产自身难以迁移的特点，人际关系网络的范围狭隘而又封闭，形成了"鸡犬之声相闻，老死不相往来"的状态。此外，传统社会的人际网络关系在性质上看是不平等的。不平等的人际关系是人们在政治上、经济上、文化上的权利与义务的对立关系，关系的一方主要作为权利的主体存在，另一方作为义务的主体存在。

　　"关系"与"人情"构建传统社会信任模式，传统社会这种以血缘和

---

① 费孝通：《乡土中国》，生活·读书·新知三联书店1985年版，第71页。
② 《马克思恩格斯全集》第46卷（上），人民出版社2006年版，第21页。

地缘关系为核心的社会资本生成了特殊的人际信任模式。其本质是一种"血亲本位"的信任。中国是以关系为本位的社会，关系与信任紧密结合，关系不仅反映了中国社会人际关系典型特点，也是信任关系建立的依据和有力保证。关系建立的核心是家庭和血缘关系，这种血缘关系是先天赋予和无法改变的。但在人们后天生活之中，可能通过各种"拟亲化"的方式围绕此核心建立起血缘、宗族之外的联系，使先天规定的血亲关系进一步泛化、扩展和延伸到没有血缘联系的其他人的交往关系中。信任的进展是随着关系的进展而来的，而人际关系的进展又是双方相互表达了诚意和诚心以后，才逐渐深入的。在一个人的关系网中，不同的关系类型是与不同的信任程度相关联的，信任程度的强弱与对方与自己的关系远近几乎呈同一走势，以当事人这一"己"为中心，向周边扩散。这种以血亲关系为核心的远近亲疏组成的"差序格局"，既是自家人与外人划分的依据，也是形成信任度差异的原因。在这种关系格局中亲疏远近的层次，以"己"为中心依次是家人、"拟亲"关系的人、熟人、陌生人，距离自己越远，其信任程度也越低。此外，中国传统社会是一个以血亲家族为社会单元的社会，人情是人们进行交往、建立信任的主要依据和准则。人情是以亲人或熟人为基础的，亲人和熟人是自己人，而对陌生人持不信任的态度，中国传统社会是一个熟人社会。由于人情在信任的建立和维持中起关键作用，契约化和法制化便相对匮乏。因为熟人之间订立契约，很可能使用人感觉交往关系脱离了情感支持，从而导致了本来信任关系的不信任；在社会网络关系内部，即使有了契约，但却是建构在人情之下，属于第二层次的约束力量，因而效果不大。正如怀特利认为华人社会主要是由关系产生信任，而法制化信任很少。在中国传统社会，缺乏建立在契约、法律准则、信仰共同体基础上的普遍主义的信任关系，特殊主义的人际信任占主导地位。马克思将人的历史发展过程概括为三个阶段。他指出，"人的依赖关系（起初完全是自然发生的），是最初的社会形态，在这种形态下，人的生产能力只是在狭窄的范围内和孤立的地点上是发展着。以物的依赖性为基础的人的独立性，是第二大形态，在这种形态下，才形成普遍的社会物质交换，全面的关系，多方面的需求以及全面的能力的体系。建立在个人全面发展和他们共同的社会生产能力成为他们的社会财富这一基础上的自由个性，是第三个阶段。第二个阶段为第三个阶段创造条件。"①
特殊主义的人际信任模式是社会主体在"人的依赖关系"占支配地位阶
段建立的信任关系。在当时小农业生产的自然经济条件下，人对自然的
狭隘关系制约着人与人之间的狭隘关系。面对大自然的威慑，主体间的信
任"起初完全是自然发生的"，主体"以个人尚未成熟、尚未脱掉同其他
人的自然血缘联系的脐带"。人们依据天然的血亲关系和地缘关系，在封
闭的家庭、宗族、熟人内部建立信任关系。社会主体无法摆脱先赋性的社
会关系纽带，"以直接的统治和服从的关系为基础"完全处于对他人和群
体的依赖关系中，缺乏独立的个性和人格。此外，当时社会分工不发达，
社会流动性差，社会成员同质程度高，个体的活动呈现原始的丰富性。信
任的根据是血亲关系和地缘关系，个体对熟人的信任和对陌生人的不信任
缺少选择，具有很大的盲目性。

三　传统特殊信任模式在西南民族地区社会发展中的作用

西南地区少数民族中，信任作为一种重要的社会资本，其作用表现在
社会生活的各个方面。例如，在贵州、云南的很多少数民族中，都流行与
其他民族同龄人交朋友的习俗，称为"打老根"，一个人老根越多，说明
自己的社会关系网越大，自己的社会经济资源越多，而同时也表明自己的
诚信度越高，因为在这个过程中诚信是"打老根"这种社会传统中最重
要的基础。老根就是与自己基本同龄的一些朋友，如果情趣相同，那么就
可以结成老根关系，在过年过节或人们有什么困难的时候，都要相互帮
助，同时也因为老根关系而形成了社会与经济关系，人们往往通过老根关
系来做生意，成为老根之后逢年过节要相互走访，邀请自己的老根前来参
加过节等活动，而当自己的老根有任何困难时，都要诚心相助，不能虚情
假意。老根之间也常常发生经济关系，在普米族、傣族、纳西族、傈僳族
等民族中，老根之间经常进行货物的交易，往往都是双方商议后说明自己
的商品需求，双方就进行准备，然后选择适当的场合进行交易，这其中大
家也本着诚信为本、公平交易的原则，不仅促进了经济关系，也促进了人
们之间的友谊。在普米族中，人们经常会把自己的土特产，用马驮到坝区
的汉族、白族、纳西族等老根家，由老根代为销售，而老根销售之后也会

---

① 《马克思恩格斯全集》第46卷（上），人民出版社2006年版，第104页。

帮助采买他们需要的工具、生活用品等。当坝区的人们需要山货、皮毛、药材、牲畜等物品时也会将自己的货品运上山去与自己的老根进行交易，如老根暂时有困难也可以说明来意，由自己的老根代为筹办，在这其中人们以诚信为本，不能存在欺诈行为，如果发生欺诈或者不讲信用，老根关系很可能马上就被解除。在滇西北的汉族、彝族、回族、壮族、纳西族、傈僳族、阿昌族等民族中，老根的社会关系网是十分广泛的，大多数人都在其他民族中甚至是很多民族中有自己的老根，从而形成一张大的社会关系网，这张社会关系网不仅促进了人们之间的友谊，使自己多了一些情感上的朋友，而且也发挥着种种社会与经济上的功能，诚信就是这张社会网中的润滑剂。

在哈尼族、彝族等民族中，过去还有和坝区的民族合伙买牛的习俗，这也是一个典型的例子。人们合伙买下一头牛然后商量好各占多少股份，这种股份以牛腿来计算，有的人家出资较多，占有两条或三条腿，出资较少的占有一条腿或四家人购买一头牛各占一条腿。在用牛的过程中人们通过份额的占有来分配牛的使用量，同时在山区和坝区使用牛的过程中，有不同的生产需要，往往山区农忙的时候坝区农闲，而坝区农闲时山区农忙，这样就可能把牛的使用量进行互相的协调。只有当牛死后人们才会根据出资的多少来分配牛肉，但是在牛的饲养和使用过程中，人们基本都遵守一种诚信的态度，公平使用牛，并不使每一个出资者的利益受到损害。如果有的出资者确实有困难或者需要更多的使用量，人们也会互相谦让，满足有困难者，这样不仅减轻了人们购买牛的经济压力，同时在饲养上以及使用上都可以尽到最大的效益。

在云南南部的基诺族、布朗族、瑶族等民族中，在过去土地由村寨占有，平均分配给村寨内的各个家庭使用。土地的分配是好坏搭配，轮流使用，这样一块土地在一个村寨的家庭之中轮流的时间短则8—10年，如果按使用的年限推算，有的土地轮到某家可能需要数十年，甚至上百年的时间，但是人们对于分配土地的公平规则都予以认同，相信总有一天这块土地会轮到自己的家庭，因此在土地的平均分配、轮流使用上都遵守社会的诚信规则。在社会生活中，遵守诚信也是每一个人的一种基本社会态度，当别人有困难时自己一定要去相助，从而反映出自己的诚信，只有人们互相之间都遵守诚信的规则，持一种诚信的态度，社会才能和谐，人们之间的友爱才能得到体现。布朗族中社会的诚信在人们之间的互助、友爱等方面表现得很典型，当某一个家庭盖新房或者遇到婚丧嫁娶等大事，全村的人们都要主动放下自己家中的活计，前来帮忙，或者送粮食、木料，或者帮助去伐木、搭草排等。在婚丧活动中，大家也会帮助砍柴、挑水、做饭，以此体现出村寨中的一种基本的诚信规则，即别人只要有困难自己一定会相帮，一定会遵守一种社会互助的准则。事实上，在社会生活的方方面面，人们能够遵守民间的种种成文或不成文的规则，就是一种社会诚信的表现。约不约束自己的行为，遵不遵守社会伦理以及公论的社会规范，都显示了人们的诚信，而当整个社会都主动遵守各种社会规范以及维持相应的社会关系，社会就能得到控制，人们的社会关系就能处在一种和谐、友爱、团结、互助的状态中。

诚信是社会资本中重要的内容。在西南少数民族传统社会中，诸多的社会关系、人际关系、经济关系等都是依靠诚信支撑的，诚信是社会关系的润滑剂，由于人们遵从诚信，遵守有关诚信的规则，而使得社会和谐、社会运行的成本较低，避免了各种经济、人际交往等方面的纠纷。在人们的社会生活中，由于人们遵守一定的诚信规则，使社会显现出较强的凝聚力，如人们尊老爱幼，在社会生活中互相帮扶，对公益事业的自觉、主动参与；在经济关系中，人们的诚信体现在土地分配、资源的分配、相互之间的贸易关系等方面，仅仅依靠人们的诚信就可能约定一种合同关系，来规定人们的经济行为或一次经济活动，而人们依靠诚信来约束自己的经济行为，尽量避免相应的经济纠纷，也使经济交易的成本以及维持经济关系的成本维系在一个较低的水平之上。总之，诚信不仅维系着社会的和谐，促进了社会的稳定，同时也使社会运行与经济运行的成本得以降低，避免了因为违反诚信而出现的种种纠纷，由于诚信的存在，在社会生活中不需要付出较多的社会动员成本即可使人们去共同达到一些社会公益目标。与此同时，由于诚信是一种为人们所共同遵守的社会美德，也促进了社会的和谐，促进了人们间的团结友爱，成为社会的重要凝聚力。在怒江的怒族、独龙族等少数民族中，经商在其传统社会伦理中是一种不光彩的行为，但是人们又需要与其他民族进行交易，因此当人们在交易时并不主动地将自己的产品与其他人进行商业性的交易，而是将自己的商品放在路边，然后自己就回避，当马帮或者其他民族的人们需要来与之交易的时候，就会带来自己的货品，如铁工具、纺织品、食盐等，然后将怒族、独龙族人放在路边或者特定地方的物品拿走，留下自己觉得与之等额的即相等价值的货品，这种交易就是一种以诚信为基础的交易。这种建立在民族信任基础上的交易行为不仅增进了民族成员之间的感情，而且也促进了社会的融洽与和谐。

四　西南民族地区传统特殊信任模式在社会转型时期的困境与前景

我国社会正处于社会转型时期，随着社会结构的转型和市场经济的完善发展，人们的传统交往方式、规范内容和价值体系从根本上发生变化。西南民族地区的社会信任模式是典型的以血缘关系为主导的传统特殊信任模式，目前，西南民族地区的这种传统社会资本生成的特殊的人际信任模式已经不适应现代社会的发展要求，甚至有时会对经济、政治、社会的发展起到阻碍作用。在从传统社会向现代社会的转变过程中，传统社会信任模式与市场经济的矛盾，最具有根源性、基础性的无疑是市场经济取代自然经济而成为社会的主导生产方式。市场经济是建立在商品生产基础上的，商品是市场经济的细胞。与商品生产相联系的全面依赖交换的生活方式也是与自给自足的生活方式直接相矛盾，并是具有颠覆性意义的生活方式。市场经济作为商品经济的产物，代表着一种新的社会运行方式和文明方式，因为它在改变社会的生产方式的同时，也从根本上改变了人们的生活方式、交往方式、思维方式和价值观念。现代市场经济是一种非常复杂和抽象的经济体系。交易商品的种类空前增多，大规模的专业分工使交易的过程复杂化，交易的链条前所未有地拉长了，整个交易过程涉及大量陌生的人、物、技术和信息，市场打破先赋性血缘、地缘关系对个体发展的限制，使个体的主体性和独立性不断增强，社会成员的流动性和异质性提高，人际交往的匿名性和易变性增加，人际关系更加复杂化，使熟人的社会变成陌生人的社会。

西南民族地区的人际信任模式是传统社会的特殊信任模式，这种信任模式以自我为中心，以血缘关系为主导，由亲及疏的关系网消解着诚信与不信任之间的矛盾。以熟知度作为信任的黏合剂，通过个人情感编织、扩展着关系网的范围，在一定程度上维持着人际交往与社会秩序的稳定。但信任给予的对象大都是熟人以血缘关系为纽带的亲人或朋友等，信任范围的有限性、信任建立的关系性和情感性，导致西南民族地区社会的信任格局形成了对亲人、朋友、熟人的相信和对陌生人的怀疑、戒备。当市场经济取代自然经济、熟悉交往进入普遍交往，个体从"家"中独立出来，又陷入一种无家可归的境地，人们在心理上难以接受和适应。同时，市场经济的本质在于对利益最大化的追求，加之自由市场对人的利益的刺激，使诚信与不信任之间的矛盾迅速扩大，西南民族地区传统信任模式的局限性日益凸显，暴露出与现代性的极大不适应，于是出现了当今西南民族地区信任缺失的现象。

市场是人类迄今为止所发现的最有效率的资源配置方式，但并不是没有任何运行成本的无形之手。相反，在市场交易中，人们为了防范机会主义行为，搜集和甄别交易信息，谈判和监督执行合同等不得不付出高额费用。在新古典经济学中，尽管信任是所有交易的核心，但却被当作外生变量，认为道德、信任是市场经济中交易行为的题中应有之意。根据新制度经济学理论，社会信任作为意识形态一个重要组成部分能够有效地节约交易费用，提高经济效益；反之，则会增加市场交易成本，降低经济效率。社会学家也对信任在交易中的重要作用给予关注。古典社会学大师迪尔凯姆在批判斯宾塞的"竞争产生有序的交易行为"的观点中，强调信任关系对交易的完成发挥了核心作用。他认为个体通过契约未必能够实现有序的交易模式。相反，只要个体可以获利，追求个人利益而不受其他任何限制的个体总会努力避开或打破契约，如果契约对追求个人利益的个体能够有效地约束，那一定是因为存在"契约的非契约基础"，即某种特别因素会产生对契约的敬畏，双方信任在交易过程中起着关键性作用。经济社会学家格拉诺维特发展了波兰尼的"嵌入性"概念，嵌入性指的是经济行为嵌入已经存在的社会关系之中，而社会关系的本质就是已经存在的社会网络。由于处于同一关系网络中，信息的传递表明了关系稳定性，经过多次重复博弈后，人们之间建立了一定程度的信任关系。在这种信任关系的制约下，人们往往会共同遵守同一规则达成共识，从而使市场行为得以顺利延续。信任在维持和扩展降低经济交易成本，促进经济的繁荣与发展方面发挥着重要作用。

然而，不同类型的信任模式会对交易成本产生不同的效果。西南民族地区特殊主义的人际信任模式以"己"为中心，以关系和人情为手段，形成"差序信任格局"。在熟人内部，人们彼此的信任感十分强烈，圈子内部交易费用较少，对陌生人的怀疑和戒备使他们难以突破熟人的圈子，要与陌生人建立信任关系就要付出高额的搜寻信息的成本和维护信任的监督成本。而建立在契约、制度基础上的普遍主义信任有利于信任关系的横向扩展和各种市场要素的合理流动。同时，普遍主义存在的场合，特殊主义的介入会节约交易费用，增进合作、交换和效率。特殊主义有利于小系统内部减少监督成本，但若没有普遍主义的调节，会导致小系统内部的自我封闭。因而，市场经济的发展要求建立普遍主义为主的契约信任、制度信任，并且应适当融合特殊主义信任。因此，我们必须对西南民族地区传统的人际交往的信任模式进行反思，推动西南民族地区传统信任的现代转型，以适应市场经济的本质要求，推动社会和人的和谐与发展。

五　当代西南民族地区社会发展所吁求现代普遍信任模式

当代中国正处于社会转型时期，社会的急速变迁使原有的社会关系网络受到冲击，必然使传统的特殊信任模式发生变化。特殊信任与普遍信任并存于社会转型的过程中，对于西南民族地区而言，传统社会依赖血缘和地缘关系而建立的信任模式并未被边缘化，在社会生活中仍然发挥着重要作用。在发展市场经济的过程中，人们在一定程度上仍然保持着传统的家族意识以及对"圈外人"的不信任。对泛泛的关系网不敢轻易地认同和信任。人们对传统特殊主义的关系网的依赖感不断增强。现今西南民族地区大多私营企业仍然以家庭关系为基础，企业深受家族力量的影响。这种特殊主义的信任关系，虽然从外观上看，是一种"关系取向"的信任，但实质上起作用的是关系中所包含的双方心理和情感上的亲密认同，它能增强双方的义务感和责任心，为双方相互信任提供保证。

改革开放后西南民族地区社会结构发生了深刻变化，传统社会同质性、亲密性的关系网络在一定程度上被打破，关系网的异质性和疏松性不断增强，关系对个人的约束力也随之弱化。人们生活在流动性强的陌生人社会中，人们从过去长期依附于特定群体、地域的束缚中解放出来，更多地与陌生人进行一次性的博弈与合作，形成了"信不一定亲"的状况。市场经济提高人的主体性和独立性的同时，也要求公平意识、法制意识等外部制度的保障，发散性关系网络作用的弱化又刺激人们对法律的需求，这两种力量相结合，使社会信任不断向制度化和形式化方向发展，从而使普遍的信任也在不断扩展。普遍的信任使不同群体、地区乃至社会的陌生人之间建立信任，扩大了信任的范围，简化了信任建构过程，为信任提供了客观保证。在西南民族地区以特殊关系为主体的社会母体中已经渗透了普遍主义的因子，但普遍信任模式的建立尚需时间的积累和地区人民的努力。因此，当前西南民族地区信任结构就表现为特殊信任与普遍信任的并存与融合，在这种并存与融合的过程中，特殊信任将不断衰化、特殊信任的量在不断缩小；而普遍信任也将由量少到量多、由无序走向有序。

事实上，普遍信任模式和特殊信任模式的区分只是程度上的差异，是为了彰显两种运行模式特质的需要，并不是指两者是毫无联系的绝对对立。从人类历史发展的进程来看，随着生产力的不断进步，人的自由个性不断得到解放和完善，最终达到全面自由，人的交换活动空间也由封闭不断走向开放。特殊信任模式中人与人之间是一种内聚的关系，行为主体以血缘、地缘关系展开活动，其活动空间表现为狭隘性和封闭性；而普遍信任模式中人与人之间是一种外向关系，行为主体以契约、规则和制度等为基础建立的信任关系，其活动空间表现为开放性。实际上，无论哪种信任为主的社会都不是纯粹封闭或开放的，而往往处于二者的过渡地带。因为行为主体都要受到先赋性亲属关系、身份地位以及共同信仰约束下建立信任、进行合作。随着社会不断发展，国家、法律和制度作为第三方实施的作用不断加强，而特殊信任强调的人格、伦理、道德等因素本身可以随道德共识的提高而逐渐制度化；普遍信任中的契约、制度随着行为主体的不断改进与完善，沉淀为集体无意识，因而内化为风俗与习惯。总之，特殊信任模式以血亲关系为纽带，体现人的主体价值；普遍信任模式以契约、制度为核心，体现人的客体价值，二者在当代西南民族地区有日益结合、相互促进的趋势。社会的发展，只能是使人由片面向全面发展，或者是由客体人向主体人的回归发展。①

第二节   民族地区社会规范

何谓规范？（英语）norm，（法语）norme 一词源自拉丁语 norma（木匠的直角规，规范），有多重含义，如：模范、标准、模型或式样、行为标准、准则等。一般认为，"规范是指法律或惯例，也用来表示成文法或不成文法，以及习俗、习惯与惯例等等。因为所有这些东西是人为的，而且是由人来改变或修正的，因此在古希腊哲学中规范（nomos）有别于自

---

① 卜长莉：《社会资本与社会和谐》，社会科学文献出版社 2005 年版，第 120 页。

然（phusis）。"① nomos 包含下列多种含义：风俗习惯，传统惯例，伦理规范，成文法律，各种协议、条约、契约和章程。它们或者是在人们长期的共同生活中形成的，或者是通过正式的立法程序形成的。也就是说，规范是人为的，即人们的观念产品，是人们实践行为所必须遵循的法律或惯例。中文"规范"一词的意蕴与 nomos 大体相同。从中文字面上看，规范即用于"规"之"范"或用"规"去"范"。规即规矩、规则、规律；范即模器；规范意为使合乎法度。古人云："立行可模，置言成范"；又曰："吾为之范我驰驱，终日不获一。"② 可见，规范有名词意义上的规范与动词意义上的规范之别，有标准、法式之意和使之合乎法度之意。例如，人们日常生活中或实际工作中所遵循的工作规范、操作规范、学习规范、写作规范、程序规范、行为规范、法律规范、社会规范等"规范"，主要侧重于名词意蕴，意为准则、标准、尺度、式样；而用什么规范去规范某人某事，使之达到什么标准，成为一定规范所希望成为的，如用法律、纪律、准则去规范人的行为，用科学规范去规范人们的科学研究活动，用语言习惯、表达习惯、学术规范等去规范人们的认识、实践活动，科学研究活动等，这里的"规范"则侧重于动词意蕴。在总体上，规则与规范是大体相同的，以至于人们常常将两者相提并论。如《辞源》、《辞海》，均释"规则"为"规范"。细分起来，两者的差异还是比较明显的。规则偏重于名词意义，侧重于对规律的客观性描述。在名词意义上，规范偏重于对规则功能的理论阐述和观念建构。规范有规则及其范式之意，是规则与规则范式的统一。此外，规范还有"动词"意义上的意蕴。如用"规"去"范"，使某物、某事合乎规则、法度。从这双重意义上讲，所谓规范就是事物本身固有的存在法则，运行规则和变化规律的观念形式，是人们行为的规则范式，是人们必须遵循的法度，亦是示导、制衡人们行为的观念和准则。从这个意义上讲，规范也可称为社会规范。关于社会规范的定义，我国学术界一般把社会规范界定为"人们参与社会性生活的行动规则。它是人们在长期社会生活中，根据人们普遍认可的社会价值观对特定环境中的人类行动所作出的、必须共同遵守的程序与规

---

① ［英］尼古拉斯·布宁、余纪元：《西方哲学英汉对照辞典》，人民出版社 2001 年版，第 684 页。

② 《辞源》（合订本），商务印书馆 1988 年版，第 1284 页。

则。"① 这一定义实际上表达了以下三个方面的含义。社会规范是一种价值标准。价值是社会成员或团体在社会中存在的意义。价值观念则是社会成员或团体对这种存在意义的认识。价值标准是社会成员或团体对社会存在怎样才算好、怎样才是合理、正确和令人满意的问题上的一致认识与看法。而这些认知和看法，又是通过社会规范表达与体现出来的。因为社会每个成员的价值观念是千差万别的，为了使社会生活保持一定秩序，就必须将那些人们普遍认可的价值以一定的形式固定化，使之稳定而持久地指导人们参与社会生活，并成为社会成员行为的价值导向和评价事物的一种标准。社会规范是一种行为准则。行为准则是指人们在特定的社会情况下，应该怎样待人接物，应该做什么和不应该做什么的行为期待，如果社会成员按照社会结构中为其确定的规范行为，扮演好自己的社会角色，就可以获得社会赞许，为社会或群体所接纳。如果违背社会规范，就会受到社会的指责甚至惩罚。所以，本质上社会规范既是一种对社会成员行为限制的手段，同时也是社会成员获得行为自由的保证条件。很清楚，这里所称的行为准则就是社会成员公认和遵循的行为模式，即实践标准，与它对应的是实践角色。诸角色扮演的成功与否，就在于扮演者对行为准则认可与遵从的程度，社会与他人是依据该准则对其扮演者作出评价的。社会规范是各种社会关系的反映，是一种对社会关系肯定化和固定化的手段。它使人们的行为与关系一致，使个人利益与社会整体利益和要求相一致。马克思曾指出，社会关系的含义是指许多个人的共同活动，社会关系是人们相互作用的活动的正常进行，社会往往会制定某种社会规范（包括规则、纪律、法令等等）加以确认和肯定，从而赋予社会关系的合法性、稳定性和普遍性。这样，在现实生活中社会成员彼此遵循着特定的模式进行社会交往，合法地去获取自己的利益，使个人的利益与集体的利益、社会的利益相一致。所以，在现实社会生活中，人们的任何社会关系的互动都是凭借对社会规范的遵从来进行的。任何人参与社会生活，首先都必须熟悉了解其中的规范，通过对规范的掌握和利用，才能进入到一定的关系之中去，从而达到自己行动的目的，即获得一定的福利。

　　分析至此，可以这样来界定社会规范概念：社会规范（social norms）是人们为了共同社会生活的需要，在生产活动与社会生活活动中共同创造

---

① 郑杭生主编：《社会学概论新论》，中国人民大学出版社 1994 年版，第 322 页。

出来的，在各个领域都存在的一种社会现象。它是社会用来约束和指导人们的行为，调整人们在生产和生活中的相互关系，要求人们普遍遵守的共同的价值标准和行为准则。社会规范的本质是对社会关系的反映，也是社会关系具体化的直接表达。它包括习俗、礼仪、道德、制度、法律、宗教等形式。社会规范的各种形式之间相互补充、印证，从而起着综合治理与维持社会秩序的作用。

一　社会规范的产生和形成

关于社会规范的产生和形成这一问题，不同学派的不同学者曾做过大量的探索。有学者从人的自然需要和社会需要、物质需要和精神需要等说明社会规范确立的基础，并以此规范知识（道德的、制度等知识）作为满足人类各种需要的方式和手段。认为人的需要有多种，不同的需要分别产生或形成不同的社会规范、社会制度，需要的相关性导致规范、制度功能的相互关联。"生殖现象……特别是关于母性方面……便引到吸乳和抚养等的事实，由这些事实所造成的亲密生活。又势必产生经济合作、家中权威及法律规定。""我们把这种迫力分为：基本的，或生物的；衍生的，或手段的；完整的，或精神的。围绕着基本的需要，便有营养的、生殖的及保护的体系的发展，这最后一项包括许多躯体上的需要，如遮蔽、温度、清洁及安全。以手段的迫力，便有经济的、法律的和教育体系出现；这最后一项包括人类的传统的传袭及保存。最后由完整的需要产生的知识、巫术、宗教和艺术……广义而言，也包括闲暇时的游戏与游艺。"[1]

经济学的博弈论认为："人们是作为互不相干的个人来到这个世界的，他们都有许多私欲与偏爱……在许多情况下，如果我们与他人合作，就能够更有效地满足这些偏爱，并通过协商，最终制定出指导社会交往活动的规范。根据这种说法，人们之所以能够在行为中表现出利他主义，只是因为在某种程度上考虑到利他行为对自己有好处（可能因为其他人反过来表现出利他主义）。"[2]

契约论者霍布斯、洛克、卢梭等描述了人类自然状态的特点，认为居住在世界上的人是一群孤立且只顾私利的个人。在霍布斯看来，当个人之

---

① ［英］马林诺夫斯基：《文化论》，费孝通译，华夏出版社2002年版，第105页。
② ［美］福山：《大分裂：人类本性与社会秩序重建》，刘榜离等译，中国社会科学出版社2002年版，第192页。

间经过协商制定出建立利维坦（Leviathan）式政体的社会契约时，文明社会就诞生了。这种政体虽然能够促进秩序，保障人们拥有的权利，但却不能在自然状态下完全得以实现。与霍布斯所持的自然状态下"人人为敌"的看法相比，洛克的观点温和一些。他认为，在自然状态中，缺少判明是非和裁判纠纷的共同尺度的法律，缺少一个依法裁判争执的裁判者，缺少权力来支持正确的判决，使之得到执行，因此，人们必须相互订契约，建立起政府。卢梭认为，人们在缔结社会契约时，每个结合者将其自身以及他的一切权利，统统都转让给了整个集体。每一个结合者可以从其他任何一个结合者那里获得自己所转让出的同样的权利，人们所得到的，就是自己所丧失的，契约规范保护着自己所拥有的那些东西。所以，在政治生活中"人民和主权者的同一"是公意的运用。社会契约使人们丧失的是人类的天然自由，获得的是社会自由。这种社会自由是受公意约束的，人们只有服从自己为自己所规定的规范，才有自由可言。他们的观点是，社会规范是为满足人的主权和自由的需要而确立的。在当代社会规范生成理论中比较有代表性的是均衡论与冲突论。两种理论从不同的视角解释了社会规范何以可能建立的事实根源。"均衡论"认为，社会秩序被概括到这样一个假设之中：每一个群体都是因为存在着某种一致性，并因为关于基本规则和价值的契合而聚合到一起的，这一契合一直渗透到日常生活的细微之处。"均衡论"看到社会内聚力的存在是"基本规则和价值的契合"，正因如此，社会才具有秩序性。而"冲突论"的看法与此对立，认为"社会生活的基本状况不是协调一致的，而是由于不同的群体为争取权力和利益处在冲突和纷争之中。因此最重要的社会过程并不是努力恢复和谐的状态，即均衡。而是没得到利益的与那些具有特权却想夺取更多特权或防止别人夺取他们手中特权的人之间一场无休止的斗争。"①所以，冲突模型论主张建立社会规范，以强制和裁决来控制冲突。因为规范反映着一部分人管理其他各部分人的权力，可处理循环往复出现的社会问题。总之，不论是"均衡论"，还是"冲突论"都谈到了社会规范确立的基础，看到了社会的实际情况。但是两种理论模型都具有片面性，因为社会的实际情况是既有协调一致的倾向，也具有相互冲突的倾向。社会正是在相对稳定和剧烈冲突的矛盾运动中演进的，如果进一步追问是什么导

---

① ［美］英克尔斯：《社会学是什么》，陈观胜等译，中国社会科学出版社2002年版，第56—57页。

致了社会冲突的产生和协调的出现，答案没有别的，只有实践。马克思主义正是从实践的角度科学地阐明了社会规范是如何生成的理论。从马克思关于经济基础和上层建筑的理论来分析，我们可以把全部社会生活条件划分为三大基本条件，即社会物质生活条件和社会精神生活条件以及介于二者之间的社会制度体系。社会物质生活条件是指社会存在，它包括物质资料生产方式、自然环境、人口因素等这些具体的物质生活条件。社会精神生活条件是指社会意识，它包括政治思想、法律思想、道德、艺术、宗教、哲学、科学和社会心理等具体的精神生活条件。社会制度体系这种社会生活条件，包括政治、法律制度及其组织与设施。从全部社会生活条件中的中介性条件即社会制度体系来看，社会制度体系中得以运行所必需的物质设施和其建立得以依据的理论观点，分别是由物质生产的实践和精神生产的实践创造的，是这两大基本实践形式为社会制度体系提供了不可缺少的构成要素。社会制度体系中的规范条文和组织机构，却是由制度生产的实践创造的。在《哲学的贫困》中，马克思通过一些个例的分析较连贯而又精辟地阐发了制度生产的四个环节。他指出："经济学家蒲鲁东先生非常明白，人们是在一定的生产关系中制造呢绒、麻布和丝织品的。但是他不明白，这些一定的社会关系同麻布、亚麻等一样，也是人们生产出来的。社会关系和生产力密切相连。随着新生产力的获得……人们也就会改变自己的一切社会关系。手推磨产生的是封建主的社会，蒸汽磨产生的是工业资本家的社会。"[1] 这说明人们在探索与改造自然的实践中创造物质生产力的同时，也探索和改造着社会制度，在这种实践中"生产"出新的"生产关系"及其他"社会关系"，也就是生产新的社会秩序。并随着生产力的变化而"改变"或"改革"这些关系，同时还造就了相应社会的统治阶级及其组织机构。在这里，创造新的"生产关系"及其他"社会关系"的人们主要是相应社会的先进阶级及其组织机构，而先进阶级及其组织机构以法律的形式来确定的"生产关系"和其他的"社会关系"就是经济制度和其他社会制度。但是，从创造社会关系到以法律形式确定为社会制度的过程，只是社会制度产生的起始环节和最终环节，在这个过程中间，社会制度还必须经历两个生产环节。一个环节是对社会关系由感性的认识跃升到对决定社会关系产生和发展变化的社会规律进行认

---

[1] 《马克思恩格斯选集》第 1 卷，人民出版社 2012 年版，第 222 页。

识的环节。这个环节是对各种社会关系在认识上由感性的现象的认识跃升到理性的本质的认识，即由表及里地把握各种社会关系的内在联系，获得带有规律性的认识。马克思在《哲学的贫困》中分析资产阶级经济学家主张的"资产阶级制度是天然的"论点时，通过对资本主义经济制度在认识上的跃升，很好地说明了这一点。他指出："经济学家所以说现存的关系（资产阶级生产关系）是天然的，是想以此说明，这些关系正是使生产财富和发展生产力得以按照自然规律进行的那些关系。"① 他还进而指出："亚当·斯密和李嘉图这样的经济学家是这一时代的历史学家，他们的使命只是表明在资产阶级生产关系下如何获得财富，只是将这些关系表述为范畴、规律并证明这些规律、范畴比封建社会的规律和范畴更有利于财富的生产。"② 另一个环节是由对社会规律的认识跃升到指导人们行为的社会规范的环节。这显然是由在实践中认识到了各种社会规律之后遵循其规律来指导人们处理各种社会关系的实践，而遵循规律可供实践行为去操作的方式就是依其规律拟出的种种规范条文，亦即遵照规律办事的行为规范。马克思在《哲学的贫困》中通过个例分析曾这样指出："在宗法制度、种姓制度、封建制度和行会制度下，整个社会的分工都是按照一定的规则进行的。这些规则是由哪个立法者确定的吗？不是。它们最初来自物质生产条件，只是过了很久以后才上升为法律。分工的这些不同形式正是这样才成为同样多的社会组织的基础。"③ 马克思的这段论述中蕴涵的一般性结论是：人们最初在物质生产的实践中"生产"出物质生产关系及其他社会关系，这些社会关系的背后存在着不以人们的主观意志为转移的社会规律，人们为处理这些社会关系而必须依其背后的社会规律来拟定社会规范条文；这些社会规范条文不是很快而是"很久以后才上升为法律"。整个社会生活的主体缘出于实践的基本分工及其活动，都是按照一定的规则进行的；缘出于实践的分工的这些不同形式，正是这样才成为同样多的社会组织的基础。概括地说，马克思关于社会规范的产生的观点是：为获取人们所需要的生活资料，人类必须以个体或个体之联合形式去认识和改造自然，但在生产生活资料的活动中，生产对象、生产工具和生产主体都是以客观实在的方式而存在的，人们绝不能像在观念领域那样，

---

① 《马克思恩格斯选集》第 1 卷，人民出版社 2012 年版，第 232 页。
② 同上书，第 234 页。
③ 同上书，第 243 页。

可以超出经济的范围而随心构想。相反，在生产活动中生产主体必须考虑各种要素之间有效的结合方式，以求得最大效率。而要做到这一点，生产活动必须在一定的规则下进行，这个规则的规范化形式就是技术制度体系。同时为确保生产活动之外的其他活动能够有效地进行，并使得每个个体得到他从社会生产中应得到的利益，用来约束和指导人们各种交往活动的社会规范体系就必然地出现了。社会规范体系原本是人们进行生产活动和交往活动的规范化形式，因此人们建构社会规范体系旨在通过建构一个生产活动和交往活动的价值框架，以使这些活动得到秩序保证和意义说明，从而达到活动者所预期的目的。所以，在一定时期内，任何一个规范体系的建立与人们的活动是一致的。在活动和规范之间保持着必要的张力。在这个张力之下。规范对活动保持着较强的容纳能力，提高了较大的可能性空间，在这个限度内活动从规范那里得到的是支持、保证和说明，以及进行自我评价的价值尺度，唯有了这个尺度，活动才获得了规定和意义。西南民族地区社会在规范的产生和形成亦不能脱离一定的社会实践，正是在一定的社会实践中，为了达到一定的实践目的，规范应实践活动的要求而产生，进而形成社会规范化体系。

二　西南民族地区社会规范的类型及作用

社会规范包括法律、道德、宗教规范、习俗、习惯、礼仪、戒规、禁忌等共同的生活准则。规范最初起源于人们在处理一般生活时所形成的各种禁忌、习惯。禁忌可以说是最古老的社会规范，按照弗洛伊德的解释，禁忌，意指"某种含有被限制或禁止而不可触摸等性质的东西之所在。"[①]有人称禁忌是人类最古老的无形法律，它源于原始先民相信一种特殊的神秘力量，经过发展，逐渐成为道德箴言和法律的基础。习惯是原始社会另一种社会规范，英国学者梅因指出："在人类初生时代……法律还没有达到习惯的程度，它只是一种惯行。"[②]在社会成员相互交往过程中，人们对各种习惯彼此模仿，沿用已久，约定成俗，形成惯例。随着人们社会生活日益复杂多样，风俗和各种惯例也日益多样化。在进入阶级社会后，人们的社会关系增加了阶级关系的内涵，因此，仅凭借传统的风俗习惯已经不能调整人们的社会关系，约束人们的行为，于是逐渐产生了法律和其他

---

① ［奥］弗洛伊德：《图腾与禁忌》，杨庸一译，中国民间文艺出版社1986年版，第31页。
② ［英］梅因：《古代法》，沈景一译，商务印书馆1959年版，第5页。

道德、宗教等社会规范。正如恩格斯所说："在社会发展的某个很早的阶段，产生了这样的一种需要：把每天重复着的产品生产、分配和交换用一个共同规则约束起来，借以使个人服从生产和交换的共同条件。这个规则首先表现为习惯，不久便成了法律。"① 另外，各种社会规范的相互联系也为法律等规范的产生提供了方便条件，因为"社会习俗加上道德意义就是道德习俗；道德习俗加上有组织的强化措施就是法律。"② 古往今来，社会规范作为一个重要的规范体系，在维持社会秩序中发挥着自己独特的作用。在我国西南地区，尤其在社会转型时期、法律尚不完备的今天，社会规范在维持社会稳定，规范社会成员行为方面发挥着重要作用。下面重点介绍道德规范和互助合作规范。

（一）道德规范

伦理道德是为社会共享的价值观，也是各民族社会规范的基础，社会中的各种规范都是基于社会共享的伦理道德而形成的，因此一个社会、一个民族的伦理道德既是一种独立的现象，也是社会规范的核心，成文或不成文的社会规范往往就是伦理道德在现实社会中的体现。各民族都有自己的伦理道德，而伦理道德的产生与存在又与不同民族的宗教信仰、历史发展过程以及民族文化传统有直接的关系，为人们所遵守，成为一个民族中人们从思想意识到行为都需要遵守的规范。在不同的民族中，道德有的以文字的形式被固定下来，例如在白族、纳西族、傣族、回族等民族中都通过制定乡规民约、地方封建法规等方式被固定下来，而有的则在社会中为人们所公认，代代相传，对社会的稳定、对人们之间维持一种社会的和谐及人们公认的社会价值起到了积极的作用，是社会运转与和谐稳定的润滑剂。在纳西族中道德伦理体现在社会的方方面面。在家庭伦理道德方面，人们需要共同遵守的是尊老爱幼、团结和睦，家庭中最受尊敬的是长者，无论平时待客或吃饭，长者都是坐在中位，有好吃的先敬长者，在长者面前拒说不礼貌的话，路遇老人要主动让道或者问候，家庭中有纠纷由长者调解，在乡规民约中也有对不敬长者要受处罚的条款。对于小孩则十分注重教育，尤其是劳动和品德的教育；在社会伦理道德方面，人们要遵守社会公德，例如乡规民约规定人们必须热心社会公益事业，家家要捐钱捐

① 《马克思恩格斯选集》第 3 卷，人民出版社 2012 年版，第 260 页。
② ［美］刘易斯·科塞：《社会学导论》，杨心恒译，南开大学出版社 1990 年版，第 85 页。

物、出劳力用于村寨修桥补路、办学等，人们要团结互助，一家有难，众人相帮，哪家有灾难，族人及村中人都要送钱送物，帮助其渡过难关。谁家起房建屋或者婚丧嫁娶，亲戚朋友都要送礼、送肉等，或以劳力相帮；在人际交往中要诚恳待人，同时要知书达理，尽力出钱办学，支持教育；在职业道德方面，农业生产中要提倡互帮互助，每当农忙季节家家户户都要换牛工与人工，不计报酬，自觉多出力，在交换中要以情为重，不管是劳力交换或是商品交换都要对得起良心，讲究信誉，视奸诈为耻辱；在宗教伦理道德方面，要把尊崇祖先作为一种义不容辞的道德标准和宗教伦理，一年中的祭祀以祖先祭祀为多，逢年过节都要祭祀，有的人家一日三餐也要敬献祖宗。在纳西族的东巴教中还有大量的伦理道德规范贯穿于东巴经的故事及其他经文中，乱伦、搬弄是非、偷盗、污染水源等都是人们的伦理规范所不容许的；在政治伦理道德方面，要求人们要以维护祖国统一、忠心报国为最高伦理道德原则；在节日中要体现家人的和谐，春节过年全家人要一起吃饭，同时在过年中还要让妇女休息，表示对妇女一年辛苦的感激和慰问，这一天由男人起来做饭，初二以后夫妻回女方家向女方父母拜年，不忘老人的养育之恩，还要祭三朵神，以表示对三朵作为民族保护神的崇敬。[1]

20世纪50年代以前的景颇族社会中，社会的秩序完全是靠伦理道德来维系的，无论家庭、婚姻、人际关系还是社会行为道德都充满着原始伦理道德风尚，这主要表现在以下方面：一是互相协作的原始伦理道德风尚。人们在生产劳动中要互相帮助、互相协作，如农忙季节谁家砍地等，人们都要去帮助，以此作为自己的一种美德；二是互敬平等的道德观。在日常生活中人们要互相尊敬，见面时要互相递烟递酒，表示友好，在食物分配上无论大人小孩在数量上每人都要分配同等分量的一份，上山打猎获得的猎物也要遵从见者有份、平均分配的原则，土地、森林、牧场等属于村社集体所有，同时也要平均分配；三是要尊老爱幼，在家庭中老人衣食住都得到最大限度的保障，老人得到全社会的尊重，认为学会尊重老人是一个人的美德。尊重老人的同时也盛行着爱幼的风尚，在家庭中幼子的地位比家中兄长的地位高，即便兄长已经分家另立门户，仍然要尊重家中的幼弟。[2] 在道德的基础上，各民族都形成了相同或不同的社会规范，构成

---

① 郭大烈主编：《纳西族文化大观》，云南人民出版社1999年版。
② 刘刚、石锐、王皎：《景颇族文化史》，云南民族出版社2002年版，第183页。

了人们社会行为的约束因子，保证一个社会中人们的行为能够体现并遵循这个社会的道德与社会价值，使之成为在社会生活中显现化了的社会资本因子。

"议榔"是苗族社会中以地缘关系为基础建立起来的村寨组织，其规模大小不等，有一个村寨为一个"议榔"的，也有几个或几十个甚至上百个村寨组成的"议榔"。例如，200多年前的贵州黔东南台江反排寨举行过一次"议榔"，参加的有剑河县所属的十几个寨子，以及台江县属的登交、交密、东江、南宫、交下、巫脚、番召、九摆、红梅等寨。"议榔"的最高权力机构是议榔合款大会，由榔头、款首主持会议，讨论"议榔"内的共同大事，制定款约，选举产生各种执事首领。"议榔所"制定的款约涉及社会生活的各个方面，包括政治、经济、文化等，以维护正常的社会生活。"议榔"的最大特点就是维护财产私有及在财产私有经济形态下所产生的各种道德、行为规范。一般来说，这种道德、行为规范包括以下几个方面的内容：

1. 社会道德规范：尊老爱幼、忠诚、不偷盗、自觉承担公益事务、不占人妻女、严禁同宗共祖者通婚；

2. 禁忌规范：主要以日常生活及农事生产为主，一切以吉利为要；

3. 社会治安规范：不得偷窃别人的家禽、家畜、瓜果，不得乱砍伐寨子的树木、风景树及集体山林；

4. 对外规范：对投敌叛变、里外勾结者，处以死刑；对其他民族讲团结；凡须谈判讲和的，须经过群众讨论决定。

这些经"议榔"制定产生的款约，对于促进当地社会的安定团结，有着积极的作用，虽然"议榔"组织在新中国成立以来逐渐消亡，但"议榔"所产生的这些乡规民约至今仍在苗族村寨中起着自律性的作用。①

布依族丰富的道德规范充分体现在布依族神话故事、道德习俗、乡规民约、节日文化和民间文学中。布依族较为重要的节日有"三月三"、"四月八"、"六月六"、"重阳节"等，而这些节日大多蕴含一些民间传说或纪念某些英雄人物。布依族的民族自豪感就体现在通过节庆活动来纪念本民族的英雄人物上。人们认为这些传说中的英雄人物是理想的化身，用过节来纪念这些英雄，能唤起人们对这些英雄人物的崇拜，从而增强人

---

① 贵州省地方志编纂委员会编：《贵州省志·民族志》，贵州民族出版社2002年版，第65—66页。

们的民族自豪感和民族自信心。又如，在清代嘉庆至咸丰年间，布依族村寨出现了《禁约碑》、《护林碑》、《公议碑》等多种形式的乡规民约碑，把保护山林、环境作为一种社会规范刻在碑上。如黔西南兴义顶效镇绿荫村的《保护山林石碑》（咸丰五年立）载道：

"窃思天地之钟灵，诞生贤哲；山川之毓秀，代产英豪。是以维岳降神。赖此朴械之气所郁结而成也。然山深必因乎水茂；而人杰必赖乎地灵。以此之故，众寨公议，进来因屋后丙山牧放牲畜，草木因之濯濯，掀开石厂，巍石遂成嶙峋，举目四顾，不甚叹息。于是齐聚与岑姓面议，办钱十千，楅与众人，永为世代，于后龙培植树木，禁止开挖，庶几龙脉丰满，人物咸兴。倘有不遵，开山破石罚钱一千二百文，牧牛割柴罚钱六百文。勿谓言之不先矣！"①

这一《保护山林石碑》的内容就充分反映了布依族人高度的社会责任感，把保护生态环境作为行为规范镌刻在石碑上，世代遵循。为使生态不被破坏，他们采取集资的方式，进行封山育林、培植树木、禁止开挖、违者必罚。布依族丰富的伦理道德规范在培养人们的社会责任感、促进人们形成健全的人格与健康的人生观、世界观和道德观方面起着积极的作用。

各个民族中都有不同的社会规范，它体现了一个社会追求的价值，不同的社会规范会形成不同的社会行为特征，从而影响到一个民族的社会价值趋向以及社会行为，对其经济、社会、文化等产生着影响。社会规范的形成有深刻的社会、历史、文化原因，它基于一个社会中的文化价值与社会认同、经济制度、社会历史背景等，要求一个社会中的人们按照共同认可的规范去做，也限制人们的社会行为。如果没有社会规范，一个社会就不能按照某种社会准则运行，那么社会将会出现混乱与社会行为的失衡。社会行为规范在各个民族中都是十分丰富的，它有不同的载体，有可能是形成文字的，被人们称为法规、法律、习惯法等，也有可能是不成文字的，仅仅是在民间为人们代代相传、口口相承，从而成为人们所认同的一种社会准则。社会规范有不同的来源，同时也体现在社会生活的方方面面。一个社会往往要求人们以一种伦理道德去规范自己的行为。如云南各个少数民族中都有尊长爱幼、不偷不杀、不奸不淫等伦理道德规范。在白

---

① 黔西南布依族苗族自治州史志办公室编：《黔西南布依族清代乡规民约碑文选》，册亨县印刷厂1986年版，第59—60页。

族中，就有大量的以乡规民约形式出现的规范人们行为的规则，规定哪些事可以做、应该做，哪些事不可以做、不应该做，对于违反了社会规范的行为如何处罚等。例如明代正德十四年，洱源县旧州村的《洗心泉诚》是白族历史上最早的乡规民约碑，在碑里列举了 16 条做人的道德规范，写明了 49 件不可以做的事，指出了 12 条谋生的门路，是当时社会所提倡的社会规范的一个缩影。提出了人们做人要正直，做父亲要慈爱，为兄长要仁爱，为夫者要有义，为妻者要顺从，为子要孝，为女人要洁，为富要仁，为贫要忍，为长者以身教，为幼者以心学等做人道理。在白族地区的各个村寨也都有相类似的乡规民约，规定了人们在处理人与人之间的关系、个人与集体之间的关系、人与生产劳动、人对待自然环境等方面的关系。这些乡规民约是制度化了的道德规范，规定了社会行为的各个方面。例如各种乡规民约都会规定儿子有善待父母的义务，必须要尊老爱幼，在老人失去劳动力的时候，需要由孩子赡养。在社会合作方面，很多乡规民约也进行了规范，在大理喜州镇的一份撰写于民国二十七年（公元 1938 年）的族谱中就有族中兄弟公约，规定了在个人方面必须要尊法爱公，敬业孝友；在子嗣方面，不能铺张浪费，操办嫁妆，不论贫富，必须从俭，一切铺张都予以禁止，凡是请客无论贫富，最高上限为 30 桌，不得超过，如果超过，每桌要罚 5 升白米。一个家族中如果有家境贫寒者，有特别的事的时候，全家族都要相互赞助，或者由家族的公益金资助，族中有人努力读书或者婚丧无力举办者，应该由公款予以补足，族中有人发生纠纷矛盾，必须申请在族中进行调解，调解不能解决者，可以请求政府予以判决；在管理方面，全家族各家各推一个人共同组成家产约束委员会，凡家族中大小事务以及收支监督处理，通通归委员会管理，无论大小事情都可以发表意见，通过表决半数以上同意则可以实施，这是一些体现于家庭这种血缘关系之上的社会组织中的社会规范。

在西南很多少数民族村寨中往往不仅存在一个家族，因而在村寨中除了宗族内的规范外还有村一级的规范，即村规民约，以此来约束村民的行为，协调村中的相关事务。村规民约高于家族的规矩，是更高层次的规范。在很多民族中，社会规范中规定了人与自然之间的关系，如规定了水源林、风景林等不能乱砍滥伐，甚至不能进入。在基诺族中规定了道路两旁作为护道林的森林不能砍伐，有人走累了在道路旁砍伐树枝作为拐杖都要受到惩罚，此外基诺族也规定了对于水源林不允许进行任何砍伐。在傣族中大片的森林被规定为神林，人们不能在里面砍伐木材，甚至不能砍柴。在藏族、普米族等居住地区，由于当地有大量的高原湖泊存在，因此湖泊在人们心目中是神圣的，湖泊周围的森林不能砍伐，湖泊的水不能受到污染。很多民族的村规民约都规定了村民与村寨、村民与村民之间的关系。景颇族是一个过去没有文字的民族，但是在社会中存在着人们认同并共同遵守的社会规范。在生产方面，规定了每年在春耕播种之前全村寨的人们必须集体祭神，否则不允许砍山地、烧山地等，外寨人来找本寨人借种土地，必须要交一篓谷子来祭献神灵；村中有人迁出、迁入时，首先要征得双方的村寨头人的同意，迁入者要给接收村寨的头人送一小桶米酒，迁出者要象征性地拔掉自己拴牛的木桩，表示与原来的村寨脱离关系；在婚姻方面，规定同姓，即同家族的人不准恋爱，更不准结婚，违者甚至要处以死刑。表兄妹不能结婚，妹妹不能在姐姐前出嫁，丈夫死后不能嫁给其他家族，以及规定娶亲嫁女双方所要的彩礼的品种、数量等；在处罚方面，对于偷盗者规定了要进行较重的处罚，如偷一头牛要赔四头。这些社会规范在维持西南民族地区正常社会生活与社会秩序方面发挥着重要的作用。

（二）互助合作规范

在西南民族地区各少数民族的传统社会中都存在着社会协作与互助制度。在一个村寨或多村寨为单位的社区中，人们互相协作、共同协调生产以及很多社会事务，在社会生活中互相帮助，共同达到生存的目标是各民族传统文化中不可分割的部分，也是一种非常重要的社会资本构成，它对于各个民族长期的存在与发展曾经起到过积极的作用，成为一种公认的社会美德。在很多民族的社区中传统的生产生活往往都是集体性的，在传统的组织机制下共同去完成，例如在很多山区民族中，土地的开垦并非由个体家庭完成，而是由村寨为单位集体完成，同样，土地也不是家庭私有的，而是村寨公有。在村社制度之下的基诺族、西双版纳哈尼族、布朗族等民族中，人们以村社为单位共同占有土地，村寨中共同协调土地的使用，土地的开耕与利用都是以集体为单位首先进行，然后再分配到家庭中耕种，在这个过程中人们显现出强烈的协作精神。在传统的村社中，个人及一个家庭的很多事务往往都是具有集体特征的，一家有难、百家帮忙，这样非常典型地反映在各个民族的社会生活中。例如在基诺族、彝族、哈尼族、普米族、德昂族、景颇族等民族中，一个家庭盖建房屋，全村人都会主动在建房期间放下自己家的农活前来帮忙。一个家庭如果有人生病，人们都会主动前来守候，村中有人过世，全村都会共同出人出力来帮忙办理丧事。婚礼更是一个村寨中人们共同期待、分享的大事，一个家庭的婚礼往往给一个村寨带来数日的欢乐，不论是哪家的婚事，全村都会集体参与，互相帮助，分享快乐，因此村民的婚礼更典型地表现为一个村寨的节日。

在生产劳动中的协作与互助也反映了这种社会资本的积极意义。在很多民族中生产劳动往往都是以换工的方式进行的，在傣族、基诺族、普米族、拉祜族、景颇族等民族中，在生产劳动中一个村寨的人们互相换工，今天我帮你，明天你帮我，也可能将这些工记录下来以后，今天你欠我几个工，明天或者将来有机会的时候我还你几个工。在这个互助体制之下，人们不用担心自己缺少劳动力，尤其是在生产季节、时令紧急的情况下这种换工有效地解决了一些家庭中缺少劳动力的问题。换工这种社会互助制度一直延续到今天，在今天西双版纳地区种植橡胶的过程中人们也是通过换工来完成的，而在德宏一带傣族、景颇族中大量种植的甘蔗从种植到收获的过程中，人们全都通过换工的方式来完成，有效解决了村寨中一些家庭劳动力不足的问题。在傣族中今天有很多家庭由于青年人外出打工，遇到生产时节，尤其是种植水稻的插秧时节，由于时令的限制，插秧必须在几天之内完成，很多家庭中劳动力分配不均，因此换工成为人们解决这个问题的重要途径。在村社中不同的互助组织互相之间开展帮助工作，人们往往组成一泞司、组，互相之间帮助插秧，通过这种集体劳作，在时令的限制中有效地完成工作。在纳西族中社会互助十分的突出，一家有难，众人帮忙，一个村寨中的哪一个家庭有人结婚或者有人办丧事、盖建房屋等，村子里的村民都会来帮忙，送礼、送肉、送糖、送茶并以劳动力相帮，出工、出力，把别家的大事情看作是自己的事。

佤族生产过程中的伙种与换工是显示社会生产中合作关系最典型的例子。伙种是西盟佤族中普遍存在的一种生产组织形式，人们在生产中往往二户、多户甚至十几户人家共同合伙耕种一块土地，平均分配收成，这种经济关系在20世纪50年代已经十分普遍，大部分的佤族家庭都参与到合伙耕种中去。合伙耕种一是有的人家有土地，但是没有劳动力；二是有的人家劳动力富余，但是并没有土地或者土地不够；再一方面就是朋友、亲戚之间互相帮助，大家合伙种地体现出人们之间和谐的伙伴关系。在土地的伙种中，出土地的一方与其他人合种，种植的过程中双方平均出工，但是在分配收成的时候，一般都是平均分配；无论土地为谁所有，都不会计报酬，仅仅是如果种子为一方所出，那么在收成的时候将种子扣除归还给出种子的一方，然后剩余的谷物平均分配。有的人家有土地，但是没有种子，而有的人家有种子没有土地就和其他人家合伙一起耕种。20世纪50年代初的调查显示，无论是水田还是旱地，合伙耕种都占了土地的大部分，也就是说大部分的人家都参与到了不同形式的合伙耕种中，合伙人有亲戚朋友，也有非亲非故的同村人，有的出地、有的出力、有的出籽种，在收获以后平均分配收成。在一些地方合伙户甚至多达二十多户，由于有了合伙耕种，人们也有力量去开垦一些村寨公有的荒地，通过合伙的关系提高了生产的效益。民族学家罗之基1957年在阿伍山几个村寨所做的调查文稿中，具体描写了合伙耕种的10种情况：

（1）一方出土地，双方平均出劳动力和籽种，收获平分，这种情况最多，有十三起占总批数的43%。

（2）土属双方平均出籽种和劳力，收获平分。

（3）一方出土地、另一方出籽种，双方出劳动，收获扣除籽种归出者后平分。

（4）一方出土地和籽种，另一方砍地、烧地和种地，其他劳动双方平均出，收获平分。

（5）一方出土地，籽种和出2/3的劳动，另一方出1/3的劳动，收获时前者得2/3，后者得1/3。

（6）土地属双方，一方出籽种和砍地、烧地、种地、收割，另一方只参加中耕除草劳动，收获时前者得2/3，后者得1/3。

（7）一方出土地和籽种，另一方出劳动，收获时前者得1/3，后者得2/3。

（8）土地属双方，一方出籽种和生产时的口粮，另一方出劳动，收获平分。

（9）一方出土地和劳动，另一方出籽种和生产时的口粮，收获平分。

（10）一方出土地，另一方砍地、烧地、种地，籽种和其他劳动双方平均出，收获平均分配。

以上这10种生产劳动中的合作关系覆盖了人们在生产劳动中可能出现的需求与不足，使人们在生产劳动中的各种需要都得到了有效的协调，因此罗之基认为，合伙种地关系有以下基本的特点：双方平均出籽种和劳动力，不计劳动的强弱，共同生产，生产产品平均分配，土地不管为谁所有，不计报酬，可以认为是在个体耕作的条件下，从原始耕作演变下来的一种协作形式，它是随着集体经济的产生而产生，又是具于生产力水平低下和个体生产较弱而需要某种协作而组成的，因此伙种还保留着原始平等和互助的某些性质。①

事实上，佤族的这种平均主义下的协作方式不仅仅与生产力低下有关系，而且它作为一种生产组织制度以及组织规范，更体现了社会的一种价值观，而这种协作制度满足了人们在生产中的不同的需要，取长补短，使生产能够得到协调，提高了生产的效率，调和了人们在生产中因为各种原因而产生的不平衡与矛盾。在伙种的同时，佤族中还普遍存在着换工的制度，换工的基本形式有三种：一是亲友间以家庭为单位互相换工，这一般由二家到三家组成，不计各家耕地面积大小和劳动的强弱，今年种你的，明年种他的，谁家需要就先种谁家的，这种换工由于是以家庭为单位，人数较多，被称为换大工；第二种是人工换人工，即以人数计算，但不计劳动力的强弱；三是人工换牛工，这主要是使用了哪一家的牛，然后用人工去还。通过伙种和换工，在佤族中这种经济制度解决了人们的生产资源及劳动力之间的不平衡。这种传统一直延续到今天，仍然在佤族的很多地方存在着。上面我们列举了一些生产中的合作规范，事实上在社会生活中也大量存在着社会互助与合作的因子。

在过去的丽江坝区，由于教育发展比较早，人们以支持教育为美德，为了供养学生上学，往往以多个村子或者一个村子设立学校。为了解决学生的生活困难，各个村寨还设有学田，村子各家各户出资或从公有的土地中调剂出一块专门的田地，然后将这些田地出租出去，所得的收入用于学校的开支以及资助学生读书等。在有的地方，村中还有公有的水磨房，收入用于供养家族中的孩子上学，这一切也体现了村寨集体协作、互助以解决村寨一些共同的困难的风尚。

在白族中家族制度较为发达，往往以家族为基础，互帮互助，家族中的一个家庭有困难，如婚丧嫁娶、建房，在外面有了麻烦以及子女就学，家族之间都会互助，而家族内也设有一定的集体经济作为互助的基础。在

---

① 罗之基：《佤族社会历史与文化》，中央民族大学出版社1994年版。

20世纪50年代一些地区封建经济已经有了一定的发展，如纳西族、白族甚至普米族等民族中，换工要有明确的记工及借工、还工，而结婚、丧事等红白喜事、建房的过程中人们要送钱、送礼、送工，这一切也会被记录下来，在将来对方有困难的时候，主人方也要还以相应的份额，但是这一切仍然是社会中互助的一种重要的表现形式，作为传统互助的延续，仍然发挥着重要的功能。

在丽江纳西族中流行着一种民间的信贷性组织——化賨。这种组织形成于一些同学、同事、好友之间，可以是十余人，也可能是数十人组织成一个化賨的组织。化賨即组成一个化賨组织的成员每月每个人出一定数额的钱，称为聚钱，而这些钱每月由一个人收取，称为接賨。这样，在这个组织内的每一个成员都有机会获得一次賨钱，接费的人可以集中一笔钱来做成一件大事，如建房、购置生产用具等。接賨要轮流，但是如果有的成员家中有建房、孩子读书、红白喜事等，也可以协商提前由急需钱的成员提前接賨，如果有特别的困难，人们甚至会竭力帮助、无偿支援，帮助其渡过难关。这种信贷关系解决了人们的困难，体现了人们之间的互助。化賨同时也是一种社会网络关系，并具有促进人们联系的功能。在化賨的组织中，人们不仅仅在经济上是一种互助关系，而且在人们之间也有种种超越经济关系的互助，如哪家有事需要办，有什么非经济的困难，甚至提亲、照顾病人，人们也会相互帮助，体现出人们之间的友情。在接賨之日，人们会相聚在受賨者的家中一起玩乐，而受费者要准备好各种小吃及酒席招待大家，人们借此机会谈天说地、打牌玩乐，痛痛快快玩乐一天。化賨组织也增进了人们之间的感情与交流。

在我国56个民族的文化与习俗当中，恐怕要数布依族立房过程和立房上梁歌最讲究，最奇特，也是最能体现布依民族团结互助的了。在贵州惠水、长顺一带，古老的布依族房屋属于干栏式木质建筑，一般是七柱六瓜居多，一楼一底，底层设牲畜圈舍，农具保管室，安放石碓石磨，堆放草料杂物，第二层住人，设卧室、客房、织绣房、厨房，中间为正堂，两头为火堂（布依语称"然文"），正堂大门一般退到二柱，两扇大门处宽1.4米，大门外圆柱至二柱设墩（柱墩，圆形，一般用大理石做成），有的设腰阁作为安全设施，一般从平地修石梯直上墩口进入大阁，石梯雕有花草虫鱼图案，有的在四周设有"走马转角楼"，便于晾晒谷物或者休息。在惠水、长顺地区的布依村寨仍保留着不少传统的干栏式建筑，这种建筑宽敞舒适，通风干燥，冬暖夏凉，还可以免遭猛兽侵害，充分体现了布依族干栏式建筑文化风格。[①]

如今布依族房屋建筑采用民族大融合，你中有我，我中有你，已经有了很大改变。但奠基，动土，上梁，安门，贺新房都要进行祭祀活动，如敬山神，敬鲁班，敬吉神，扫凶神等习俗仍流传于布依群众生活中。

动土之前，要先敬土地老爷，石匠一手抱雄鸡，一手拿角尺念道：

主家奠基够朋友，鸡鸭鱼肉样样有。

七碟八碗堆满桌，还有香烛和美酒。

动土先敬土地神，保佑脚快手又轻。

主家发财又发富，仓满粮食库满银。

立房的时候，木匠在堂屋中间摆上一张四方桌，准备雨伞一把，席子一床，公鸡一只，猪肉一块，香蜡纸烛，尺子墨斗，斧头凿子，锯子推刨全部供奉在桌上，木匠师傅拿一把木响锤打柱子一下念一句：

锤声一响震四方，三亲六戚来帮忙。

鲁班先师法术大，吉日吉时要上梁。

这时由外家抬来大梁，木匠师傅用锯子锯开大梁一个小口，主人跪在地上用围腰接木屑，木匠师傅又念道：

此梁请听我来言，我是天上老神仙。

今日吉时来上梁，主家发财万万年。

在包梁时用五谷茶叶一份，当年黄历一本，毛笔两支，宝墨两锭，五色布，银圆或铜圆一个钉在梁中心，然后用红布呈菱形四角钉在梁上，并念道：

一段红布长又长，鲁班弟子来缠梁。

左边缠出龙出海，右边缠出凤朝阳。

梁头缠出武举人，梁尾缠出状元郎。

自从今日缠过后，幸福日子万年长。

缠好梁后，主家拿一把糯米递给木匠师傅，木匠师傅一手抱公鸡一手拿斧头念道：

此鸡不是非凡鸡，天上神仙下凡尘。

别人拿他无用处，我拿它做上梁鸡。

---

① 贵州省地方志编纂委员会编：《贵州省志·民族志》，贵州民族出版社 2002 年版，第 213—216 页。

邪魔鬼怪躲四方，我今吉日上大梁。

自从今日上梁后，主家大吉百世昌。

于是用斧子敲梁一下，大喊一声，起！站在柱头上的人猛力往上拉绳子，那头先落榫，大家就为他喝彩。撒梁粑时，热闹的场面更是盛况空前，木匠师傅披红挂绿，踏着楼梯一步步登高念道：

脚踏楼梯步步高，主家请我把粑抛。

自从今日撒过后，主家发财乐逍遥。

这时主家又跪在地上接金银，木匠师傅先抛下一个大糍粑念道：

我今赐你一锭金，荣华富贵快来临。

我今赐你一锭银，主家升官坐朝廷。

然后又撒小糍粑以及硬币，又念道：

一撒东，儿子儿孙坐朝中；

二撒南，儿子儿孙中状元；

三撒西，儿子儿孙穿朝衿；

四撒北，儿子儿孙有大钱。

前来帮忙村民和来贺新房的客人纷纷争抢木匠和助手从房屋顶上撒下来的小糍粑，场面热闹非凡。撒过梁粑后，一桌桌摆满美味佳肴的酒席就要开始了，一些客人对布依族人人爱唱歌的习俗不甚了解，便向酒席上做客的姑娘们请教，那些漂亮如花的布依姑娘们含笑用歌回答道：

白鹤不是雪染白，乌鸦不是墨染黑。

布依儿女爱山歌，从古至今丢不得。

刺藜遍地不是栽，自然生存自然开。

布依儿女爱唱歌，山歌随口唱出来。

于是，一场拉锯似的布依山歌对唱便拉开了序幕。

布依民族建造房屋，从奠基、动土到最后的房屋装修，都是在全村人的帮助下完成的，这一过程持续时间不定，少则十天半月，多则一两个月，建新房的整个过程，在布依族村寨里都充满喜庆与互助的气氛。

社会互助的基础是协作，正是有了人们之间良好的互相关系，才使得互助能够有成效，而集体的协作是互助的基础，在西南各民族中，都典型地表现出了广泛而有效的协作，由于有了集体的协作制度，人们才能够以集体的方式去解决大量的社会事务，协调社会关系，以实现社会共同的目标。社会互助制度的存在有利于一个民族、一个地区人们生存和发展的需要，不仅在一个民族遇到战争或者自然灾害、需要集体进行迁徙等重大事件过程中发挥着作用，而且在日常生活中也解决了人们的生存及生活中的实际困难，使每一个生活在这个社会中的人在有困难的时候不会显得孤独无助，有一种社会的力量保障自己基本生存的需要，在这个基础上还能够协调一个社区的人们乃至一个民族共同去创造集体的发展和繁荣，共同实现集体的目标。

在西南各民族的传统社会资本中，协调公共事务，化解社会矛盾是重要的内容。在西南民族历史上，尽管也有不同时代的行政组织与管理体系，但各民族同时也有自己的组织与管理体系进行着社会的管理，协调公共事务与化解社会矛盾，解决社会问题等都有自己传统的方式与机制。这种传统的机制有可能是村社的长老会、家族、宗教组织等，也可能由一些德高望重的老人来执行。在云南南方村社制度盛行的基诺族、佤族、布朗族、瑶族、苗族等少数民族中，每个村社都有自己的长老会组织负责协调村社的公共事务，如分配耕地、水等生产资源，协调对自然资源的管理，组织人们修路、修筑与管理水渠，协调村社的宗教事务、对外交往事务等。同时很多民族的村社中都设有调解民族间纠纷、化解矛盾、教育青年、为结婚者证婚的调解人员，在一些民族中调解员是世袭的。拉祜族的长老制度称为"卡些制度"，"卡些"即村社长老的意思。卡些由村社中的成员民主选举产生，在村社中一些年长或能力较强的人都可以被选为卡些，在任期间视其能力而定，可以连任。卡些的职能是带领村民从事农业生产，安排集体的采集、狩猎等，在过去有军事行动时还要负责安排军事活动。在社会事务中，还要负责调解村寨内部可能出现的种种纠纷，安排村民的建寨、建房、修路等事务，维持正常的社会、生产、生活秩序。在社会生活中，如有村民偷盗、虐待老人、乱伦、土地纠纷、牲口破坏他人庄稼、夫妻之间产生矛盾、邻里纠纷、酗酒闹事等事务都要由卡些出面解决。谁家盖新房或有人生病、有红白喜事等，卡些也要出面协调给予村民帮助，有结婚或离婚的，卡些还要当证人。对外则要代表村寨处理好与其他民族、村寨的关系，尤其是当村寨之间发生经济及社会纠纷时要代表村寨进行调解。在过去村寨之间常有因为土地等引起的纠纷，但在卡些的主持下，一般都能较顺利地解决。在目前，卡些仍然发挥着传统的作用，在很多地区，出现种种矛盾时，首选由卡些出面调解并决定处理的方式，然后上报村民委员会。只有出现触犯国家法律的事才由有关部门出面依法处理。使传统的"卡些制度"成为社会管理的重要辅助力量。

在西双版纳傣族中，由于传统的村社的特点形成了村社在事务上的一致性的特点，自主管理与协调公共事务的机制是西双版纳傣族社会资本的又一重要构成因子，在今天仍然产生着影响。在过去，村社事务的管理有较大的民主性，凡是村寨中较大的事务如分配田地、处理土地纠纷、修路、修理水渠、每年的种种宗教祭祀活动、村寨的搬迁等都必须由全村各家的代表与村寨长老们共同决定，因此在傣族村寨中常常要召开村民的协商大会来讨论种种公共事务。在传统的村社生活中，公共事务量是较大的，人们对于村社的依附性也由此体现出来。由于村社的特性，决定了村社生活中很多事务的集体性，而由民主协商决定下来的事务也能顺利地由村民全面配合实施。今天，傣族农村虽然实行了土地联产承包责任制，但是村中的事务相对其他一些民族及地区在包产到户后出现的集体管理弱化、公共事务难以安排的情况，在傣族农村中仍然比较容易处理。村社的集体事务如修路、建寺庙与安排节日宗教活动、重要的生产活动等都是以村社为单位进行的，每个家庭出劳动力。对于公共事务，每个家庭至今仍然在认真地履行它的职责，并没有哪个家庭因为今天进入了家庭联产承包责任制而不履行。以大勐龙镇曼飞龙村为例：在协调宗教事务上，每一个村社都有自己独立的宗教事务，不仅反映在每一个村社都有自己的寺庙及佛塔，而且村社的宗教事务也是独立安排的。今天整个村寨的宗教活动由村民参加村民委员会讨论集体决定，如什么时候过宗教节日、举行宗教活动等。在佛教的节日时间，佛教的各种祭祀活动的议程、寺庙的建设维修以及升佛爷、送孩子进寺庙等，这些宗教事务都是以一个村子为单位统一进行的，但内容及时间与其他村子都会有所区别。不同的村寨举行祭寺庙和佛塔的盛大的宗教活动时间与内容往往都由村子自行安排。1996 年由村民委员会决定，在曼飞龙白塔旁建造了一座 8 米高的大佛像，2002 年村里决定重新修建寺庙，将已经有数百年历史的寺庙拆除之后翻新重建，村里经过集体讨论决定，每家自愿捐献各种钱物，共花费 40 多万元重新修建了寺庙。曼飞龙佛塔远近闻名，每年 11 月祭佛塔的时候都能吸引远近成千上万的人来到这里，整个祭祀的议程以及活动都是由曼飞龙村自己安排的。2002 年村里决定投资 14 万元人民币将村里所有的主要道路修成了水泥路面，大大地改善了村里的卫生和景观，方便了人们的生活。这一切都显示了村社对于社会的控制以及所发挥的积极作用。在生产上，曼飞龙村所体现出来的村社一致性特点更为突出，在20世纪70年代其他村子都不愿意在农田里使用肥料，但是曼飞龙村一经动员全村就积极使用肥料，粮食获得了很大的增产。在稻种的使用上，其他村子推广新的品种不能为村民们所接受，但是在曼飞龙村只要村社决定推广新品种，那么村民们就会很快地进行种植。自70年代末以来，曼飞龙村大量种植橡胶，也是以一个村子为整体共同进行开发的，然后再分到家庭，甚至一个村不惜将已被列入保护范围的森林砍伐掉来进行橡胶的种植，这虽然是一个反面的例子，但也可以看出村社对于公共事务的协调能力。村社的协调机制也反映在对村社社会事务的调解与控制上。在傣族的传统社会中，每一个村寨都有一名世袭的调解员，他负责村子里各种冲突和矛盾的调解，如夫妻之间的争吵、离婚以及村民之间各种经济、土地的纠纷等，使各种矛盾在村子中就可以得到调解。同时调解员还担负着结婚、离婚证明人等角色，每当有人结婚的时候，他必须要到场以证明婚姻的成立，同时对结婚的当事人进行维护村寨利益、维护传统道德、尊老爱幼等方面的教育；在有人要离婚的时候，他也要证明双方的离婚有效或者进行调解。协调公共事务的传统机制在各个民族中都存在，是一个民族自己协调社会事务、化解社会矛盾，实现社会控制的传统方式。在过去与今天，这些机制往往都是与政府的管理机制及国家的法律、法规同时存在的，并且往往是现有的行政性管理机制所不能取代的。

　　总之，社会规范的各种形式是客观存在着的，它们之间并不是相互排斥，而是相互补充的，对社会秩序起着相同性质的作用。只不过各种形式的规范所作用的范围与力度是不一样的。各种社会规范形式之间在对人的行为控制上不是一种机械的结合，而是相互联系的展开过程。今天，在我国构建社会主义和谐社会进程中，社会规范的各种形式对社会秩序的治理也起着相同性质的作用。但是，这种治理是一个复杂的过程。因为，传统文明和环境构成的行为规范确定着人们的行为和期待；社会的进步和文明又不断推出与旧模式背道而驰的人类行为准则，旧的规范构架被冲破；新的规范体系尚未建立，或正在建立的过程中，或建立起来的规范彼此相互冲突，使社会缺少一个适时的统一又明确的社会行为准则和评判标准。在新旧规范的矛盾和冲突中，政府与社会应该明智地根据社会发展的方向和现实的可能，不断地推进社会规范的建设与构建，也就是说，以科学的态度扬弃旧的规范，创造新的适时的社会规范，并采取措施，使规范得以落实。这样，才能既维持社会的安定，促进社会的进步，又保证社会成员能够跟上前进的步伐。

第三节　民族地区社会网络与民族精神

一　社会网络

很多民族在历史上的组织制度和组织网络有较大的特殊性。在此，我们只涉及各民族在历史上自身所形成的组织制度以及组织网络，即社会控制、社会组织等制度与网络，而非国家行政权力所形成的社会组织制度与经济网络，如县、乡、村的设置以及土司头人的设置。

我们首先来考察一些少数民族历史上传统的社会组织网络关系。在傣族的传统社会中，社会组织制度是由多个村寨组成一个封建行政管理区"勐"，再由多个勐组成一个地方封建国，最终组成傣族的封建"王国"，历史上如西双版纳的景龙金殿国是一个地方封建王国，在景龙金殿国下由其皇亲国戚以及相关派出的官员组成不同的行政区域"版纳"（原意为一千块田），在版纳内又存在不同的勐，勐下面由多个村社所构成。历史上西双版纳景龙金殿国的控制范围包括了今天的越南西北部的一些地区、老挝北部、缅甸东北部的掸邦的部分地区，并且与泰国北部的地方政权有着政治、经济以及亲属关系，这一切社会的网络关系都是以勐制度为基础的，勐作为一种更大范围的基层社会组织网络中的重要环节，是傣族社会网络的重要组成部分。一个勐有首领、勐神以及勐的封建法规，在过去每年还要对勐神进行统一的祭祀。勐下面由不同数量的村寨组成。勐制度是傣族历史上重要的社会制度，是其迁徙到不同地区定居下来并得以发展壮大的重要制度保障。在历史上傣民族的先民经历了长期、广泛的地域迁徙，在迁徙到不同的地域之后，人们首先就要建立勐，由不同的村寨组成勐并选举自己的头人，再由勐形成一个个社会群落集团，以此在当地扎根下去，勐具有与传统村社制度中相同的政治、经济、组织、祭祀、军事制度，它既是一个经济单位、社会组织单位，也是一个军事动员单位。一个勐还有勐神作为其象征与灵魂。由于傣族在历史上的迁徙是以建立勐、不断复制勐的文化为特点的，因此勐这种网络关系随着傣族的迁徙不断在扩大，勐与勐之间有政治、经济、军事上的联系，从而组成了一个跨越广大地域的社会组织网络，这种社会组织网络由于历史的迁移，跨越了越南、老挝、泰国、缅甸、印度等国的广大地区，组织网络内的人们同时又保持着政治、经济、社会、文化、军事上的关系，从而强化了这种社会网络的功能。此外苗族、瑶族等民族也是在历史上发生了广泛而长期迁移的民族，这些民族从中国迁移到东南亚广大的地区，进入了缅甸、老挝、泰国、越南等国家，在这个过程中扩大了这些民族的社会联系网络。这些民族在迁徙之后通过文化的记忆、认同以及社会关系与来源地有着各种各样的关系，产生着种种的联系，从而形成了一个广泛而巨大的社会网络，这种社会网络在云南少数民族中是一个非常独特的现象。很多民族发源于云南，而向东南亚、南亚地区迁移，随着迁移面的扩大而形成一个跨国社会网络，这种社会网络不仅在历史上对这些民族产生了重要影响，而且在今天仍然产生着重要的作用，基于这种社会网络关系，人们在经济、社会、文化等方面能够产生较多的交流。应该指出的是这种巨大的跨国社会网络关系，在西南哈尼族、傣族、瑶族、苗族、布朗族、景颇族、傈僳族、佤族等15个跨境民族中都存在。

以上从宏观的角度审视了一些民族传统的甚至是跨国的社会网络。与此同时，各民族中也存在小范围的社会网络关系，这种社会网络往往并不是家庭或者个人的，在传统社会中仍然是以村寨为基础而形成的。一些村社由于是同一个民族，因此组成了在一个地域中同类民族村社的网络，例如在基诺山区，20世纪50年代共有21个村寨，这些村寨各有相应的社会、经济、文化方面的特征以及一定独立性，与基诺族同时杂居于这一地区的还有彝族、空格人等，但是基诺族与基诺族的村寨之间拥有相互的联系，这种联系除了经济、政治等方面，更重要的是由民族共同的族属与认同所联系起来的，人们认同自己属同一个民族，因此拥有共同的文化，从而形成了人们在过年过节等社会交往及通婚、经济等方面的联系。虽然各个民族杂居在一个地区，但是基诺族在历史上不与其他民族通婚，而仅仅是在本民族内通婚，甚至在过去大多数情况下，村寨与村寨之间并不通婚。村寨间的网络关系是以民族认同为基础的，在平日虽然村寨之间的经济、政治等交往并不频繁，但是在一些特殊的背景下，就可能显现了村寨之间同一种民族认同的动员与控制力。例如，1942年基诺山区发生反抗国民党及地方政府苛捐杂税压迫的起义，在起义领导人的动员之下，整个山区的基诺族揭竿而起，团结成一个武装联盟，以武力对抗地方政府的压迫与军事进攻。在平日的社会生活中，不同的基诺族村寨在过年、过节都会相互走访，也有一部分村寨有联姻的关系。在掸族中过去也存在着几个或几十个村寨构成的部落，以及由多个部落所构成的部落联盟，部落低语称为"格洛"，由多个小村寨构成一个大的村寨，小村寨与大村寨之间有的有血缘关系，有的没有血缘关系，而是由于政治上的需要所构成的。部落集团中最大的是班洪部落。1958 年前后，班洪部落由 17 个大寨组成，下面又有 77 个小村寨，共 1500 余户，8000 余人，这是一种由村寨而构成的广泛的社会网络。在这种社会网络之上，还有更大的组织，那就是与傣族相同的勐，这些勐相当于当地的地方"王国"，传说曾经在历史上曾多次受到皇帝的册封，而中央政权也在这些地区勐的基础上设立了不同的土司进行管理。掸族社会中的这种社会组织制度以及组织结构同时也形成了一个以村寨为基础层层扩大的社会网络，以及人们之间在这种网络基础上形成的政治、经济、军事、文化等关系，尤其是在历史上，这种社会网络的军事功能非常强大，在发生战争的时候，这种社会组织制度与组织网络能够迅速地进行军事动员，对抗外敌的入侵。

　　除了一个民族的社会网络外，在个人之间也存在着各种网络关系。在云南各少数民族中普遍存在着和其他民族以及其他地区的人交朋友的习俗，这种习俗是一种重要的社会关系网，对于这些民族的经济、社会交流起到过重要的作用。从南部西双版纳的傣族、基诺族、哈尼族一直到北部的普米族、白族、汉族、纳西族、傈僳族、彝族等民族中都普遍存在。这其中一个特别的地方是，这不是一般性地交几个朋友，这些朋友一旦交上，就会结为一种牢固的关系，一旦形成这种相应的固定关系，人们在日常工作中要互相帮忙，有困难的时候互相帮助，而在节日里要互相走访，婚丧嫁娶也要来往、互助。在西双版纳地区，这种朋友关系被称为"老根"。"老根"一般是男对男、女对女，往往是年龄基本相当、情趣投合，结成"老根"关系之后就会在过年过节、红白喜事等过程中互相来往，而在这其中不仅扩大了人们的社会交往关系，而且也扩大了经济交往关系，今天的"老根"彼此介绍经营信息，有助于推销产品，共同发展经营。在北部的普米族、汉族、纳西族等民族中，很多是通过固定的朋友互相推销、介绍销售的渠道或者是交换。居住在坝区的人们需要毛皮，就会准备一些本地的特产上山去与自己的朋友进行交换，而在平日的生活中又是一种互助的关系，人们甚至结为雇佣关系、干亲关系或者直接成了亲家。固定朋友是一种重要的社会网络，不论在过去还是今天，固定朋友越多的人，社会关系网络越大，获得社会经济交往上的好处越多，一个人能否打得开天下，就看他有多少固定朋友，有的人的固定朋友甚至跨越地州，远在数百里之外，时至今日，很多民族中的人们仍然有不同地方、不同民族的固定朋友关系。在西双版纳的傣族中，人们不仅与过去的基诺族、哈尼族等结有"老根"关系，20世纪60年代以后随着大量的汉族进入西双版纳地区，傣族人还有了不少在农场工作的汉族"老根"，这些"老根"之间过年过节互相走访，有困难互相帮助，既是朋友也是一种社会资源。

除了社会网络外，经济网络对于各民族的生存来说也是十分重要的。在云南的一些少数民族中，自古以来就有着经商的传统，商品经济观念及经商的活动形成了强大的商业网络。经商的传统也造就了与之相关的各种社会规范、经济行为、制度乃至信誉、社会凝聚力等，对一些少数民族的生存与社会发展产生了重要的影响。但是云南商品经济的意识及经商的传统并不是每一个少数民族中都存在的，而仅存在于一些民族中，因此这一种社会资本在云南少数民族中是不平衡的。

在西南的少数民族中，历史上有较强的经商意识并且建立了较大的商业网络的民族主要集中在回族、白族、纳西族、彝族、藏族等民族中，其中又以回族最为典型。回族在元代以后大量随军进入云南，在云南驻守城镇及交通等条件较方便的地方，形成大大小小的定居点，而回族在进入云南以前已经是一个有经商传统的民族，他们眼界开阔、有丰富的经商经验，因此在进入云南以后也把经商的经验和传统带入了云南，这可以视为一种社会网络的延伸。早期回族在云南的经商仅限于开一些打制工具的作坊以及饭店等，而随后由于云南地理条件的优势，大批的回族开始做贸易经营，他们利用马帮将云南的茶叶、皮毛、药材等土特产长途驮运到昆明及内地的上海、广东、重庆、成都等地，对境外则将马帮贸易做到了缅甸、老挝、泰国、越南等国家。到了清代初期、中期，云南各地回族都已经普遍兴起了马帮贸易，马帮贸易遍布中国很多城市及东南亚大多数的国家，开辟了从大理、保山、腾冲到缅甸以及从滇东的建水、蒙自、沙甸到景洪，进入缅甸、丰沙里、泰国以及从西双版纳进入老挝，从丰沙里再到泰国清迈的贸易，在滇南开通了思茅、西双版纳进入缅甸、老挝、泰国的路线。在内地则开通了从大理到昆明、重庆、成都甚至远至上海、广东、香港等地的路线，在这些贸易点上，很多马帮商号都设有分号，到清中期兴盛一时。马帮贸易一直到民国年间仍然非常兴盛，出现了一大批巨商，例如清代中期的回族巨商马明槐，他当时拥有 13 家大商铺，在缅甸的瓦城、仰光，四川的成都，省内的昆明、保山等地都有商号，除了经营马帮，还经营石磺厂、铜厂、丝绸厂、染织厂、织布厂等，拥有数百匹马，11 个马帮。到了清末及民国年间，马帮贸易已经成为回族重要的谋生手段之一，在很多地方出现了村村寨寨都有人做贸易、走马帮的现象，凤庆县云盘镇的回族人解放前也有 70% 的人到缅甸做贸易谋生。在巍山的回族人一半以上在解放前都是赶马帮到缅、泰做贸易的，他们驮药材、石黄、土布等商品到缅甸、泰国销售，购回棉纱、煤油等，解放前全县的马帮共有 150 多个，其中回族经营的大马帮 100 多个，拥有驮马 5000 多匹。

　　贵州回族主要分布在毕节地区、黔西南布依族苗族自治州、安顺地区、六盘水市、贵阳市、黔南布依族苗族自治州、遵义地区、铜仁地区及黔东南苗族自治州。几乎县县都有回民，其中尤以威宁彝族回族苗族自治县最多。其次是兴仁县、平坝县。贵州回族部分在贵州省的西部，西南部及中部的贵阳市次之，东部、南部及北部又次之。形成"大分散、小集中"的居住特点。贵州回族大多居住在农村，约占回族总人口的 80%，主要是从事农业生产。在地处山区的威宁彝族回族苗族自治县，有的居住在高达海拔 2500 米，称为"凉山之地"，土壤瘠薄，只能种荞子、马铃薯、燕麦为主，也有的住在"半凉山"区，生活同样十分困难。居其他地方者，因气候比较温和，物产较丰富，生活较好。但仍是山多田少。居城镇者，为数不多，约占回族总人口的 20%，且为生活方便，多围绕着清真寺而居，大多数经商，卖小百货，或开牛、羊肉馆，或宰牛、羊卖，或摆小饮食摊，或织土布、制革等。在长期的经商过程中，不仅使得回族人民逐渐脱贫致富，也使得回族人民建立起了广泛的社会关系网络，这样的网络成为他们珍贵的社会资本。①

二　少数民族精神

　　民族精神是反映在长期的历史进程和积淀中的民族意识、民族文化、民族习俗、民族性格、民族信仰、民族宗教、民族价值观念和价值追求的共同特质，是指民族传统文化中维系、协调、指导、推动民族生存和发展

---

①　贵州省地方志编纂委员会编：《贵州省志·民族志》，贵州民族出版社 2002 年版，第 651—658 页。

的精粹思想，是一个民族生命力、创造力和凝聚力的集中体现，是一个民族赖以生存、共同生活、共同发展的核心和灵魂。西南地区居住的少数民族大都有着悠久的历史，在少数民族的历史长河中，各民族都积淀了独特的民族文化，这些民族文化成为联结民族成员的纽带和形成民族凝聚力的基础，是各民族珍贵的社会资本。

（一）少数民族语言文字

西南少数民族因居住中国西南地区，交通不便利，生存条件比较差，受教育的机会少。新中国成立后，党和政府加强少数民族教学力度，他们的文化教育事业得到迅速发展，不少民族从无文字到自己创造了文字。从无知识分子到拥有不少高级知识分子。现在，大多少数民族都有了自己的语言。

西南地区主要少数民族语言

民族名称	使用语言的名称
蒙古族	蒙古语
回族	汉语、阿拉伯语、波斯语
藏族	藏语
苗族	苗语
彝族	彝语
壮族	壮语
布依族	布依语
满族	汉语
侗族	侗语
瑶族	勉语、布努语、拉珈语
白族	白语
土家族	土家语
哈尼族	哈尼语
傣族	傣语
傈僳族	傈僳语
佤族	佤语
畲族	畲语
拉祜族	拉祜语
水族	水语

景颇族	景颇语、载瓦语
仫佬族	仫佬语
羌族	羌语
布朗族	布朗语
毛南族	毛南语
仡佬族	仡佬语
阿昌族	阿昌语
怒族	怒苏语、阿侬语、柔若语
德昂族	德昂语
独龙族	独龙语
基诺族	基诺语

西南少数民族文字

民族名称	使用文字的名称
蒙古族	传统蒙文、托忒文
藏族	藏文
苗族	老苗文、黔东苗文、湘西苗文、川黔滇苗文、滇东北苗文（后4种为新创）
彝族	爨文、规范彝文
壮族	方块壮字、壮文（新创）
布依族	布依文（新创）
侗族	侗文（新创）
瑶族	门方言文字、勉方言文字
白族	老白文、白文（新创）
土家族	土家文（新创）
哈尼族	哈雅文、碧卡文（均为新创）
傣族	老傣仂文、新傣仂文、老傣那文、新傣那文、傣绷文、金平、傣文
傈僳族	老傈僳文（大写拉丁字母的拼音文字、格框式拼音文字、表音的音节文字）、新傈僳文
佤族	撒拉语、佤文（新创）
拉祜族	拉祜文
水族	水书

纳西族	东巴文、哥巴文、玛丽萨文、纳西文（新创）
景颇族	景颇文、载瓦文（新创）
羌族	羌文（新创）
独龙族	独龙文（新创）
基诺族	基诺文（新创）

西南部分少数民族主要信仰

民族名称	信仰
蒙古族	萨满教（俗称黄教）
回族	伊斯兰教
藏族	喇嘛教
苗族	原始多神教
彝族	道教
壮族	原始多神教等
布依族	基督教等
满族	佛教萨满教等
瑶族	自然崇拜图腾
白族	村社神（本主）
土家族	信奉多神崇拜祖先
哈尼族	信奉多神崇拜祖先
傣族	小乘佛教
傈僳族	原始宗教
佤族	自然宗教
畲族	崇拜祖先
拉祜族	大乘佛教
水族	原始多神教
景颇族	原始多神教
仫佬族	道教
羌族	原始多神教
布朗族	小乘佛教
毛南族	道教
仡佬族	信奉多神崇拜祖先
阿昌族	小乘佛教

怒族　　　　　　原始宗教等

德昂族　　　　　小乘佛教

独龙族　　　　　自然宗教

基诺族　　　　　崇拜祖先

（二）文学艺术

文学：少数民族的文学具有悠久的历史和丰富的内容，体裁多样，有民间故事、民间叙事诗、笑话、谚语、谜语、寓言、神话、小说等。藏族文学丰富多彩，最杰出的是一部被誉为"东方的荷马史诗"的《格萨尔王传》，是藏族人民在古代神话、传说、诗歌和谚语等民间文学的基础上创作的，它代表着古代藏族文化的最高成就，是一部形象化的古代藏族历史，也是研究古代藏族的社会历史、阶级关系、民族交往、道德观念、民风民俗等问题的一部百科全书。蒙古族文学形式多样，内容丰富，被世人誉为少数民族三大史诗之一的《江格尔》记录了蒙古自然地理环境，社会政治经济、风俗习惯、兄弟民族之间的交往关系、词语等，是一部实实在在的地域史。被誉为"诗的家乡，歌的海洋"的侗族的诗歌韵律严谨，题材多样，尤以多声部无伴奏的侗族大歌为最精粹的部分，在中国文学和音乐方面都有极珍贵的价值。傣族有千余年的各类文献，有古老的贝叶经、有本民族的历法——傣历，有著名的叙事长诗，有丰富多彩的音乐舞蹈……充分展现了傣族悠久的历史、灿烂的文化、独特的风情。满族入关前，用满文写有《满文老档》《满洲实录》等。入关后，迅速吸收汉族文化，涌现出一批满族作家和学者，用汉文写出了不少不朽的著作。如清初纳兰性德的《纳兰词》、满洲正白旗包衣管领下人曹雪芹著的《红楼梦》、罗常培的汉语音韵学和汉语方言著作《汉语音韵学导论》等。康熙皇帝主持编修了有重要科学价值的《数理精蕴》《历象考成》《皇舆全览图》等。乾隆帝主持编修的《四库全书》是中国文化的集大成者。解放前后，老舍的《骆驼祥子》《茶馆》等等家喻户晓的作品。白族的文学较发达。早在大理国时期就用汉字记录白族语言写下了《白史》《国史》等历史著作。神话传说、民间故事更是丰富多彩，很有文学价值。其中《望夫云》更是家喻户晓，人人皆知的神话传说。《望夫云》中传说，在大理，万里无云的秋冬时节，苍山顶峰常常升起一朵被称作"望夫云"的神奇美丽的洁白云团。每当这朵白云出现，苍山洱海就会狂风大作，白浪翻腾。相传，南诏国王有一位聪明美丽的公主，她在苍山采花玩耍时，遇见了一位年轻英俊的猎人，两人一见钟情，深深坠入情网。公主请求父王答应这门婚事，国王听后，非常气愤，把公主关进深宫。公主整天闷闷不乐，不思茶饭，盼着猎人来救她出去。公主让贴身侍女去苍山找到猎人，转告自己的处境和思念之情。猎人得知后，非常着急，但公主禁锢深宫，他无法接近。猎人思念公主，在苍山上狂奔，高声呼唤着公主的名字，他们纯洁的爱情感动了山神，山神送给猎人一对翅膀，猎人有了翅膀，便悄悄地飞进王宫，带着公主从宫墙上飞了出去。很快就被国王发现，立即派兵追赶。他们拼命地飞到苍山顶峰，藏进了石洞。国王派兵包围苍山，不准他俩下来，国王不了解爱情的力量，认为公主受不了苍山的寒冷，会放弃爱情回到王宫，没有想到公主宁可在洞里与情人一起过着自由自在的清苦生活。秋去冬来了，冰雪封锁了苍山顶。猎人怕公主受冻，就去盗洱海东岸罗圣寺里的罗荃法师的冬暖夏凉宝衣，为公主御寒。不料，被罗荃法师发现，用法术把猎人打入洱海变成一头石骡子。公主知道猎人遇难，悲恸而死。她的精气化成了一朵白云，升到苍山顶，守望她的丈夫，这就是"望夫云"。每到秋冬时节，当望夫云升上苍山顶时就会刮大风。这是痴情的公主要吹开洱海的水，看望睡在海底的丈夫——石骡子。

土家人民创造了丰富的民间文学。有神话传说，如"洪水登天"、"兄妹成婚"、"鹰公与余婆婆"、"向王天子"、"巴务相"、"禀君化白虎"、"九节牛角"、"八耳锅"、"土家神马"、"腾云草鞋宿地鞭"等都是对人类、族别、姓氏来历的神奇解释；有寓言故事，如"吴著冲和彭士愁"、"白鼻子王"、"聪明的波七卡"、"巴列降龙"、"向叫花子请愿"等；有在盘歌、舞蹈时少不了的哑语谚语等等；还有优美的民歌。"土家人民爱唱歌，山歌越唱越快活"，说明了土家族善歌的传统。大致可分为劳动歌、苦情歌、爱情歌等，其中情歌根据感情的不同阶段又有着不同的内容，可分为初恋歌、赞美歌、结交歌、深情歌、相思歌、离别歌、忧思歌、反抗歌等。文学诗词最具土家族特色的是竹枝词。土家先民巴人，善讴巴歌。通常以短笛和之，以竹枝击鼓，踏点起舞，这种词牌在川东梁山一带又叫作"杨柳"。竹枝词内容，多记土家地区的山川景色，生产生活，风土人情，语言清新、谐音，潇洒，自成一体。魏晋南北朝郦道元记有二句式竹枝巴歌。在唐代，刘禹锡整理成竹枝词广为流传。[①]

---

① 贵州省地方志编纂委员会编：《贵州省志·民族志》，贵州民族出版社 2002 年版，第403—409 页。

生活在高原山区的少数民族，能歌善舞是生存环境赋予他们的性格特点，也是他们日常生活中不可缺少的一项活动。他们的艺术多姿多彩。他们的舞蹈热情奔放、优美轻快。乐器大都为弹拨乐器和打击乐器。

（三）少数民族最出色的歌舞

歌圩：盛行于壮族地区。各地举行歌圩的时间不完全一样，春秋季节举行的最多。春季在春节后的一段时间，为正月初四、初七、或二月十九、三月初三、三月十六等；秋季则多于中秋节后的一段时间，八月十五或九月初九、十月初十等。此外，还有小型的，三五十人，一二十人进行的不定期歌圩。定期歌圩中规模大的多达上万人参加，小的也有一二千人，一般一年举行二到三次。歌圩上一般唱见面歌、邀请歌、盘歌、新歌、爱慕歌、盟誓歌、送别歌等，主要以男女青年追求美好爱情为主题。歌圩的时间有一天，也有连续两三天的。参加歌圩的除青年人外，也有中老年和少年。老人小孩主要是"观战"、欣赏、品评，有的老年歌手参与给青年人当参谋。内容很丰富，同时，歌圩也带有几分交易会的性质，各种日用百货、绫罗布匹、饮食糕点、鸡鸭鱼肉、蔬菜等，应有尽有，非常热闹。壮族歌会也许是从歌圩派生出来的吧，与歌圩稍有不同。一是歌会的会期不一定，只要需要，随时都可以进行。二是歌会上所唱的内容主要是以壮族人民变革社会、变革生活的思想激情和对未来生活的憧憬为主题。大体开始于开篇歌，进而到献歌、赛歌、评歌、和歌、学歌、团结歌等。三是参加者一般是对时政有所感的成年人。

回族最有特色的文艺是民歌"花儿"，又称"少年"，是一种高腔山歌。在"花儿"对唱中，男方称女方为"花儿"，女方称男方为"少年"，这种对人亲昵的称呼逐渐成为回族山歌的名称，统称为"花儿"。每年在固定的时间，人们都要聚集于青山绿水、树木葱绿、山花烂漫、风景秀丽的山间举行传统的"花儿"会。歌手云集，对歌联欢，盛况空前，久负盛名的是每年农历四月二十八的松鸣岩"花儿"会和农历六月初一到初六的莲花山"花儿"会。"花儿"内容丰富，大多为情歌，也有表现回族人民生活的。一般多是四句或六句，歌词多即兴创作，呈口语化，而且不避俚语俗词。"花儿"突出的特点就是以生动、形象的比兴起句，文字优美，格律谨严。它的音乐主调令达100多种，旋律、节奏、唱腔都有着独特的风格。由于"花儿"最早产生于山间田野，歌手们在空旷幽美的环境中无拘无束，放声高歌，所以它的曲调大多高昂、奔放、粗犷、悠扬，表现了回族人民对幸福生活和纯真爱情的追求和渴望。

　　能歌善舞的彝族，流传着各种曲调，如爬山调、迎客调、娶亲调等；彝族的乐器有葫芦笙、马布、巴乌、口弦、笛、铜鼓等；彝族的舞蹈有"跳歌"、"跳月"、"打歌舞"、"锅庄舞"等，其中"阿细跳月"（也叫"跳乐"或"跳月"）是最流行的舞蹈之一。传说在很早以前，阿细人居住的地方，发生了一场很大的山火，大火烧了九天九夜。阿细人扑打了九天九夜，火仍未熄灭。地面被大火烧得滚烫，打火的人不断地换着脚，或单脚跳着继续扑打，终于把大火扑灭了。为了欢庆胜利，大家弹起三弦，吹起笛子，模仿打火时的样子，换着脚跳起舞来。这就是流传到今天的"阿细跳月"。每逢节日夜晚，青年男女聚集在草坪上，男的弹起大小不同的三弦、月琴，吹起竹笛，与女的和着节拍，翩翩起舞，主要动作是跑三步停两拍向前抬脚，同时拍手在原地跳转。跳到酣畅时姑娘们会随手摘一片树叶含在嘴上吹起曲子，男女青年欢快的舞蹈尽情地跳到月落方休。舞蹈节奏鲜明，情绪欢快。①

　　侗族地区一向被誉为"诗的家乡，歌的海洋"，侗家以人人会唱歌自豪。"行歌坐月"是侗族谈情说爱的艺术表达式。侗族的男女青年到了一定年龄就以"行歌坐月"开始社交了。许多侗寨建有专门的"月堂"，即吊脚楼供年轻人聚会，多数是小伙子到姑娘家去与姑娘唱歌交流。夜幕降临了，寨子里的小伙拿着自制的牛腿琴、琵琶等乐器，踏着月光，一面拉着琴弦，一面哼唱邀约歌，从喜爱的姑娘吊脚楼下走过。琴声、歌声拨动了姑娘的心弦，她们急忙推开窗子往吊脚楼下窥视，见是自己不喜欢或不认识的人来邀约，她们就急忙将窗户关上不搭理。假若那小伙子不肯离开她的吊脚楼、打口哨、呼喊，或用竹竿敲打她家的窗子和板壁，她的家人便出来干涉，如果还不走，一瓢冷水从窗子上泼下来，意思是叫你快走开。如果是自己喜欢的人，就打手势示意他可进楼。对歌时，小伙子弹琴，姑娘一面做手中活，一面仔细听，同时构思以什么歌来对答最好。在不同的季节要唱不同的歌，在问答式的对唱中，最容易体现歌唱者的素质好坏。许多男女青年就是在这种"行歌坐月"的社交活动中加深了了解，最后建立以爱情为基础的幸福家庭。

---

　　① 贵州省地方志编纂委员会编：《贵州省志·民族志》，贵州民族出版社2002年版，第472—476页。

贵州部分地区少数民族主要节日表

日期（农历）	节日名称	民族	地点	活动内容
一月初四至十五	根今	布依	镇宁县黄果树	文艺演出、赶表（谈情说爱）、吹唢呐
一月初九	跳场	苗	贵阳市花溪区桐木岭	跳芦笙
一月十一至十五	芦笙会	苗	凯里市舟溪各寨	跳芦笙、对歌、斗牛
一月十五	地戏节	布依	贵阳市花溪区大寨	演唱地戏
一月十六至十八	芦笙会	苗	凯里市舟溪乡芦笙堂	跳芦笙、敲木鼓、斗牛赛马
二月首亥日	翻鼓节	苗	凯里市青曼乡晴朗村	敲木鼓、敲铜鼓、吹芦笙
三月初三	三月三	侗	镇远县报京乡	对歌、跳芦笙、讨篮子（男女青年订情）
三月十五至十六	姊妹饭节	苗	台江县	吃姊妹饭、踩鼓舞、吹芦笙
三月十九至二十一	芦笙节	苗	凯里市旁海区	跳芦笙、斗牛、赛马
四月初八	四月八	苗	贵阳市喷水池	吹芦笙、对歌、跳舞
四月初八	四月八	苗	黄平县飞云崖、松桃县等	吹芦笙、对歌、跳舞
五月初五	龙舟节	苗、侗	镇远县城关	赛龙舟
六月初六	六月六	布依	贵阳市花溪区	赛歌、赶歌会
六月初六	踩歌堂	苗	镇远县金堡乡	对歌、赶歌会
六月中卯日	跑马节	苗	凯里市挂丁	对歌、赛马
六月第二卯日	吃新节	苗	凯里市旁海区乡村	吃新米、庆丰收
六月十九	爬坡节	苗	凯里市香炉山	跳芦笙、对歌、游方
六月二十一	查白歌节	布依	兴义市查白乡	对歌、弹月琴、跳舞、赶表
七月十三	七月半	苗	凯里市城郊	跳芦笙、斗牛、赛马
七月第二卯日	七月半（吃新）	苗	凯里市舟溪、青曼	吃新米、集会
七月二十一	芦笙节	苗	凯里市旁海区	吹芦笙、赛马、对歌
九月初九	重阳节	苗	凯里市青曼	吹芦笙、斗牛、赛马
十月第一寅日	苗年	苗	凯里市挂丁、舟溪	吹芦笙、斗牛、敲铜鼓、赛马
十月亥日（水历岁首）	端午节	水	三都、独山、都匀	祭祖、赛马

云南部分少数民族主要节日一览表

节日名称	民族	时间（农历）	主要活动内容	时间（公历）				
				2003	2004	2005	2006	2007
花山节	苗族	正月初三	对歌、芦笙舞、爬花杆	2月3日	1月24日	2月11日	1月31日	2月20日
扩节	拉祜族	正月初三	接新水、芦笙舞、狩猎	2月3日	1月24日	2月11日	1月31日	2月20日
目脑纵歌	景颇族	正月十五	跳文崩舞	2月15日	2月5日	2月23日	2月12日	3月4日
棒棒会	纳西族	正月十五	赛马、交流农具	2月15日	2月5日	2月23日	2月12日	3月4日
三朵节	纳西族	二月八	赛马、跳"阿哩哩"、野餐	3月10日	2月27日	3月17日	3月7日	3月26日
插花节	彝族	二月八	插马缨花、插花、"左脚"舞	3月10日	2月27日	3月17日	3月7日	3月26日
三月三	壮族	三月三	对歌、跳扁担舞	4月4日	4月21日	4月11日	3月11日	4月19日
三月街	白族	三月十五	赛马、龙舟竞渡、歌舞	4月16日—21日	5月3日—8日	4月23日—28日	4月12日	5月1日
特懋克节	基诺族	播种前	跳鼓舞、竹竿舞、打陀螺、唱歌	2月6日—8日	2月6日—8日	2月6日—8日	2月6日—8日	2月6日—8日
牛玉节	布依族	四月八	吃牛王耙、给牛散食、歌舞	5月8日	5月26日	5月15日	5月5日	5月24日
绕山灵	白族	四月二十三	绕山祭祖、金钱棒、八角鼓舞	5月23日	6月10日	5月30日	5月20日	6月8日
泼水节	傣族	傣历新年	泼水、丢包、放高升、赛龙舟、	4月12日—14日	4月12日—14日	4月12日—14日	4月12日—14日	4月12日—14日
端阳节	藏族	五月五	赛马、锅庄舞、弦子舞	6月4日	6月22日	6月11日	5月31日	6月19日
转山会	普米族	五月五	转山、歌舞、鸣枪	6月4日	6月22日	6月11日	5月31日	6月19日
盘王节	瑶族	五月二十九	祭祖、歌舞	6月28日	7月16日	7月5日	6月24日	7月13日
苦扎扎	哈尼族	六月二十四前后	串寨、磨秋、歌舞、摔跤、祭秋房	8月1日	7月22日	8月8日	7月18日	8月5日
火把节	彝、白族	六月二十四	点火把、摔跤、斗牛、歌舞	7月23日—25日	8月9日—11日	7月29日—31日	7月19日—21日	8月6日—9日

续表

节日名称	民族	时间（农历）	主要活动内容	时间（公历）				
				2003	2004	2005	2006	2007
开斋节	回族	回历十月一	礼拜、赠"油香"等					
古尔邦节	回族	回历十二月	团拜、宰杀牛羊等					
会街节	阿昌族	九月十五	刷青龙、白象、跳象脚鼓舞	10月10日	10月28日	10月17日	11月5日	10月25日
卡雀哇	独龙族	冬月	剽牛、祭祀、锅庄舞、互邀作客	12月	12月	12月	12月	12月
端节	水族	冬月	会铜鼓舞、对歌寻偶	12月	12月	12月	12月	
阔时节	傈僳族	冬月	祭神、射弩比赛、对歌	12月20日	12月20日	12月20日	12月20日	12月20日
拉木鼓	佤族	腊月	剽牛、拉木鼓、跳舞	1月	1月	1月	1月	1月

（四）少数民族的体育

西南地区各少数民族几乎都有自己的体育活动，而且各具特色。侗族喜欢斗牛，每年农历二月与八月的亥日是侗族的斗牛节。每个村寨都饲养着专供比赛的"牛王"。"牛王"的待遇挺不错，人称"牛宫"的饲养圈多建在鼓楼附近，干净通风。有专人割草担水拌料伺候牛王，还经常给牛王喂食蜂蜜、猪油、米酒等上等食物。"牛王"体格硕大、健壮，犄角像张开的钢叉似的粗壮尖利，节前青年人吹着芦笙到其他村寨去"送约"邀请对手。"送约"之后，便到"牛宫"前吹奏芦笙，敬祭3日，替牛"养心"。节期一到，群众汇集于斗牛场周围，参赛"牛王"在芦笙伴奏下开始"踩场"，由一名昂首挺胸青年，手举写有"牛王"的"马牌"在前，后紧跟着举着木制"兵器"的卫队和鼓乐队。"牛王"犄角上镶套着亮铮铮的铁套，头披红缎，背驮"双龙抢宝"牛王塔，塔上插有4面令旗和两根长长的野鸡翎，像古代的将军一样。牛脖上挂有一串铜铃，悬在胸前，朗朗有声。"踩场"结束后，牛王退场。三声铁炮轰鸣，正式斗牛开始。牛倌把点燃的两把火分别抛到自己的"牛王"前边，同时放开手中缰绳，两牛冲向对方，群众敲锣呐喊助威。败方彩旗要允许胜方的姑娘们"抢走"。获胜的"牛王"披红挂彩，再度入场接受欢呼。假若打得难解难分，就要用棕绳套住牛后腿拉开，握手言和。孩子长大后，胜方姑娘去送还败方彩旗，败方小伙子设宴款待，陪唱"大歌"，并赠礼品"赎旗"。哪个寨子的"牛王"能获胜，是全寨的荣耀，所以斗牛后有群众性歌舞饮宴庆祝。近年贵州省的侗族"牛王"，还到一些大城市去表演角斗，使得这种特殊的精神文化传播到了更为广阔的空间。

苗族体育分为传统体育和现代体育两部分，传统体育形式多样，内容丰富，主要包括赛马、射弩、上刀梯、荡秋千、打毽、独脚鸡、翻竿脚、爬杆、抱腰（摔跤）、划龙舟等。现代体育主要有田径、游泳、篮球、足球、武术等。[1] 其中，射弩是最引人注目的运动之一，弩是在弓的基础上演变而来。在苗语中，"弓"和"弩"均称"能"，并无"弓""弩"之别。"弓"与"弩"的历史渊源可追寻到奴隶社会以前，甚至更久远的原始社会。在部分民间神话传说中，对"弓（或弩）"的起源各有叙述。如在苗族民间保留的芦笙词《开天辟地》里就唱道：谁呀？谁见到了九个太阳升起来？谁见到八个月亮冒天边？我们要说：一阳也一阳亚阳刀旦（苗语，传说中的神话）见到了九个太阳像绵羊般卧在天际；一阳也一阳亚阳底的（苗语，传说中的神名）见到八个月亮像山羊般躺在天际。我们要说：天干了七年，地也干了七载。我们要说：谁射去了九个太阳？谁射去了八个月亮？我们要说：一阳也一阳亚阳刀旦有本事，去砍竹箐造出黑弓和箭，射落了九个太阳；一阳也一阳亚阳底的有能力，去砍树木造出彩弓彩弩，射掉了八个月亮……史书对"弓""弩"记载，最早见于《吴越春秋·勾践阴谋外传》："弩生于弓，弓生于弹，弹起古之孝子"。"横弓着臂，施机设枢，加之以力。"这就是弩。苗族人民用弩捕获猎物，抵御外民入侵，利用弩达到了预防和猎取猛兽的目的。

布依族有着悠久的历史和灿烂的文化，布依族人民在千百年的劳动生活中，创造了许多富有民族特色的传统体育项目。这些体育项目包括赛马、掷花球、打鸡毛毽、打包谷壳手拍球、荡秋千、扭扁担等等。[2] 其中布依族的舞龙是一项古老淳朴的民族体育项目。贵阳乌当区永乐乡罗吏村布依族村的舞龙就已有数百年的历史。它源于明末清初，经历代传递，龙艺甚精。遵循古训，年年代代新春佳节，罗吏布依族乡民都以舞龙来愉悦自己，祈望来年村寨人丁兴旺，五谷丰登。罗吏村布依族村舞的是一条长

---

① 贵州省地方志编纂委员会编：《贵州省志·民族志》，贵州民族出版社2002年版，第88—93页。

② 同上书，第248—251页。

50 米的青龙，青篾纺织的龙头威武俊美，青色龙衣，缀上金黄色的鳞甲，矫健雄伟，跃跃欲飞。布依族舞龙的乐器有锣鼓、唢呐、长号、铜鼓等，各种乐器的吹奏，都用音乐语言形象地描绘了龙的各种动作姿态。每当舞龙表演时，全寨的布依族乡民都争先恐后地来到表演现场，为自己舞龙队的精湛演技倾心喝彩。

民族精神是一个民族发展历程中一脉相承的精神特征或思想意识，是在民族的延续发展过程中逐渐形成的、不断丰富、日趋成熟的精神，它总是与一个民族的历史文化血脉相连，是民族文化传统不断积淀和升华的产物。任何一个民族的民族精神都与该民族的传统文化有着水乳交融的联系。马克思主义认为，人们创造自己的历史，并不是随心所欲地进行创造，而是在直接碰到的既定的从过去继承下来的条件下从事创造，文化精神的创造也是如此。

第六章　西南民族地区传统社会资本的作用及面临的困境

从上面对西南民族地区社会资本基本内容的论述中，我们不难看出，在西南各民族的传统社会中，社会资本的存在产生了从凝聚一个民族、一个社会到管理社会资源、降低生存风险、获得发展机会等诸多方面的利益。这些利益都是西南各民族生存与发展中必不可少的重要因素。

第一节　提高各族人民的劳动生产效率

由于社会资本所具有组织与凝聚作用，人们依靠集体的力量来完成一些重要项目，从而提高了生产效率。在西南各民族生存和发展历史上，很多建设和生产项目都是由集体完成的，不可能由个人来完成。不论是建设新的村寨、道路、开垦新的田地、建设水利设施等都以集体为单位进行。在很多山区民族中，开垦森林种植谷物是一项重要的集体行为，人们每年都会以村寨为单位集体进行森林的开垦从而保证人们的种植，获得粮食收获。居住在坝区的民族，例如傣族、白族等民族土地资源的开发以及管理在早期都是以集体的方式进行的，通过集体的力量开发土地，建设相应的农田以及水利灌溉设施，尤其是水利灌溉设施是集体重要的项目，其他包括各民族早期建设村寨、建设村寨的寺庙、祠堂、学校等公用项目都是以集体的力量来达成的。集体性的项目通过集体的组织力量来完成，生产力的进步也直接推动了社会的进步，改善了人民的生活品质。在此我们以红河流域农业发展为例：在红河流域农业发展经历了三个阶段，第一个阶段是任意砍伐树木进行粗放耕作的阶段，是红河流域农业早期阶段，这在明朝以前较为普遍，人们砍倒森林以后在上面进行粗放的耕作；第二个阶段是相对固定的山地农业阶段，人们在山地上开垦耕地，但是将耕地固定在一定的范围内，一块耕地在耕作一两年以后就放弃耕作，使森林复生；第三个阶段是梯田农业阶段，自明朝以来红河流域开始大规模修建梯田，从红河中段开始，明清以后上游的新平、元江也开始大量的修建梯田，将红河两岸的大量山地改造成梯田，进入了梯田农业阶段。当地哈尼族、彝族、傣族人民在红河流域修筑了大量的梯田，红河流域的梯田不仅规模大，数以百万亩计，而且修建难度大，不少地区将整个山脉都建成了相连片的梯田，海拔跨度从 500—1800 米，层层叠叠从山脚到山顶，数以千层计，形成令人叹为观止的人工景观，也成为亚洲农业史上的一个奇迹。梯田的修建不仅代表着红河流域农业发展的高级阶段，同时也是协作及集体效率的体现。红河流域的梯田修建规模不可能由一个家庭甚至一个村庄来完成，必须大规模进行社会协作，以及对自然资源协调利用。在资源的管理上，人们将红河流域的地表资源分为三个大的功能块。一个是海拔 1500 米左右以上的高山地区，这一带是森林的富集区，同时也是天然的水库，由于有了森林，因此有水从山顶向下流淌。而在中部海拔 800 米上下则是人们建立村庄的主要地段，在村庄上下一直到河谷，就是人们建筑的梯田。

由于这种资源的布局，需要处于这一区域内的人们有较好的协作与协调，需要人们有良好的社会关系与相应的经济关系。梯田的修建需要大量的人力，因此梯田的修建集中了各村寨人们甚至是一个地区人们集体的力量进行大规模作业，将山坡改造成层层叠叠的梯田。梯田的修筑在早期都是由村寨集体进行，在村寨的协调下，全村对山坡地进行改造，形成梯田的整体景观，而随后一些边缘或者修补性的农田建设则由家庭来完成。红河流域整个灌溉体系既体现了人们的智慧与勤劳，更体现了社会的协作，有了这种合作与协作机制，保障了水渠的畅通，因此是一种特有的协作机制在支撑着红河流域庞大的灌溉系统的运行。由于有了集体的协作与凝聚机制，使得红河流域的农业从粗放的山地农业转变为发展程度较高的梯田农业阶段。而梯田农业的维持以及较高的生产效益都有赖于人们的生产合作制度。协作精神与制度在资源管理中体现出了社会资本在提高一个地区生产效益，改善人们的生活品质中的作用。

第二节　增强西南民族地区各民族的生存发展能力

西南地区地处边远，自然与社会环境封闭，交通不发达，从而也造成了地区内很多民族生存的艰辛，而社会资本所特有的集体的凝聚功能、社会网络功能、互助功能等有利于一个社会的团结、协作以及对外拓展，这些要素正是人们抗拒自然的生存风险的重要保障。以西南一些民族的社会组织制度为例，在过去很多民族的社会组织所体现出来的都是集体化特征，社会凝聚力十分强大，人们的生存往往都是以集体为依托的，人们的社会行为、经济行为、对外关系等都是从属于强大的社会集合力之下的，村社制度就是这其中非常典型的例子。很多民族中不论是社会、军事、经济都是以村社制度为基础，个人及其家庭依附于村社、依附于集体，在集体中生存。过去，在佤族、景颇族等民族中，人们经常会面对战争，而战争的动员是一种集体的行为，由于有较强的社会组织制度，因此这些民族在战争动员方面显得十分有效，而这种动员方式也可能转化为集体的生存能力，在面对自然环境的时候人们集体进行生产劳动，提高生存的能力，例如修筑道路、村寨、水利设施等，都是以村寨为单位进行的。在西南地区基诺族、怒族、瑶族、苗族等民族中集体的特征也显得十分明显，不仅仅在政治与社会生活中人们要依存于集体，在生产劳动中人们也是以集体的方式进行的，土地归村社所有，人们通过从村社中平均分配的土地中获得生产资料，耕种土地才显示出小家庭的地位。而集体的生存过程中，人们可以获得土地、森林、水等生存资源，这样，个人在集体中就有生存的空间，而不至于出现生存的风险，失去生存的依靠。拉祜族、佤族、瑶族、苗族等民族在历史上经常出现大规模的迁徙，迁徙都是以集体为单位进行的，由于有了集体的组织制度，因此不论迁徙到何地，也都能够扎根下去，依靠集体的力量获得生存。

在西南地区很多民族中，由于具有经商的意识与技能，同时也开拓和发展了强大的商业网络，不仅带动了这些民族的经济发展，同时也增强了这些民族的生存和发展能力。在白族、纳西族、回族等民族中，到了近代商品经济已经较为发达，经商的网络尤其以马帮为主要经商手段的贸易不仅扩大到了西藏、云南以及四川、贵州、广东、上海等地，甚至扩大到了东南亚的缅甸、老挝、泰国、越南等国家，形成了强大的商业网络，这些商业网络在促进了物资流通的同时也使这些民族经济得到了发展。在当代的经济发展中，各民族都有自己的发展轨迹，回族是这其中最典型的，回族自古就有经商的意识与技能，经商作为一种民族传统，受到伊斯兰教《古兰经》的鼓励，在这其中鼓励经商的条文成为广大回民以经商为合理、光荣职业的依据。在云南回族的发展史上，经商不仅使这个民族的生存有了保障，在不断历难后经济一次次地得到复兴，并且这种传统在当代再次显现出了它的巨大推动力。在 20 世纪 80 年代以后，随着党的农村政策的调整，云南与全国各地一样实行了农村承包责任制，这使家庭经营成为农村经济发展的主体，回族人民在经营自己的田产的同时，再次发挥自己的传统智慧与吃苦耐劳的精神，广泛地开展了农村多种经营，办起了各种手工业，从皮毛加工、农用工具、金属制品、纸张、毛纺织等一直到冶金冶炼、运输等产业，使回族地区成为云南省农村商品经济最活跃、农村经济发展最快的地区。这其中，交通运输业是非常典型的例子，这与回族历史上经营马帮贸易有一定的关系。云南玉溪地区回族的交通运输业发展在云南农村中独树一帜，声名远扬。玉溪市峨山县文明村是一个自元代就有人定居的村寨，共有 410 户人家，在历史上这个村寨的祖先们曾经赶着马帮四处贸易。将马帮贸易做到了云南思茅、西双版纳，远至缅甸、泰国等地，在兴盛的时候拥有 200 多匹马。20 世纪 80 年代以后，这个村寨虽然不再经营马帮贸易，但是拖拉机、汽车运输业的发展秉承了马帮传统。村寨在 20 世纪 80 年代初就开始发展马车、手扶拖拉机、农用汽车等运输业，到 1987 年汽车运输专业户达到 38 户。在 80 年代末，全村共有东风牌汽车 100 余辆，到 90 年代中期全村已经拥有各类运输车辆接近 400 辆。汽车运输业成为这个村寨重要的经济支柱，在一个拥有 2000 人的回族村寨，这样的汽车拥有量已经属于较大的了。随着汽车运输业的发展，村里还投资修建了停车场、加油站、汽车修理厂等一整套的与汽车服务相关的设施。汽车运输业的发展也带动了村中乡镇企业的发展，村中逐步办起了各种手工业加工厂，经济收入的增加使这个村寨人们生产水平得到了较大提高。村寨中不仅建起了一座座新房，人们还购置了包括轿车在内的各种高档生活用品以及交通工具。投资兴建了饮水工程以及村寨的交通道路等设施，使这个有数百年历史的村子成为了一个社会文明、生活富裕、经济发达，名副其实的文明村。文明村的发展只是云南回族当代经济发展的一个缩影，事实上在 20 世纪 80 年代以后，整个民族居住区的经济都有了较大的发展，甚至在一些地区当地人还没有形成经营农业以外的产业的观念或还没行动，当地很多回族人已率先行动起来，主动调整产业结构，发展多种经营，促进了经济快速发展。尤其是昆明、玉溪、红河、文山等地区的回族居住区，经济发展的速度更快。到 20 世纪 90 年代初就已发展起了手工业、食品加工、建筑及商业贸易、汽车运输等二、三产业，二、三产业占总产值的 90% 以上，使回族居住区的发展成为云南民族经济发展中的典型。① 这个事例充分说明回族人民的经商意识与传统技能在现代发展中仍然产生着十分重要的作用，云南回族居住区的经济发展速度在云南少数民族地区是十分突出的，甚至在同一地区，回族的经济发展往往也快于其他民族，这其中根本的原因除了能吃苦耐劳外，回族具有较其他民族更为强大的有利于商品经济发展的社会资本，并且在当代社会发展中依然起着积极的作用。回族所具有的这一社会资本是十分重要的，如果没有经商的传统与网络，回族人民在近代经济上的复兴与繁荣就将十分艰难，这一点也充分地说明了一个民族所拥有的社会资本对其民族发展的重要性，在一些特定状况下甚至是起决定性作用的。

总之，由于各民族传统社会中都有互帮互助的机制，使得生存在一个传统村寨中的人在拥有基本的生存条件的同时不存在大的生存风险，除非这种风险是这一村寨的人们自己无力排解的。村寨中的互助制度有村社制度下的全村性制度，如建房、修路、生产劳动、红白喜事等过程中的互帮互助制度，也有在白族、纳西族等民族中存在于家族内的人们进行互相帮扶的制度，而这并不是以村寨为单位。总之，互助制度不论是存在于村社制度中还是家族制度中，都为人们的生存提供了保障，尤其是对降低生存风险起到了积极的作用。

第三节　维系社会稳定，增进社会和谐

在西南各个民族中，都存在着人们必须要共同遵守的秩序及相应的社会规范，对这些规范及秩序的遵守是一个社会按照一定的规则稳定运行的基本保证，是社会资本构成的重要因素。西南各民族的社会秩序以及社会规范有可能来源于一个民族的宗教信仰，也有可能来源于当地的封建统治以及社会秩序的需要，也可能是一个民族长期发展中形成的传统。在20世纪50年代以前各民族所形成的传统社会资本中，社会规范已经较为稳定与成熟，成为人们所共同遵守的行为准则。这些准则与规范通过社会生活的诸多方面或文字表现出来，如各民族的禁忌、各民族的成文与不成文的法律及各民族的一些有关人们社会交往、人际关系、经济关系及宗教相关的规矩等方面的习俗。应该指出的是，各民族在相关的行为规范与行为

---

① 郑晓云：《社会资本与农村发展——云南少数民族社会的实证研究》，中国书籍出版社2008年版。

准则上是有差别的，各民族的行为准则、规范与其社会文化背景有直接的关系，使不同民族中的社会规范、行为准则等与其文化背景相一致，从而形成了为本民族所认同的社会秩序与社会规范。不同民族的社会规范之间可能有较大的差异，一些规范存在于某些民族中，但并不存于所有民族中，因此各民族总是按照自己的社会行为模式运行，社会资本所维持的正是与其社会文化背景相一致的社会秩序，由于有这些秩序的存在，从而使一个传统的社会稳定在某一种模式中。

事实上，规范的存在，使得社会在一种人们所公认的秩序之上运行，规范着人与人之间的关系，从而使人们之间的关系变得友好、和睦。例如在西南地区各个民族都有互相帮助的美德，如前面所论述的很多事例，在一个村子里，一家有建房、受灾、红白事等，全村人都会相互帮助，这样，人人都尽到了对有困难的人的关爱和帮助的义务。在布朗族建新房的过程中最能显现出这种社会和谐精神，当有一家人建新房时，全村的人都会来帮助，送来粮食、木料、草等，主人会招待大家吃饭，房屋建好之后，全村人一起共同庆贺。人们的这种和谐关系在盖新房唱的歌中典型地表现出来："布朗人家都能干，男女老少个个会，左邻右舍不旁观，亲戚朋友来帮忙。盖房用草数量大，打成草排堆成山，盖时不够不用急，邻居片片递过来。料子备齐齐供料，寨中亲眷都来帮，盖好新房贺新房，全寨老少都在场，来贺新房手不空，送歌送碗送米粮。酒肉饭菜都备好，来人个个要饱餐，走时还得包一包，布朗人叫丰福饭。"社会和谐还表现在人们之间相互关爱，在家里有人得病之后，寨内的亲戚朋友都会来轮番照顾，死后全村人都会来帮助料理后事。对于村中无依无靠的孤寡老人，人们也都会尽赡养的义务，对于有困难的人进行优抚，帮助其耕种、栽秧、收割，直至把稻谷送到家里。在农忙季节，村中的人们普遍实行互相换工，人们之间借种土地，如果有困难也可以不付报酬。有如诚信，各个民族传统的社会、经济生活中都十分讲究诚信。如前面所述，各民族都喜欢与自己同龄人，或与本民族或者与其他民族情趣相好的人交朋友，结成"老根"关系。在"老根"的关系网络中，人们都会十分讲究诚信，互相探望、互相关爱，而在经营中、生意中或者社会交往中，处处体现出传统的诚信，视狡诈、欺骗为耻辱。

西南民族地区各民族的传统调解机制也有利于社会和谐。西南各民族中不论是以村寨的形式还是以家族的形式都存在传统的对社会矛盾的调解机制。当社会中出现了各种纠纷、矛盾时，如果这些纠纷和矛盾并没有触犯有关的法规，那么往往都是采取传统的调解的方式来予以化解的。如邻里之间的纠纷在傣族社会中由每个村寨世袭的调解员负责调解，邻里之间发生了纠纷，如牛马践踏了其他人家的庄稼等，或者说青年人之间出现斗殴，男女纠纷，甚至夫妻之间的打闹等，首先都是由调解员出面进行调解，使这些矛盾在村社里就得以化解。在过去，白族、纳西族等民族中，家族起着调解矛盾的重要作用，发生各种纠纷如果触犯了族规的，按传统的族规进行处理，如果没有触犯族规，仅仅是一些纠纷或者冲突，通过家族长老的调解就可以得到化解。因此在大多数少数民族中，过去多数的社会矛盾（除触犯国家法律以外）都可以在村寨、民间获得调解，在民间的调解机制下得以化解，从这些方面可以看到相关的传统社会资本要素，对于促进、保持社会的和谐起着十分重要的作用。

另外，由于有各个民族中传统的社会伦理道德的存在，使人们能够感受到幸福。这可以反映在各民族的伦理道德中，如对老人的尊敬、对孩子的关爱，家庭和睦关爱，给人们带来家族生活的幸福感。幸福感也反映在人们互相合作、协作，在社会生活中相互帮助、相互关爱等，使人们感受到亲情、友情。传统社会资本在增强人们幸福感方面，最典型的表现是在各民族节日中，传统的节日不仅能够体现出亲情、友情，同时也能够使人们感受到快乐，体验到幸福及人与人之间的关爱，感情得到宣泄，对劳动、对生活、对爱情、对家庭的感情得到表达。傣族的泼水节、苗族山花节、彝族的火把节、景颇族的木脑纵歌，等等；在节日期间人们成千上万地聚集在过节的场所，唱歌、跳舞、玩乐，在这种场所男女青年借助歌声表达自己的爱情。人们在节日中可以充分地体验到节日带来的快乐、亲情、友情。由于这些要素的存在，使人们能够从民族文化的体验中感觉到幸福，感觉到快乐。这对保持社会稳定，促进社会和谐无疑具有重要的作用。

第四节　促进各族人民之间的合作，增强民族凝聚力

在西南民族地区，由于各民族传统的凝聚机制以及组织制度的存在，使人们之间能够通过充分的合作来共同达到发展的目标。在传统的社会资本中包含了人们强烈的合作精神。在西南少数民族的传统社会中，合作的

机制普遍存在，社会运行中方方面面都需要合作，体现合作，通过合作，增强了少数民族生存的能力、共同适应外部的社会与经济环境的能力。由于有传统的组织制度，人们能够以集体的方式去行事，在很多民族中历史上有较频繁的迁徙，如苗族、瑶族、傣族、拉祜族等民族，在历史上经常举寨搬迁，去开拓新的居住地，而这些过程中，人们就需要相互合作，并且要有自己制度化的组织方式，以集体为单位去寻求新的生存机会、发展经济，保障有生计的来源。在前面所提到的红河流域巨大的梯田农业改造过程中，人们不论是在修造梯田，还是在开筑沟渠，管理沟渠，管理自然资源等方面，都体现了人们之间的良好的合作，尤其是当一条水渠经过多个村寨、多个民族分水用水时，村民与村民之间的合作、村寨与村寨之间的合作就是庞大的灌溉系统能运转的基本保障。正是因为其中有较好的合作制度与合作机制的存在，使得红河流域农业发展得到转型，创造了亚洲农业发展史上的奇迹。良好的合作机制使各民族能够达成大量的公益性事业目标，建成大量的公共项目，如大规模的土地开垦、河流的修整、灌溉系统的修建以及对自然资源的保护，甚至对外抵御侵略，进行社会动员与军事动员。合作使人们提高了生产效率及生存的能力，增强了人们之间的凝聚力。传统社会资本在促进人们之间达成合作的目标中，更多的是依靠人们之间对于一个群体的认同，也就是传统的凝聚机制。人们之间所共同遵守的行为准则，例如对于公益事业必须要关心、尽力，把对公益事业的关心和投入作为人们的行为准则，同时维护人与人之间的信誉，把合作作为一种个人的信誉，这在很多民族中都可以反映出来，同时也有各民族的村社制度、组织制度使人们在传统社会中将合作中的集体行为作为一种社会运转的基本制度，这不论是在南方佤族、景颇族、布朗族，还是居住在滇东北的纳西族、傈僳族、怒族等民族中，村社中的集体合作都是人们基本的社会行为规范，都要求人们去遵守，每一个民族、每一个人们居住的村寨都有大量的集体公益项目需要通过合作去完成，包括宗教祭祀活动、节日活动、劳动生产活动、自然资源的保护与开发等都需要人们的合作，都体现了人们的合作。

第五节　西南民族地区传统社会资本在现代社会中面临的困境

信任是联系社会成员的一种基本纽带，是人们之间交往的基本前提，是个人本体安全感和幸福的重要来源，也是社会秩序得以正常运转的条件。信任不仅是市场经济运转的保障，也是社会生存和延续的生命底线。福山在他的《信任：社会美德与创造经济繁荣》一书中认为，中国是建立在血缘和亲族关系基础上的低信任度国家，是一种特殊性的信任，对家族以外的人信任度极低。在我国西南民族地区，特别是西南农村居民对与自身有血缘关系的人有较高的信任度，而对与自身关系并不密切的人信任度较低，在很大程度上，血缘成为是否信任对方的首要因素。

在西南农村居民的社会关系网是趋于内向型的，这明显是受到儒家传统文化的影响，人们之间的交往仍以儒家倡导的"礼"、"情"为核心，重脸面，形成一种特殊的人格氛围，进而使社会关系网呈现出内向性。与他人的交往更多的是出于情感，基于血缘和地缘的亲戚邻居。当然，随着市场经济的发展，现在的交往圈子比前些年扩大了，与常有往来的亲朋好友的空间距离延伸了，认为对自己工作生活帮助最大的关系网是开放性的朋友熟人网络，与选择血亲网络的比例基本相同。有大部分人主要通过正式组织、传媒等获得对自己有利的生产、工作、生活信息，从亲朋好友那里获得信息已经远远不能满足当前农村居民的需要，这应该可以作为农村现代性的又一个佐证。文化程度越高，对血亲性的关系网络的依赖性就越小，而对业缘性关系网络的利用率较高，其关系网络更偏向于外向，教育对于塑造现代性的作用不可小觑。一个人的教育程度对他的思想观念和认识水平有着重大意义，有文化的人能动用相当多的资源，所享有的社会资本极高，并能动地参与公共事务，提出自己的见解。

从西南民族地区的整体社会资本的情况得出的总体评价是：西南民族地区的整个社会网络处于非常封闭的状态。即使是近年的社会转型期，从总体上未有根本改变。具体表现为：社会网络本身范围固定而狭窄，幅度微小，网络结构简单，层次单调；村民之间信任度高，但与村干部之间有着相当的不信任；传统社会规范依然制约着网络的运行；个体社会资本量严重不足，自身汲取社会资本的能力很弱，网络资源存量严重不足。处于松散的未开发状态，尤其是新中国成立后所建立的正式政府结构，主导了贫乏资源的分配，社会网络仅在维持个人的私人的日常生活，满足个人交往心理方面起作用，它仅由传统的民族习俗和制度文化来促进个人修养和净化人与人的社会关系。社会资本网络本身具有的资源稀少，主要资源已由政府来分配完成。整个社会资本的许多功能未能充分发挥出来。只是在平行面上的交往中体现着它的存在。随着社会的发展，西南民族地区的社会资本现代转型速度也有所加快，主要表现在：个体教育水平相对提高；个体社会资本的网络有所扩大；个体动用社会资本的能力在物质和素质方面有所增强。但是从总体上而言，处于转型期的西南民族地区，特别是偏远的农村地区，社会关系网络较弱，社会资本的现代转型较慢。社会转型期间，社会资本结构和功能开始发生分化和复杂化。随着社会经济活动的增多，市场经济的流动性影响到乡村。资源从两个方面冲击传统静止的社会资本结构。一是外部丰富的网络扩展和流动性会延伸到每一个具备获利潜能的地方。中国市场经济体制的建立，使得寻求利益的经济资本拥有者会以市场的本能从原来的社会网络中流出，进入其他社会网络，无论是从空间还是从精神上，不论进入的网络是何种类型，获利都是动力。虽然被进入的网络固有防御本能，但在自身资源不足的时候，特别是整体网络就需要吸收外部资源来维持新陈代谢，并且在环境的要求下更新自己，西南民族地区农村的社会资本，虽对外部而言是封闭的，但整体的国家制度变化对它还是有影响的。个体因外部信息的刺激，特别是网络的个别节点与外部是有联系的，这就有带动效应。加上政策的实行和政府的推动，在西南民族地区区内网络与外部网络的相互作用下，不断进化。但社会资本的变迁是渐进的，缓慢的。二是整个国家政治大系统的全局战略的发展和政策改革，西部大开发的战略是影响西南民族地区社会资本分化的重要原因。在计划经济条件下，政府是社会资本中最中心的节点，村民之间受中心节点制约，人与人之间是平等的，地位和资源都平等，社会资本是单一的，传统性和自足性给整个乡村网络带来自然的秩序，家庭是独立的单元，信任由习俗产生，个体没有积极性、主动性，只是本能地处理一切，个体没有能力去构建新的社会资本，想了也是无利可获，阻力重重，资源的稀少与能力的不足使得成本加大。整体上，大自然的阻隔与生产力的落后，网络里的人将全部力量和心灵寄托给大山和土地，能生活就满足，一切由人情与风俗来处理。扶贫项目的启动和打工经商的发展，使利益变得如此明显，一切就改变了。信息的丰富，思想观念的更新，大网络开始在西南民族地区的小网络中撕开口子，淳朴的信任中加入利益的成分，资源的差异激励着行动者的理性。年轻人都在利用亲戚和朋友的网络资本而外出，资本多的则获利。村寨里分化出层次，物质的、思想的、文化的，社会资本在资源分配中发挥作用，在分配中改造自身，秩序被打破。例如，在农村扶贫物资的分配中普遍存在这么一种现象，与乡村干部关系好的，有亲戚关系的收益多，外部有社会资本的就能制约内部资源的获取。个体的网络地位、利用资本的资源和动员资本的能力和策略决定了他们在分配中出现分化，分配中的这种资源的获取能力的差异，反映了社会资本的差异。无论是性质和形式都有不同。原来的社会资本因分配功能微弱差异显不出来。资源是有限的，也是有竞争的。都希望与关键节点连接，得到资源。关键节点主体本身有资源，他们有政府权力和村民代表的政治精英，有靠知识和能力赢得权威的社会精英，有靠家族和关系而有影响力的传统精英。精英分布及相互在能力、资源等方面的博弈决定农村社会资本的结构和性质。当强网络直接抛开社会网络时，平等才会到来（比如政府直接把扶贫的物资分配到贫困户手中）。总之，利益的进入使得西南民族地区社会资本网络由原来的平等、疏远和静止变为多层次、积极和互相交织。

另一个冲击西南民族地区的社会资本结构的是信息对人们思想观念的改变作用。以前，世界在村民眼里就是他们周围这样，他们熟悉了周围的人和事。贫瘠的土地里能够满足他们的梦、温饱，在平等和谐的社会关系中得到精神的知足。知识的贫乏，文化的传统让他们在封闭的山村里休养生息。社会有传统支配，个体懒得去想什么外面的事。如今，资源带着信息涌进来，脱贫致富，想赚钱的念头出现了，生活水平的提高使生活成本增加，经济有压力，逼得要赚钱，寻找机会外出是自然的途径，社会资本主体本能地通过自己的网络，去外界获取资源。在利用个人原来的社会资本同时构建新的关系网络。原来的信任关系因利益加强而削弱。利益衡量一切，可以看到，人们的差耻心、荣誉和面子更重要了。子网络的相互作用使内部复杂分化，整体上仍表现出对国家依赖的心理。西南民族地区社会资本的现状产生原因有如下几个方面：

一是封闭隔绝的山区自然地理位置是历史传统社会资本形成的主要原因。这种偏僻使人无法跨越时空去了解世界并与之交流，但现在的通信工具和交通的改善使这有望克服，表现为生存的自然环境恶劣。从自然环境来看，西南民族地区农村的绝对贫困人口相对集中地分布在若干个自然条件极为恶劣的生态环境脆弱地区。2003 年初国家确定了 592 个贫困县。在这 592 个贫困县里，中部地区有 217 个，而西部 12 省市区竟囊括了 375 个，占到国定贫困县的 63.3%。其中云南占 73 个，贵州占 48 个，四川占 43 个。

　　二是与落后的小农自然经济相适应的是单一自足封闭的社会资本。经济基础决定上层建筑，社会资本就是这种上层建筑在此经济基础上形成的社会网络关系形态。小农经济的自足和独立导致了人的交往，固定于一个小圈子，没有流动。根据国家统计局历年的统计，我国各地区农村居民家庭按来源分的纯收入，西部农村在工资性收入、家庭经营纯收入和财产性收入三个方面，与东部有较大的距离。尤其是西南地区，地表保水持水能力较差，水土流失严重，在这种自然条件下，地区内的居民基本上处于"靠天吃饭"的生存状态。西南农村家庭经营纯收入均低于全国平均数，这反映了西南农村农耕条件改善不够，农业科技含量低从而导致有限的资源不能生产出更多的粮食，创造更多的财富；财产性收入均低于全国平均水平。这反映了西部农村市场发育落后，商品经济不发达。而工资性收入与全国平均水平差距更大。

　　三是落后的教育水平和文化知识的缺乏，使习俗规范决定一切。文字水平低下让居民们的理性接近于满足自己生活和网络的本能。感性决定行动。阻碍了扩大社会资本的念头和道路。没有手段和力量从外部吸收资源来改变传统社会资本的量与质。表现为西南贫困农村劳动力受教育的年限短，人力资源素质偏低。由于人力资源素质低，贫困地区农户或不懂科技种田，或外出打工无门，或从事技术含量低报酬低的体力劳动。这反映了西部农村家庭的人力资源素质低，打工基本上属于最简单的劳动。教育的落后造成思想的落后，各种封建迷信思想在广大的西南民族地区还在延续，居民的活动一般都按约定俗成的规范来进行。

　　四是农业经济使政府和社会分离，缺乏沟通的空间。民间组织的空白使原子化的村民无法把个体的社会资本优化形成总量。乡政府和村级政权的执行式功能无法把乡村社会资本的存量扩大，缺乏公共物品与经济力量薄弱的村寨无法从整体上把群众齐集起来。精英们只是忙于自己社会网络的构建，离开群众他们显得很渺小。面临社会转型，发展是最大的政治，发展是硬道理。而利益已进入网络，传统社会资本无法适应新的经济发展，农村的方向是经济市场化，农业工业化，农村城镇化，农民现代化。这是不可阻挡的历史和时代潮流，民族农村地区无法逃逸时代的变迁。因此，构建新型社会资本，促进社会全面发展，进行综合的政府和社会共同治理达到善治已不可等待。虽社会转型不是一蹴而就，但转型中的政府应适应时代环境的发展变迁，转变职能，构建新型社会资本，联合和发动社会力量，科学治理，建设和谐社会。而这些，对西南民族农村地区而言，无论是政府还是社会组织与村民都将是一场伟大的壮举。在一个政府——公众互动的系统当中，为实现其功能，现代社会资本必须具备的要素有：

1. 信任，特别是普遍信任。它是社会资本的重要组成部分。信任作为一种道德资源，是人们的目光能越出以自己为中心的熟人区域，在对别人是否施舍没有把握的情况下仍予以合作。信任能促进人与人之间的合作，也能促进政府与社会、公众在公共事务上的合作，它引导公众在特定的公共事务领域发挥主动积极的作用，与政府产生良性的互动。

2. 对公共机构的情感及合作的意愿。这是公众对政府和其他公共组织的态度和情感、对政府输入的态度，它是公众与政府可否进行合作的深层次机制，同时还是对政府合法性的最重要尝试。

3. 公众的参与精神。公众参与使多中心治理成为实际的行动。它需要在社会中形成参与的氛围。现代的民主社会，人民主权的理念乃在于由自己作主的人民形成某种形式的统一共同体。公众应超脱其臣民心理，体认自身的公民身份，并以一定的理性的程序与规则参与公共事务。

4. 公共参与的能力感和实际的行动。光有参与的愿望并不能保证参与的实现。公众要对政府施加影响，一个心理或说知觉前提就是他相信自己能够影响政府，能够行使这种影响，即他具有主观能力，这就是公众对政府的能力感。

5. 自主的公众参与网络组织的能力。网络是社会资本的载体。自主的参与网络建构的是一个宽容的社会，其中将会有更少的仇恨并更愿意妥协。对一个宽容的社会来说，要解决集体行动的问题不会困难到足以引起其他方面愤怨的地步。

总的来说，市场经济的发展客观上需要构建现代社会资本，这不仅是中国社会发展的要求，也是西南民族地区社会发展的要求；另外，西南民族地区对传统社会资本的需要，则是由于地区公共产品供给有限的现实决定的，这一切都是传统社会资本存在的现实社会基础。但发展的现实对社会资本的需要并不局限在传统社会资本方面，因为传统社会资本的存在仅仅反映了对社会一定需求的满足，对于一个民族地区社会的现实发展来说，需要的是传统与现实相结合的社会资本，即当代的复合型社会资本，这也是西南民族地区社会资本培育的未来方向。

第三部分

构建现代社会资本　促进西南民族
地区和谐发展：建议与措施

民族地区的发展是我国社会主义社会建设的基本内容之一，民族地区的和谐是整个国家社会和谐的重要组成部分。民族地区的和谐，不仅是指民族地区公共设施的健全和居民物质生活水平的提高，也包含协调的管理体制、信任度强且富有人情味的人际关系，更重要的是民族地区居民对所处区域各种关系的充分认同，达到精神层面的有序与和谐。支撑民族地区和谐发展的这些因素恰恰构成了社会资本的基本要素。因此，我们可以说，西南民族地区民族的和谐发展有赖于西南民族地区社会资本的存量。然而，西南民族地区传统社会资本属于以血缘关系为中心的封闭型社会资本，仅依靠传统社会资本难以推进西南民族地区的和谐发展，因此，在传统社会资本的基础上构建现代社会资本模式无疑成为了西南民族地区的社会和谐发展的重要内容。

第七章　社会资本：社会和谐
发展的重要保障

正如第二章所阐述，社会资本对于一个地区、一个社会的影响是全方位的：个人、群体和社会；经济、政治和文化，因此社会资本与对于社会的和谐发展必然会产生重要的影响和作用。

第一节　社会资本与和谐良好的社会关系模式

对于社会资本中的各个构成部分，不论是人与人之间的信任，还是规范人们行为的各种制度，其现实性都不能脱离公民参与网络，甚至是在这种关系网络中形成和发挥实际作用的非公民主体。考虑社会实际运行，追求社会运行的和谐良好状态，避免最差状态，即使是保证运行过程的正常状态，也不能不把公民参与网络纳入思考的视野，因为作为社会资本基本形态的公民参与网络实际上是人们建立良好社会联系的基本形式。

马克思曾经说过："人们的社会历史始终只是他们的个体发展的历史，而不管他们是否意识到这一点。"[1] 单纯的个体却并不能构成社会，人们往往只能看见从事各种活动的个人，却忽略了人们能够从事活动是因为在人与人之间存在着不能经验的社会关系。"黑人就是黑人。只有在一定的关系下，他才成为奴隶。"[2] 个体的人的生成过程就是与他人的交互作用过程，每一个人都是在与他人的这种交互作用过程中生成的，一个人生成为什么以及可能取得的成就和社会地位，都与此有关。所以，个人构成社会的真正内涵是每一个人都以自己在宏观和微观两个层面的网络关系构成社会，在这个意义上，"社会不是由个人构成，而是表示这些个人彼此发生的那些联系和关系的总和。"[3]

从宏观层面上看，社会关系网络首先表现为社会生产关系，这是一种

---

① 《马克思恩格斯选集》第4卷，人民出版社2012年版，第409页。
② 《马克思恩格斯选集》第1卷，人民出版社2012年版，第340页。
③ 《马克思恩格斯全集》第46卷（上），人民出版社2006年版，第220页。

体制化的关系网络。只要人类活动还在继续，就必须保持与自然界之间的物质变换活动，以满足生存所必需的生活资料，这使与他人没有任何联系的个人实际上不可能保持与自然界之间的正常关系，因为"他们只有以一定方式共同活动和相互交换其活动，才能进行生产。为了进行生产，人们相互之间便发生一定的联系和关系；只有在这些社会联系和社会关系的范围内，才会有他们对自然界的影响，才会有生产。"① 人与自然界之间的关系是通过社会生产关系来实现的，从来就不曾存在将来也不可能出现脱离社会生产关系的人与自然之间的对话。人与自然之间的关系并不是社会的全部内容，社会作为一个整体还存在其他构成要素，它们的存在和运动也必须要依托于一个基本框架和基础，这正如任何一个高等生命有机体需要"骨骼"一样，生产关系就是社会这个特殊的生命有机体"主心骨"，它对社会中的其他构成因素发挥着枢纽式的连接作用，无论是社会的显性构成因素，如政治法律设施和制度，还是隐性构成因素，如各种社会意识形式，都在不同程度上与生产关系相连接、受其影响并为之服务，因此在这个意义上也可以说是生产关系使社会成其为社会，"生产关系总合起来就构成为所谓社会关系，构成所谓社会，并且是构成为一个处于一定历史发展阶段上的社会，具有独特的特征的社会"。②

　　人类进入社会状态后为什么会有秩序？这既不是神定也不是人定，而是那与特定时代相匹配的生产关系，使每一个人或一群人在生产、分配、交换和消费诸环节中占据着相应的位置，在条件不具备时任何试图人为改变这种位置的结果就是从有序到无序，促使社会陷入动荡和混乱，人与人之间体现的是一定性质的生产关系。所以，从这个意义上讲，生产关系的实质就是一种网络关系。不过，从这种宏观层面的网络关系看社会构成，只能达到构成生产关系的各个环节，难以到达社会生活中具体的个体，而且即使在注意到个人的时候，重心也往往倾向于生产关系对个人的决定，在述及个人的反作用时也不能深入说明其具体表现，实际上个人在生产关系的变革方面能够发挥的余地也是极其有限的，因为这种作用必须要通过许多中介环节才能实现，其中每增加一个中介环节，能达到作用目标的影响就将被削弱一定数量级，而且正面影响的具体程度也只能达到恩格斯在"历史合力论"里描述的情况："各个人的意志——其中的每一个都希望

① 《马克思恩格斯选集》第1卷，人民出版社2012年版，第340页。
② 《马克思恩格斯全集》第6卷，人民出版社2006年版，第487页。

得到他的体质和外部的、归根到底是经济的情况（或是他个人的，或是一般社会性的）使他向往的东西——虽然都达不到自己的愿望，而是融合为一个总的平均数，一个总的合力，然而从这一事实中决不应作出结论，说这些意志等于零。相反，每个意志都对合力有所贡献，因而是包含在这个合力里面的。"① 宏观层面上的这种人际网络关系主要显示了社会构成的客观性和统一性。

从微观层面上看，社会关系网络主要是与个体的生存和发展直接相关的各种具体联系。马克思在《关于费尔巴哈的提纲》中说："人的本质不是单个人所固有的抽象物。在其现实性上，它是一切社会关系的总和。"② 人的本质要通过社会关系体现出来，我们可以从纵横两个方面来分析这种具体的社会联系及其价值。普特南在这方面的研究值得借鉴，"任何社会，现代的或传统的，专制的或民主的，封建主义的或资本主义的，都是由一系列人际沟通和交换网络构成的，这些网络有正式的，也有非正式的。其中一些以'横向'为主，把具有同样地位和权力的行为者联系在一起。还有一些则以'垂直'为主，将不平等的行为者结合到不对称的等级和依附关系中。"③ 存在于这些具体人际关系的结构之中，是社会资本区别于其他形态资本的一个重要特征。作为社会资本主要组成部分的公民参与网络是属于横向的关系网络，其结构是实际的或者潜在的资源结合体，任何一个人作为这种关系网络的连接点，就意味着能够运用其中蕴藏的资源，但是必须指出的是，伴随着关系网络的解体，其中存在的资源就自行消失。在一个社会中，各种形式的横向关系网络越密，其公民就越有可能为了共同利益进行合作。因为公民参与网络不仅能增加博弈的重复性和各种博弈之间的联系性，培育强大的互惠规范，而且还能够加速有关个人品行的信息流通，为未来合作提供各种信息。然而，垂直关系网络无论多么密集，也无论其参与者多么重要，社会合作都难以维系。这是因为垂直的信息流动渠道常常会扭曲信息本身，使信息失真，而且那些用以支撑互惠规范的惩罚手段不可能被真正双向使用，尤其难以对那些处于上游状态的人，即使实施了也不大可能被接受。因此，从价值取向来看，公民参

---

①　《马克思恩格斯选集》第4卷，人民出版社2012年版，第605—606页。

②　《马克思恩格斯选集》第1卷，人民出版社2012年版，第135页。

③　［美］罗伯特·D. 普特南：《使民主运转起来》，王列、赖海榕译，江西人民出版社2001年版，第203页。

与网络越具有横向性，就越能够在更广泛的范围内促进制度的成功，横向组织的成员数量与良好的政府之间存在正比例关系，而等级组织的数量则与政府的良好状态呈反比例关系。微观层面的社会关系网络（包括横向的和垂直的）是社会构成不可缺少的一个维度，只是在不同的历史时期纵横二向的侧重点有所不同，传统社会主要是以垂直关系网络来实现人与人之间连接的，而在现代社会中人与人之间的关系则主要表现为横向关系网络，而且横向关系网络尤其显示了社会构成的主体性和丰富性。

上述分析，实际上已经初步涉及公民参与网络的社会资本的绩效差异，为了确认公民参与网络作为社会资本所产生的全面效应，有必要对此再作进一步的分析。从社会资本理论来看，探究公民参与网络在社会发展中发挥的作用究竟如何，基本的观察视野是构成社会的社会关系网络的作用机制与特征。

不同形态和性质的生产关系构建的现实社会都存在一个共同之处，即在这个生产关系中占据主导地位的群体、集团或者阶级的利益，始终是这个社会中"这是一种普照的光，它掩盖了一切其他色彩，改变着它们的特点。"① 为了维护他们共同的利益，这些人结成的关系网络对外在于他们或者与他们的利益存在冲突的其他人，往往会具有不同程度的排斥。即使在已经存在的生产关系不能满足他们的利益而促使他们进行变革的情况下，一切措施，包括对其他利益所有人的让步，也必须维持在不会突破他们自身利益的界限这个基本的范围之内。因此，这种社会关系网络的内在作用机制是紧紧围绕特定利益旋转的，其外部表现则具有排斥圈外人的封闭特征。这就是说，社会结构在经历一定的时空之旅后，渐次趋近于封闭几乎是不可避免的结局。即使在微观的层面上，为团体成员产生利益的紧密而强大的联系，往往可能会禁止其他人获得利益，显得封闭。例如，意大利、爱尔兰和波兰移民后裔对纽约建筑、贸易和警察工会的严格控制；韩国移民在美国东海岸的几个城市中控制了制造业，犹太商人对纽约珠宝贸易的垄断；以及古巴人对迈阿密经济中许多部门的控制等等，在这些团体内部人与人之间的经济交换和效率是提高了，却隐性地限制了圈外人。家族式的公民参与网络所具有的这种封闭性特征要远比一般的其他团体更为严重，传统的人与人之间的连接方式虽然使其能够在一定程度上消除集

---

① 《马克思恩格斯选集》第 2 卷，人民出版社 2012 年版，第 707 页。

体行动的困境，却只能局限有限的公民参与网络范围之内——特定家族的公民参与网络，超出这个范围合作的信任、积极性和动力就会减弱。公民参与网络借以形成的基础只能是利益（当然不仅仅是物质利益而是广义的多元利益），同质利益则使公民参与网络呈封闭之势，脱离这个核心我们不能就各种层面上的公民参与网络进行合理的解释。

　　一旦公民参与网络因同质利益而走向封闭，在社会构成上将降低内在结构应该具有的有机性。如果这种情况被不断强化，可能产生的实际效果恰恰是社会活力的不断衰竭，因为这必然会导致在社会生活的某些方面或者领域，出现足以垄断交往可能性空间的巨头，超出社会能够有效制约的范围。这种情况无论在人类历史上还是在现实社会中的政治、经济和精神领域都不乏其例。如果说在传统社会往往是以家族为基础的公民参与网络范围相对有限，那么在现代社会产生的技术条件则可能从横向使这种封闭的人际网络关系不断扩张，比如各种规模巨大的邪教组织、跨国公司、寡头企业等。无论产生其中的哪一种情况，最后的结果都可能附带产生某些并非积极的而是消极的、或者异质的社会资本——内部信任被强化，而外部合作却减弱。相互竞争的利益集团虽然能够在一定程度上防止单一权力对社会的支配和控制，却无法避免利益集团的数量和规模的发展，从而使那些实力强的利益集团主宰了影响社会政治的主要渠道，导致利益集团之间发生冲突。更为重要的是，公民参与网络出现封闭的结果，会使处于网络关系中的人视野被遮掩，思维呈现禁锢和僵化，人与人之间本来应该具有的诸多价值如博爱等可能更容易趋于淡化，最终便如德国社会学家滕尼斯所说："商人或者资本家（货币的持有者，货币通过双重交换是会增加的）是社会的天然的主人和统帅。社会是为他们而存在的。社会是他们的工具。社会里面所有的非资本家或者本身像死的工具——这是奴役的完美概念——他们在法里等于零，也就是说，他们被设想为没有能力随自己的意愿行事，也没有能力缔结在这个制度里有效的契约。"①

　　但令人颇感困惑的是，社会资本中公民参与网络的存在不仅社会本身不能刻意避免，反而在一定程度上还是社会赖以存在的基础。任何一个社会都不能没有生产关系已经成为一个基本前提，而且社会发展的现代趋势必然是横向网络关系，因为它符合经济市场化和政治民主化和价值选项，

①　［德］滕尼斯：《共同体与社会》，林荣远译，商务印书馆 1999 年版，第 119 页。

垂直的网络关系虽然在社会管理、家庭生活领域维持存在，却始终不能成为人与人之间关系的全部内容甚至主要内容。

第二节 社会资本与权力的合法性

社会资本与政治有着密切关联，政治影响着社会资本的生成与积累，社会资本是使民主政治得以产生的重要因素。从根本上说，社会与政治的关系可追溯到信任与权力的互动上。人类从野蛮向文明过渡的历史，从某种程度上可以说是围绕权力进行的，有人认为权力作为一种社会现象，在历史起源的时间上仅次于性和爱，但关于权力本身的哲学反思却一向比较缺乏，也没有为人们普遍接受的权力理论。

合法性的问题是自从国家权力和统治产生以来就存在的一个最古老也是最基本的问题。古代为政权提供合法性提供系统论证的是"君权神授论"，这种在东西方都曾经普遍流行过，我国古代典籍中最早关于君权神授的记载是《尚书·召诰》："有夏服（受）天命。"殷商奴隶主贵族创造了"至上神"的观念，称为"帝"或"上帝"，认为它是上天和人间的最高主宰，又是商王朝的宗祖神，因此老百姓应该服从商王的统治。西周时用"天"代替了"帝"或"上帝"，周王并被赋予了"天子"的称呼。周代的铜器"毛公鼎"铭文记载："丕显文武，皇天宏厌厥德，配我有周，膺受天命"，明确地宣传"君权神授"的思想。《左传》则明确了"国之大事，在祀与戎。"把"祀"与"戎"并列为国家大事，所谓"祀"即祭祀天神，"戎"即武力或军队。可见古人很早就已经懂得欲使政权得以存在、统治得以施行，不仅要掌握有组织的暴力，抵御外来侵略，维持国内治安，而且还需要祀天拜祖，神道设教来为政权提供合法性基础。君权神授的理论在汉代有了系统的发展，董仲舒提出了"天意"、"天志"的概念，并且提出了"天人相与"的理论，认为天和人间是相通的，天是有意志的，是最高的人格神，是自然界和人类社会的最高主宰，天按照自己的面目创造了人，人应按天的意志来行动。从"天人相与"的神学目的论出发，董仲舒提出"君权神授"的命题，认为皇帝是天的儿子，是奉天之命来统治人世的，人民应该绝对服从他们，凡是君主喜欢的事，老百姓应该无条件去做。"君权神授论"在中国历代王朝的更替过程中不仅为既有王朝的存在提供了合法性基础，而且也为推翻旧王朝建立新王朝各种活动提供了合法性依据。君主往往以"授命于天"而自居正统，所谓"乱党"、"暴民"则以"替天行道"、"受命改制"把谋求改朝换代的活动合法化。在中世纪的西方，"君权神授论"为罗马天主教会在欧洲的统治提供了合法性基础。由于"君权神授"学说也为不同的解释和利用留下了空间，因此不仅为不同教派争夺权力提供了可能，而且为各国君主反对罗马教会（即王权与教权的斗争）以及各国君主之间的权力斗争留下了余地。从某种意义上说，正是"君权神授"理论的模糊性和随意解释性，是欧洲中世纪成为野蛮的"黑暗时代"的部分原因。尽管在英国资产阶级革命时期出现了罗伯特·菲尔麦为君主专制制度辩护的君权神授，但毕竟已经不符合时代潮流，在洛克等人的批判下退出了历史的视野。随着人本主义观念的兴起，在西方取代"君权神授论"的是"社会契约论"①。从理论上系统探讨合法性问题的应该说是从此才正式开始。近代社会契约论者如霍布斯、洛克和卢梭等，在考察公民是否具有尊重国家并服从国家法律的时候，他们探讨的就是合法性问题：什么时候和在什么基础上，国家权力才可以对社会合法地实施其权威？而他们解决这个问题的思路都是达成不同形式的契约来奠定国家权力的合法性基础，不是在人的活动之外而是在人的活动之中寻找答案，尽管他们对契约的当事人以及具体内容有不同的理解。因此他们比起"君权神授论"的维护者们来说，无论在何种意义上都是一个巨大的进步。

马克斯·韦伯是第一个把合法性作为一种社会学现象来加以研究的学者。贯穿于韦伯全部政治社会学中的主导思想，就是统治构成了社会行为最重要的因素之一，社会与其组成部分之间不是通过契约关系或道德一致，而是通过权力的行使被聚集在一起，在他看来统治不过是权力的一种特殊情况或者具体表现。韦伯把统治分为两种，一是产生于对市场上经济资源的垄断和控制的统治，二是建立在官方权威之上的统治。在这两种统治中他只关心第二种，即把统治与命令的权威力量等而视之。他指出，"任何一种真正的统治关系都包含着一种特定的最低限度的服从愿望，即从服从中获取（外在的和内在的）利益。"为此就需要有可靠的机会让被

---

①　社会契约论的思想可追溯到伊壁鸠鲁，"自然的公正，乃是引导人们避免彼此伤害和受害的互利的约定。""公正没有独立的存在，而是由相互约定而来，在任何地点，任何时间，只要有一个防范彼此伤害的互相约定，公正就成立了。"参见北京大学哲学系编《古希腊罗马哲学》，商务印书馆1982年版，第347页。

统治者采取旨在执行统治的一般法令和具体命令的行为，但"一切经验表明，没有任何一种统治自愿地满足于仅仅以物质的动机或者仅仅以情绪的动机，或者仅仅以价值合乎理性的动机，作为其继续存在的机会。毋宁说，任何统治都企图唤起并维持对它的'合法性'的信仰。"① 这就是说，统治本身面临的首要问题是合法性问题，也就是说，权力是统治的基础，权力的行使必须得到被统治者的基本认可才是有效的。一般说来，国家权力的行使或者统治都是通过制度的适用并对被统治者的行为产生影响来实现的，为此，马克斯·韦伯通过"制度"的"适用"来回答这个问题。"行为，尤其是社会行为，而且特别是一种社会关系，可能以参加者的一种合法制度存在的观念为取向。这种事情真正发生的机会应该称之为有关制度的'适用'。""一种制度的合法性可以通过下述情况得到保证：一、纯粹内在的，即①纯粹情绪的：通过感情的奉献；②价值合理性的：通过信仰的绝对适用作为最后的、负有义务的价值（习俗的、美学的或其他价值）的表现；③宗教的：通过信仰对救赎物的占有取决于对制度的遵守。二、也（或者仅仅）通过期望出现别的外在结果，即通过利害关系；然而也通过特别形式的期望。""合法的适用可能由于行为者归功于一种制度：a）基于传统：过去一直存在着的事物的适用；b）基于情绪的（尤其是感情的）信仰：新的启示或榜样的适用；c）基于价值合理性的信仰：被认为是绝对有效的推断的适用；d）基于现行的章程，对其合法性的信仰。这种合法性［(d)］可能［被参加者们］感到是合法适用的：甲）基于有关人员对这种合法性达成的协议；乙）基于强令（根据一种被认为合法适用的人对人的统治）和服从。"② 他据此认为，历史上的合法统治主要存在有三种纯粹的类型，一是法理型（legal – rational），这是建立在相信统治者的章程所规定的制度和指令权力的合法性之上，他们是合法授命进行统治的；这种情况下，服从的是有合法章程、非个人的制度，其合法性在制度合法。二是传统型（traditional 实质合理性），建立在一般的相信历来适用的传统的神圣性和由传统授命实施权威的统治者的合法性之上；在这种情况下，是由于尊敬而服从传统所授命进行统治并受传统约束的统治者个人，其合法性在尊敬传统。三是个人魅力型（charis-

---

① ［德］马克斯·韦伯：《经济与社会》，林荣远译，商务印书馆 1997 年版，第 238、239 页。

② 同上书，第 61—62、64、66—67 页。

matic），建立在非凡地献身于一个人以及由他所默示和创立的制度的神圣性，或英雄气概或楷模样板之上；在这种情况下，服从的是具有魅力素质的领袖本人，即由于个人信赖默示、英雄主义和楷模榜样而服从他，其合法性在个人魅力。马克斯·韦伯认为，法理型统治是建立在人与法律的关系之上的，所依据的法律体系是根据实证原则指定的形式法律体系，是经过社会群体的同意产生的。这种形式法律使社会关系和社会行为在规范中运行，为理性的社会经济组织的形成提供了理性法律的保障，它的本质是要强调法治，因而是一种最具有稳定性和合理性的统治类型，也是现代社会中最具有理性意义的合法性统治形式。

　　哈贝马斯是对合法性问题进行深入思考的当代西方学者，他在其《重建历史唯物主义》一书中对合法性，特别是现代国家的合法性问题进行了专门研究。和马克斯·韦伯一样，他也认为合法性与政治秩序有关，合法性甚至是一个不能随便使用的概念："只有政治制度才拥有或者才可能丧失合法性；只有它才需要合法性。"只有谈到政治制度时我们才能谈合法性。那么，合法性意味着是什么呢？"合法性的意思是说，同一种政治制度联系在一起的、被认为是正确的和合理的要求对自身有很好的论证。合法的制度应该得到承认。合法性就意味着某种制度的尊严性，这个定义强调的是，合法性是一种有争议的公认的要求，统治制度的稳定性，甚至取决于对这种要求的（起码的）在事实上的承认。"一旦一种政治制度丧失其合法性即行为者不相信政治系统的决策权，就可能产生合法性危机，进而引发社会革命，"在某种情况下，失去合法性对一个政权来说，具有产生生存危机的结果。如果这种合法性危机的结果，不仅使国家的基本结构发生变化，而且也使整个社会的基本结构发生变化，我们说，这就是革命。"[①] 他特别具体地指出，"一个统治的合法性，是以被统治者对合法性的信任为尺度的。这涉及着'信任问题，即相信一个国家的结构、活动、活动方式、决策、政策，以及一个国家的官吏和政治领导人都具有正确性、合理性、善良道德的素质；并且相信由于这种素质而应得到承认。'"[②]他认为合法性是历史的具体的，最早的统治者都力图使自己的统治披着宗教神圣的外衣，借助于神圣化来实现权力的合法化，即借助原始

---

　　① ［德］哈贝马斯：《重建历史唯物主义》，郭官义译，社会科学文献出版社2000年版，第262页。

　　② 同上书，第287页。

神话来为自身进行辩护的，当终极原因在理论上不再是可信时，其辩护的对象不再仅仅是统治者个人，而是一个政治制度，此时就产生了按程序办事的合法性类型，以及与此相匹配的只有表达了集体利益或者代表了普遍意志的规则才是合法的民主观念。

从上述叙述中可以看到，关于国家权力的合法性问题的不同思考，贯穿其中的共同思路是确保国家权力或者统治能够获得被统治者的广泛认同，普遍接受，至少能够在多数民众中建立起值得信任的形象，这个形象的基础就是它在现实生活世界中能够主持公道，伸张正义，即使古代社会的国家权力通过"君权神授"来进行证明，要说明的仍然是这个宗旨。换句话说，无论是掌权者还是政治家都存在着一种自觉的共识：没有民众对国家权力的信任，或者国家权力不能成为人与人之间建立普遍信任关系的中介，国家权力的合法性就不能从根本上得到解决。因此，我们可以认为，从社会资本理论的角度看，信任关系是国家权力的合法性基础。

必须从两个层次上来理解这一论断，第一，任何一个国家权力能够得到民众的信任，还可能仅仅是在表层上被赋予了合法性，因为这种合法性所依据的信任往往可能是不可靠的。在马克斯·韦伯所说的传统型统治中，对国家权力或者统治的信任被扭曲为仆从对主人的恭顺，臣仆对主子的忠诚；在个人魅力型统治中，这种信任则表现为对领袖的盲目崇拜和迷信。"在前理性主义时代，几乎整个行为的取向都被传统和魅力瓜分殆尽"①，因此，这样的信任不是理性的而是非理性的。第二，只有当国家权力能够成为人与人之间建立普遍信任关系的桥梁、纽带和中介时，由此建立起来的信任才能成为国家权力合法性的真正基础。所谓普遍的信任关系，也可以说是浅度的信任关系或者陌生人之间的信任关系，这种信任关系不受血缘或者地缘因素的限制，也就是它的普遍性存在着时间和空间限制的可能。这不是传统型和个人魅力型统治所能够做到的，因为它们共同的本质是以私有化的国家权力来进行统治的，这也是在这两种统治类型的社会中信任关系往往局限于特定范围，不能广泛拓展的根本原因。

在现代社会中，国家权力要获得民众的信任，必须要从自身的抽象性中解脱出来，通过某种存在物具体化，而最适合充当这个角色的无疑是法律及其制度化安排，国家权力是通过法律转化为可经验的存在，即使在马

---

① ［德］马克斯·韦伯：《经济与社会》，林荣远译，商务印书馆1997年版，第273—274页。

克斯·韦伯所说的传统型和个人魅力型的统治中依然如此，无论那时的法律是否真正起到了法律的作用。法律在人们的实际生活过程中，通过它的仪式、传统、权威和普遍性体现出来的神圣性，无时不对生活本身发挥着直接或者间接的而且是具体的影响。在谈到法律要如何才能发挥作用时，美国法学家伯尔曼有这样一句值得提及的话，深刻表达了法律的合法性基础："法律必须被信仰，否则它就形同虚设。"也就是说，"除非人们觉得，那是他们的法律，否则他们就不会尊重法律。但是，只有在法律通过其仪式，权威和普遍性触发并唤起他们对人生的全部内容的意识，对终极目的和神圣事物的意识的时候，人们才会产生这种感觉。"① 这从一个具体的而又与国家权力直接相关的角度说明，信任之于国家权力的合法性具有基础性的地位。法律要获得生命，不能不被人们信任，否则它就永远是外在于人们的实际社会生活，充当被动干预生活的工具，而不能融入现实生活世界本身，成为生活方式的有机组成部分。

社会生活的秩序生成需要权力，但是这种源于社会生活的秩序的需要却不是权力的合法性基础。大凡权力都追求秩序，不同的权力将会形成并维持不同的秩序，专制制度下社会秩序显然是与人的价值和尊严完全背离的，也就是说所有专制制度下的国家权力都追求形成符合拥有国家权力的私利所需要的社会秩序，因此我们不能因其也具有秩序的一般属性而给以肯定，与之相匹配的国家权力当然也就不能获得合法性资质。民主制度下的国家权力也追求社会秩序，但这种秩序是以人有信任为基础的，体现人的价值和尊严，而且这种国家权力之所以具有民主之性质，又正在于它能够成为人与人之间结成普遍的信任关系的桥梁、纽带和中介，即民主制度中信任与秩序存在于良性的互动中。

第三节 社会资本与公共利益的实现

公共利益是指满足社会群体中全体成员或大多数成员的需求、实现他们的共同目的、代表他们的共同意志、使其共同分享的一类效用。公共利益是面向社会上所有人，对社会的每一个成员提出要求，提供价值；公共利益应独立于个人或团体的利益偏好，不以他们各自不同的利益需要和价

---

① ［美］伯尔曼：《法律与宗教》，梁治平译，生活·读书·新知三联书店1991年版，第28、60页。

值目标为转移。20 世纪 80 年代美国社群主义主要代表迈克·华尔采曾解释过公共利益。他说，所有最古老的人类社群如军营、寺庙、作坊和城镇，最初的形成都是为了某种共同的利益。社群所提供的公共利益形形色色各不相同，但无非"安全"和"福利"两大类，所以，可以把各种人类社群看作是"安全和福利的社会（共同体）"。人类各种社群之间之所以千差万别，部分地也是因为它们所能提供的社会利益不一样。所以，社群为其成员提供利益的方式直接体现了人类的各种不同社会制度。① 公共利益可分为两类：一类是非产品形式的公共利益；另一类是产品形式的公共利益。产品形式的公共利益是一目了然的，如各种各样的社会福利。而非产品形式的公共利益则较为复杂，英国社群主义杰出代表戴维·米勒曾对此作了专门的解释。他指出，社群主义所说的非产品的公共利益有三个基本特性。首先，这种物质利益不可能只提供给社群中某个人，而不提供给其他人。即当把它提供给某个人时，它必然同时也自动地为同一社群的其他成员所享有。例如，街道卫生就是这样一种公共利益。其次，这种利益具有相关性，即它不仅有利于某个人，而且有利于与他相关的许多人。例如，企业中某些民主管理规则的受益者不是某个工人，而是全体工人。最后，这种公共利益还涉及某些基本的人际原则，如诚实、无私、奉献等。②

公共利益具有三个特点：第一，公共利益是具有消费不排他性的相容性利益。这意味着公共利益不是由某个人专门享有的，其他个人也可以享有，增加新的受益者并不会减少原有受益者的利益。比如，洁净的空气、稳固的国防，都具有这种相容性。第二，公共利益具有不可分性。也就是说，"公共利益所具有的数量不能像私人利益那样被划分，不能由个人按照他们的偏爱多要一点或少要一点。""有许多个人要求或多或少的公共利益，但是如果他们都想享有它，那么每个人就必须享有同样的一份。"③第三，公共利益的供给具有一定的外部效应（Externality）。公共产品在生产和消费过程中，可能会给社会其他成员带来一定的利益。比如，某人因在自己的花园中种植花草而使邻居受益，注射传染病预防针的人既有助

---

① ［美］沃尔泽：《社群主义者对自由主义的批判》，载《政治学理论》1990 年第 1 期。

② 俞可平：《当代西方社群主义及其公益政治学评析》，载《中国社会科学》1998 年第 3 期。

③ 茅于轼：《中国人的道德前景》，暨南大学出版社 1997 年版，第 62 页。

于自己也有助于他人。公共产品的消费越是普遍化，这种外在利益越会加大。反之，公共利益受到损害，不会仅是一个人受到损害，而是同一社会的其他人也受到损害。如工业对自然环境的污染和侵蚀就是如此。公共利益的这些特性导致了集体行动的困境，引发个人的"搭便车"动机：公共利益的增加或减少反正不会直接使我个人的利益比别人更多或更少，所以我个人对公共利益的奉献常常显得无多大价值，还不如让别人去做奉献，自己则坐享其成。亚里士多德很早就指出了这一点。他说："凡是属于多数人的公共事物常常是最少受人照顾的事物，人们关怀着自己的所有，而忽视公共的事物；对于公共的一切，他至多只留心到其中对他个人多少有些相关的事物。"①

事实上，能否实现公共利益，问题的关键在于社会成员之间能否为了他们共同的利益而进行社会合作。社会资本对人际合作的促进作用，主要是通过信任与互惠而实现的。如上一章所论述的，信任作为社会资本的一个重要组成部分，是对某人或某种制度的可靠性、诚实性、公平性、力量等的坚定信心。在这里，对个体的信任被视为个人心理特质（预期、信心和信念）的表达：信任假定了对于某人或某事的某种品质或属性有信心的依赖；对未来的或可能发生的事情的信赖；信任假定了个体面临一个预期损益时做出的义务、忠诚和承诺；信任假定了对个体未来能力和意向的信念。一定的人际关系的持续需要信任来维持，人类的相互交往包括经济生活中的相互交往，都依赖于某种信任。信任导致了合作，信任是人与人之间联结的纽带和润滑剂，信任是组织效能与维系组织垂直的重要影响因素。

信任是在人作为社会生物的演化过程中形成的，它一方面包含于人的内在规定性，另一方面是人与人之间相互博弈的结果。信任关系的确立必然不以损害他人为前提，信任寄予了对他人付出代价的回报，并有所承诺和期望，这便需要社会个体之间的相互作用，特别是互动合作进而互惠或共赢。然而，信任关系的确立首先必须以利他主义行为为前提，利他主义行为为人类个体之间的互动甚至信任关系的建立提供了生物学和经济学的理论基础。

利他主义行为主要有三种形式：其一，亲缘利他，即有血缘关系的生

---

① ［古希腊］亚里士多德：《政治学》，吴寿彭译，商务印书馆1965年版，第48页。

物个体以减少自己或牺牲自己的生存和繁衍的机会为代价，向亲属提供更多繁衍机会，传递更多共同基因的行为。它提高了亲族的总体适应性。这种以血缘和亲情为纽带的利他行为，是单向性的。在发生互动关系的两个生物个体中，这种亲缘利他行为具有单方面的指向，如父母基因的遗传、父母财产的继承等等不对称的行为。亲缘利他虽然不含有功利的目的，但并不否定这种行为有回报。生物的进化取决于生物的基因遗传频率最大化，具有提供亲缘利他的物种在生存竞争中具有明显的进化优势。随着亲缘关系的疏远，亲缘利他的强度也会逐步衰减，即所有生命体都具有最大化目标函数的行为。其二，互惠利他，即无血缘关系的生物个体为了回报而相互提供帮助的行为。生物个体之所以降低自己的生存竞争力而去帮助另一个与己毫无血缘关系的其他个体，是因为它相信日后会获得更大的回报，获取更大的收益。根据边际效用递减规律，施惠者与受惠者互相换位时，同样的东西将产生更大的边际效用。这种期待投资回报的行为在生物个体一次性的互动中风险是很大的，其需要有效的约束机制或外部力量的作用来防预欺骗行为并防止损失过大。因此，相互的利他只有在相互熟悉对方的情况下才会存在，否则利他很容易成为自私的猎物。于是，互惠利他必须存在于一种较为长期的重复博弈关系中，而且还要求形成某种识别机制，以便抑制道德风险和个体的机会主义倾向。生物个体间存在的互惠利他行为，其信任的产生是人类合作的重要基础。其三，纯粹利他，即生物个体不追求任何针对其个体的客观回报，牺牲自己以换取群体生存的可能性。英国生物学家温·爱德华认为，动物会为了整个种群的生存而主动降低自己的繁殖机会。纯粹利他行为有助于加强内部的合作，增大生物群体在竞争中生存和繁衍的机会，这种利他行为更多是在道德意义上的理想状态。

利他行为是社会个体之间的社会关系得以建立和维系的重要因素，是产生信任关系的基本前提。信任在人类的交往中产生，在相互利他中产生，任何信任及其关系的形成与建立都是指向他人的。亲缘利他行为是一个本能，更多与血缘、亲情或感情联系着。血缘关系密切的个体之间会产生强烈的相互依赖和相互帮助的利他倾向和较稳固的信任关系，主要是因为他们拥有共同的基因，对相同基因或相似的基因载体的帮助也就是对自己基因的帮助。"无条件的利他主义行为旨在为亲近效力，其强度和频率随着血缘和亲属关系的疏远而急剧下降"①。除了亲缘利他可以产生信任以外，另一被广泛认可的能产生社会信任利他行为的是互惠利他。对于在互惠利他行为中产生信任，学者们借鉴了博弈论的方法，尤其运用了重复博弈的方法，阐明了由自私基因控制的个人是如何进行利他互惠、如何建立信任的。尤其是美国政治科学家艾克斯罗德从演进博弈论的角度进行了三次重复"囚徒困境"博弈实验引起了学界的广泛关注。其结果说明了合作能给局中人带来最大的收益。似乎在每一直接对局中，采取背叛策略的人都占了便宜，但事实上，最终的结局却是"一报还一报"的策略分数最高，因为他导出合作，使别人成为他的合作伙伴。这从经济学的角度可理解为生活当中大多数的博弈都是非零和的，也就是说，局中人一方的得益并不是完全建立在另一方的负效用上。如艾克斯罗德所说："人们习惯于考虑零和博弈对局，在这种情况下，一个人赢，另一个人就输，然而生活当中的大多数情况都是非零和的。一般来说，双方都可能做得很好，也可以做得很差。"互动双方的博弈过程中，个体增加对另一个体的信任的途径之一是交易互动对象的可信度，另一途径是获取交易对象真实可信的追加信任。基于对另一方的感知，个体对与之互动的个体的内在感觉而伸展出的可靠性认识，在剔除了对方机会主义行为的前提下，个体对被认知对象品质内在可信度的感觉，导致了个体对认知对象人性的本质认识，即作为理性的人性既有机会主义的内在倾向，也有内在品质稳定性的可信度。另一方面，互动双方出于所处环境和利益的驱动，可能会在环境压力下考虑抑制其机会主义行为，驱使其利己主义动机利他化，或采取利他主义动机使得互动的双方或多方能够出于自身利益的长远考虑而弱化其为短期私利而采取的机会主义行为。

　　然而此种互惠利他行为，只局限于相互作用的小单位的个体中，其交易成本的比较与测试也较为容易，其信任关系的建立与维护，只能是在较稳定的、或是长期的交往范围内。人类社会的合作行为的扩大和群体规模的变动还需要更大的利益和理性，它需要的互惠利他中得到的有限理性为基础，将信任关系由特殊群体推广到人类的一般社会水平，即由特殊信任主导的社会关系扩展到由普遍信任关系为主导的社会关系，只有普遍的信任才能导致普遍的合作。普特南提出一种平等交换的规范有助于发展人与

───────────

　　①　杨春学、李实：《近现代经济学之演进》，经济科学出版社2002年版，第74页。

人之间的互信。所谓平等交换的规范，指的是交换双方均有清楚的责任和义务。甲施恩于乙，乙便有责任回报甲。反之亦然。如果这种关系形成一种规范，个人便能够不计较眼前的得失而为他人或群体的利益作出贡献。因为在平等交换的规范下，可预期其他人将作出相同的贡献。譬如说一个社区建立了一种互相守望的规范，我便乐于为出了门的邻居留意他的门户，因为我相信当我出门时，邻居亦会为我留意门户，这种守望相助的规范能减少社区为聘任更多保安所带来的成本。要发展这样一种规范，必须通过社区成员间不断的交往。沟通能唤起一些有助合作的价值和创造一种群体的身份和意识。在传统相熟人的社区，上述这些沟通、平等交换的规范和互信都不难建立，因为那种社区就是博弈论中的"重复博弈"情境，合作会自然发生。问题是在现代城市，人口众多且流动性高，如果人与人视彼此的交往或交易均是短暂的"一次性博弈"，便容易引起机会主义或短期利益行为。然而，透过社会资本中的公民参与的网络，特别是由公民自主组成的经济（如合作社）和社会团体（如福利互助组织与兴趣团体）；将促进公民间的信任与合作：（一）因为当大量的市民参与这些社团，市民之间有持续性的交往，就形成"重复博弈"之局，倾向考虑长远利益而非短期的好处；（二）互惠交换的规范亦必须在稳定和重复不断的交往中慢慢形成；社团能提供这样的环境；（三）社团亦提供沟通的媒介，特别是个别成员过往诚信表现的信息，将有助人们选择合作伙伴，继而促进合作；（四）社团提供一种集体的记忆，将以往一些缔造公共物品的成功经验累积传递下来，有利改进集体行动的策略。① 因此，如果一个社会的社会资本越丰富，成员的信任度就会越高，便越有利于社会合作的实现。正义和谐的社会是高度合作的社会，既需要个人与个人的合作、也需要组织与组织、组织与个人以及全社会的合作。在这里尤其要强调一下公民与政府间的合作，因为公民与政府是否能建立良好的信任与合作关系是一个国家能不实现其社会民主与正义制度的重要标准。

政府与公民的关系是人类社会存在的第一大关系，"政府与公民之间的关系问题，几乎也是所有政治思想家所要探讨并致力于解决的问题；甚至可以认为，无论是中国还是其他各国，人与政治或政府的关系问题都是政治思想史的主线，一部政治思想史，就是探讨人的政治生活以及人与政

---

① ［美］罗伯特·D.普特南：《使民主运转起来》，王列、赖海榕译，江西人民出版社2001年版，第203—204页。

治或政府的关系史。"① 19 世纪上半叶英国自由主义政治思想家约翰·密尔在其著作《论自由》中对公民与政府的关系是这样论述的：一个社会的进步同这个社会处理好政府与个人的关系紧密联系在一起，因为社会的进步与每一个社会成员的个性和首创精神发挥有关，一国政府如何对其公民施与权利，直接影响到公民个性和首创精神的发挥。随着社会的不断发展，民主化程度的提高，政府与公民是否能良好合作已成为一国政府能否实现其正义制度的重要评判标准。

政府作为国家权力机关的执行者，在执行国家意志、维护国家的统治、制定法律、经济管理职能和广泛的社会服务等方面发挥着重要的职能。政府的"产生源于人民公意达成和公意授权，其功能在于运用其他社会组织所不具备的强制性公共权威，承担起无可替代的社会责任，这内在地决定了政府的民主取向和责任取向，必然是现代政府公共行政活动所必须奉行的两项基本原则，以及支配政府行为的内在价值准则。"② 政府在现代社会中起着非常重要的作用，特别是在发展中国家里，社会进步、经济发展都需要由政府推动。但是政府的职能要想充分发挥单单靠政府组织自身的工作是不够的，因为其中任何职能的发挥都需要社会、公民来承载，需要公民的支持与合作。因此，在政府的公共管理行为中首先碰到的一个关系就是与它所辖的公民之间的关系。从政府管理的角度上讲，一方面，在单纯的行政管理中，公民是政府管理的客体，政府是行政管理的主体，政府与公民的关系是命令与服从。另一方面，从公民与政府的互信与回应的角度看，公民是评判政府的主体，政府却成了公民评判、反映的对象。因此，可以得出政府与公民之间的关系在本质上是一种辩证的主客体的关系。近代民主主义主张政府与公民的基本关系体现在以下三方面：其一，政府是在人民的基础上得以产生的。正是由于人民的需要，才有了政府的产生、存在和发展。因此为公共服务是政府最根本的任务。其二，公民是国家中的真正主权者，政府不能是高于公民之上的独立力量。政府的国家事务管理权在执行中必须接受公民的监督，得到公民的信任。其三，政府与公民之间相互依赖。公民为了实现个人的奋斗目标，也要借助政府这个手段，比如个人的发展需要政府提供稳定、安全、良好的社会环境等等。传统的政治学理论认为，如何解决政府与公民的关系，在很大程度上

---

① 桑玉成等：《政府角色》，上海社会科学院出版社 2000 年版，第 28 页。

② 金太军：《公共行政的民主和责任取向析论》，载《天津社会科学》2000 年第 5 期。

取决于政府，因为"一般政治思想家都认为，统治者这个特殊地位，总是有某些因素必然促使居位者超群于人民群众，为谋取自己的特殊利益而忽视全体利益，从而违背政治社会之'契约'的根本精神。"所以在政府与公民的关系中，不考虑公民的主动性。但随着市场经济的发展，那些自由、平等、竞争的现代市场经济价值观念也深入人心；随着政府职能的转移、公民拥有越来越多的民主、自由空间后，公民逐渐从行政管理的被动适应者向行政管理的主人转变，随之公民对政府的无限依赖的公民与政府的关系格局打破了。人民的主体地位日益被强化，社会公众逐渐认为达到了公共权力的性质和政府运用公共权力管理社会的目的，即政府管理和服务的内涵。公民不再是单纯作为一个被动的受管制者而是日益以参与者身份与政府各部门及其工作人员发生关系，因此，现在公民与政府的关系的建立与维护应该依靠政府与公民的双方努力，相互信任与相互合作。

在西方学界比较关心政府与公民的合作模式，许多学者都力求从法哲学、社会学、政治学等多角度进行理论上的探讨。黑格尔是西方历史上将政治国家与公民社会进行明确区分的理论先驱。黑格尔认为国家不但高于公民社会，国家也先于公民社会而存在。公民社会是不成熟的外部的国家，即需要理智的国家，"在现实中国家本身倒是最初的东西，在国家里由内部家庭发展成为市民社会"① 即人民应该听命于政府的安排。哈贝马斯却认为，资本主义市场经济的发展导致了国家与社会的分离，与国家相对应的是"公共权力领域"，即政府领域，而社会相对应的是"私人领域"，对于"私人所有的天地，我们可以区分为私人领域和公共领域，私人领域不仅包括狭义的市民社会，而且还包括真正意义上的公共领域，因为它是由私人组成的公共领域"②，因此国家为了防止金钱和行政权力这两种暴力应该接受公民社会的监督，让公民社会成为抑制政府暴力、稳定社会的均衡器。③ 美国当代哲学家柯亨和阿拉托则把公民社会理解为经济与国家之间的社会互动领域，它通过政治社会和经济社会的中介，在不妨碍经济和国家的自主运行逻辑的前提下，对它们施加影响。从 20 世纪 90

---

① ［德］黑格尔：《法哲学原理》，范扬、张企泰译，商务印书馆 1996 年版，第 251 页。

② ［德］哈贝马斯：《公共领域的结构转型》，曹卫东等译，学林出版社 1999 年版，第 35 页。

③ 同上书，"1990 年版序言"，第 22 页。

年代以来西方学者提出的善治理论对公民与政府合作关系理论又有了创新。这一理论从社会控制角度讲，就是要将市场的激励机制和私人部门的管理手段引入政府的公共服务，强调政府与公民社会、政府与民间组织、公共部门和私人部门之间的合作管理和伙伴关系。① 治理与善治强调的是使相互冲突的或不同的利益得以调和并且采取联合行动的持续。这既包括有权迫使人民服从的正式制度和规则，也包括人们同意或认为符合其利益和各种非正式的制度安排。② 它强调了国家与社会组织间的相互依赖关系、政府与公民的合作关系。在治理型的社会中，由于参与主体的多元化，在实现公共管理的过程中，各个主体间需要协调和沟通，需要凭借合作网络的权威。强调政府与公民的合作，是政治国家与公民社会性的一种新型关系，是国家政治的发展趋势。

政府与公民的合作离不开二者的互信与回应，即政府与公民之间处于一种相互信任状态。一方面，政府与公民之间处于互信的状态下，政府就会表现出一种对公民的信任感，在公共管理中给予公民最真实的知政权、参政权，让公民参与到公共政策的制定、执行和监督中来。同时在公共管理过程中政府对公民需求和所提出的问题也自然会作出积极的反应和回复。现代民主社会中政府能否积极回应公民在公共产品、公共服务方面的需求以及回复的能力越来越受到公众以及整个社会的关注。另一方面，当政府与公民处于互信状态下，公民对政府的信任表现在，公民支持政府制定出的各项政策，信任政府作出的承诺，拥护政府的领导。这与阶级社会中的民众对当权者的愚忠是完全不同的，单从公民这方面来讲此时的公民是具有理性、自身判断力、在一定意义上处于主动地位的，他们对政府的信任与合作是完全出于他们自身对政府工作效能的认同上，而不是出于对政府权威的一处畏惧。此时的公民可以积极主动地回应政府的行为，依据自身的需求在消费政府管理所提供的产品与服务过程中，对其优劣进行一种反馈。公民与政府的互信关系是建立在民主政治的基础上，其程度也是随着民主政治的发展而发展的。在专制时代人民没有自己的权力，他们受着官府的压迫和剥削，在政府权威下的一种完全意义上的服从。马克思针对封建社会中的农民地位有一段精辟的分析，"他们不能以自己的名义来

---

① 俞可平：《引论：治理与善治》，载于俞可平主编《治理与善治》，社会科学文献出版社2000 年版，第 8 页。

② 胡仙芝：《从善政向善治的转变》，载《中国行政管理》2001 年第 9 期。

保护自己的利益，他们不能自己代表自己，一定要别人代表他们。他们的代表一定要同时是他们的主宰，是高高地站在他们之上的权威，是不受任何限制的政府权力，始终权利保护他们不受其他阶级的侵犯，并从上面赐给他们雨露和阳光。所以归根到底效能的政治影响，转变为行政权力支配一切的社会。"① 因此只有在民主政治的情形下公民与政府之间才能形成互信与合作的关系。公民与政府之间形成的互信与合作的关系，是公民对政府管理认同的一种表现。是公民对政府的政治认同感，是人们在社会政治生活中所产生的对政府管理的一种感情和意识上的归属感，是把人们组织在一起的重要凝聚力量。在现代民族国家的政治框架中，公民对政府管理效能的认同及其引发出的信任与支持，主要基于公民对政府管理上的认识和感受。如果政府为公民提供了令他们满意的公共物品与服务，而且政府能够高质量地回应公民对政府提出的愿望和要求，那么政府的管理就可能在较高的层面上被公民认同。公民与政府之间形成的互信与合作关系也是政府适应了外部行政环境的表现。政府以及整个行政系统是一个有机体，则公众所组成的政府相对方构成的是政府的外部行政环境。政府有机体与周围环境只有相协调才能双生，政府与公民之间有了互信与互动才能双赢，才能实现真正的合作，也才能保证公共利益的有效实现与正义社会的和谐发展。

第四节　社会资本与平等

"一切人，作为人来说，都有某些共同点，在这些共同点所及的范围内，他们是平等的，这样的观念自然是非常古老的。但是现代的平等要求与此完全不同；这种平等要求更应当是从人的这种共同特性中，从人就他们是人而言的这种平等中引申出这样的要求：一切人，或至少是一个国家的一切公民，或一个社会的一切成员，都应当有平等的政治地位和社会地位。"② 和谐社会的重要标志就是平等。

在古代社会，由于社会生产效率低下，贫富之间的差距相对较小，平等问题多存在于理论活动的视野之外。进入近代社会，生产力不断提高，使社会更加注重效率，而效率的提高也自然成为社会发展最直观的标志。

---

① 《马克思恩格斯文集》第 2 卷，人民出版社 2009 年版，第 566—567 页。
② 《马克思恩格斯选集》第 3 卷，人民出版社 2012 年版，第 480 页。

随着社会生产效率的不断提高，社会总成果在人与人之间的分配差距日益扩大，社会不平等现象日益突出。于是，构建正义社会的首要目标便是在社会生活中实现平等，把现代社会建设成为一个平等的社会。

平等是指人们相互间的相同性。它"表达了相同性概念……两个或更多的人或客体，只要在某些或所有方面处于同样的、相同的或相似的状态，那就可以说他们是平等的。"① 平等与不平等，从其起因来看，如卢梭所说，可以分为自然的与社会的两大类型。更确切地说，平等与不平等，一方面起因于自然，因而是不可选择、不能进行道德评价、无所谓善恶或应该不应该的，如性别、肤色、人种、相貌、身材、天赋能力等等。另一方面，则起因于人的自觉活动，因而是可以选择、可以进行道德评价、有善恶或应该不应该之别的，如贫与富以及均贫富、贵与贱以及等贵贱等等。

平等理念首先应体现作为个体的人的基本尊严，确认每个社会成员的基本权利。马克思指出："全部人类历史的第一个前提无疑是有生命的个人的存在。"② 正是由这无数的个体才组成了一个社会。离开了个体，社会就无从谈起。而"作为人，我们都是平等的。我们作为个人是平等的，在人性上也是平等的。一个人，在人性和个性上都不可能超过他人或低于他人。我们认为，人（而不是物），所具有的尊严是没有程度差别的。世间人人平等，是指他们作为人在尊严上的平等。……人生而平等的说法是真实的只限于能够实际证实人与人平等这个方面。也就是说，他们都是人，都具有人种的特性，尤其是他们都具有属于人种一切成员的特殊性质。"③ 对社会平等理念的肯定，还应体现在对社会成员基本权利的确认。正如《世界人权宣言》所指出："人人生而自由，在尊严和权利上一律平等。他们赋有理性和良心，并应以兄弟关系的精神相对待。……人人有资格享受本宣言所载的一切权利和自由，不分种族、肤色、性别、语言、宗教、政治或其他见解、国籍或社会出身、财产、出生或其他身份等任何区别。"④ 显然，平等理念的宗旨在于维护个体人的基本尊严与权利，为个

---

① 萨托利：《民主新论》，冯克利、阎克文译，东方出版社1993年版，第340页。

② 《马克思恩格斯选集》第1卷，人民出版社2012年版，第146页。

③ ［美］艾德勒：《六大观念》，郗庆华译，生活·读书·新知三联书店1998年版，第200—202页。

④ 联合国：《世界人权宣言》，载冯林主编《中国公民人权读本》，经济日报出版社1998年版。

体人的基本生存和正常发展提供最基本的保证。

平等不仅意味着每个社会成员必须平等而合理地享有在公共资源、社会财富和发展机会等方面的基本权利，同时还意味着社会成员在享有权利时必须承担相应的社会义务，而享有权利和承担义务是否对等便成为体现这个社会是否平等最根本的尺度。在社会生活中，一个人的权利最多只能等于而不能大于他所承担的义务，一个人所承担义务也不能超过他所享有的权利，如果一个人自愿承担大于权益的义务，他所表现的则只是一种牺牲性美德。因此，个人行使的权利等于他所履行的义务，权利与义务的对等是体现社会平等的根本原则。只有在社会生活中真正实现了权利和义务基本均衡，完善避免权利和义务失衡的制度安排，才能够基本实现社会平等，确保社会正义。

在社会生活中实现平等是良好社会秩序的主要保障。众所周知，所有的人们结成社会都有两个根本的目标，一是生存，二是发展。在任何一个社会中，如果人们的生存需要和发展需要都得到了平等对待，社会生活中的矛盾冲突才会被最大程度地降低，只有社会成员的根本利益得到了保障，社会生活中正义得以实现，整个社会才能和谐地生存与发展。国家作为社会公共事务的管理者和公共利益的维护者，长期通过充分就业、合理税收、社会福利等途径实现社会平等，实现社会秩序的正常延续，保障社会生活的和谐发展。然而，经济一体化及全球化的双重压力使"福利国家"在长期实践中积累起来的问题日益突出：沉重的社会福利负担降低了经济发展的效率、加大了经济政策实施的难度，同时失业问题长期得不到解决，并引发了许多社会问题，社会福利支出被大幅度地削减、税负加重、失业率居高不下。因此，国家已不能也无法承担全部的社会调剂，减少国家在社会调剂和社会福利方面的责任和负担，使社会调剂走向多元化已是不可逆转的趋势。

公民参与的水平式的社会关系网络是社会资本的主要形式之一，它是共同体成员在长期自由交往、相互作用中自觉形成的横向人际网络，即公民参与网络，如俱乐部、合作社、互助社、文化协会和其他志愿者协会及非营利性团体等。事实上，公民参与网络正是在靠国家力量发展社会经济遭到失败的历史条件下的形成与发展起来的。20 世纪 70 年代初以来，由于高福利国家面临着越来越多的困境，西方世界对国家干预的批评越来越多，各主要发达国家政府和各国际组织相继采取了抑制国家干预的政策。从 70

年代中期开始，在发展理论界出现了一些新提法，如自下而上的发展、基层的发展、以人为中心的发展等，对发展动力的寻求方向从国家逐渐转向民众。因为许多国家的经验表明，分配上的不平等与缺少民众的参与，是造成经济效率低的重要因素。随着民众的自我意识增强，人们在市场与国家之外，开始给予市民社会愈来愈多的注意，而市民社会也逐渐发展壮大。社会资本中的公民参与网络是市民社会的社会关系基本模式，它反映和维护着特定社会群体的意愿和利益，开展活动靠的是网络成员之间的团结和自愿参与，所以社会资本中的公民参与网络成为了一种最适合促进自下而上的发展的组织形式。公民参与网络不仅可以发展民间交流和自主管理的方法和技能，促进社会经济的发展，更重要的是它还有助于培养成员之间的平等、互惠、互助的精神，促进社会整合，为弱势群体提供社会服务和社会保障，实现社会平等，增强社会凝聚力。因此，社会资本中的公民参与网络必然成为了实施社会调剂、促进社会平等不可忽视的力量。

　　首先，公民参与网络有助于填补政府社会发展方面的资金不足，可从各种渠道筹措资金，动员各方面资源参与社会互助，促进社会平等。如鼓励创建各种民间团体，设立基金会，以及发展专门为弱势群体提供支持、保护和服务的慈善机构。竞争是配置社会资源的主要手段，而在竞争中，由于竞争者的素质、能力、运气以及外在条件的不同，总会有些人成为竞争中的强者，有些人成为弱者。强势群体与弱势群体在争取利益的能力上差异很大，而弱势群体的利益也因此常常受到侵害。一个正义的社会，应当是使竞争中的弱者得到有效保护的社会。弱者只有得到有效保护，才能享有与强者平等的基本权利。旧有的社会福利制度原本是忽视居民参与的，它强调国家和政府对民众基本生活需求的满足，民众是一个被动的团体，他们缺乏提升自己福利的机制和组织。但是，随着社会保障体制的不断发展，社会福利社会办以势不可挡的趋势，由国家、社会、个人共同承担。诺贝尔经济学奖获得者、美国经济学家米尔顿·弗里德曼认为，对于贫穷，"一个解决途径，而在许多方面还是最理想的途径便是私人慈善事业。"[①] 这样，公民便具备了参与社会福利的机制和大的背景。但与此同时，公民参与社会福利，需要有一个组织将他们组织起来，共同参与社会事务的诉求。正如托克维尔在一个半世纪前指出，民主国家中的市民是独

---

① [美] 弗里德曼：《资本主义与自由》，张瑞玉译，商务印书馆 1986 年版，第 153 页。

立的，无力的，单靠自己几乎不能做任何事情，如果他们不能学会组织起来志愿性地相互帮助，他们将没有力量。而公民参与网络利用其根植于民间的特点，充当了公民参与社会福利的组织者。公民参与网络的运作依靠的是成员自觉自愿的参与，是非强制性和非功利性，它不仅能更好地动员社会参与、动员政府无法动员的资源，通过社会捐助，动员社会各方面资源参与社会发展；更重要的是它可以通过这种方式把人道主义输入到资源配置和利益分配格局中，使社会中的弱势群体也能分享更多的社会利益。从 60 和 70 年代开始，传统的美国组织如教会世界署（Church World Service）和路德派世界救济会（Lutheran World Relief），和一些更新的组织如牛津饥荒救济委员会美国分会（Oxfam America）和开发协调社（Coordination in Development），以及一些大的基金会如洛克菲勒基金会、福特基金会和阿加·克汗基金会等日益组织大量的救济活动。到 20 世纪 80 年代中期为止，这些民间团体除了发放 40 亿—70 亿美元的援助款项外，还向第三世界国家 2 万个当地的非营利性组织构成的严密网络提供了道义上的支持。"而 20 世纪 90 年代以来，发达国家有 3000 多个第三部门组织在从事对发展中国家的援助工作，它们每年所直接掌握的资金有 100 亿美元左右。"[①] 我国解决贫困儿童失学的希望工程的非营利性组织，中国青少年发展基金会实施十年来募捐了 10 亿元人民币，建立希望小学 8000 多所，学校危房面积减少 76.5%，获资助的小学生不少于 41 万人，使贫困地方的 150 万名失学或濒临失学的儿童进入学堂。希望工程已经成了中国保障贫困地区儿童得以继续学习的重要方式。

其次，公民参与网络能开拓大量的就业机会。公民参与网络中的非营利组织能直接担负起安排劳动就业的重任，成为成长最快的产业部门，蕴藏着巨大的就业潜力。以美国为例，非营利组织的雇员每年有 1000 多万人，是其解决就业问题不可缺少的领域。此外，积极参加第三部门工作的志愿人员达 9000 万人，形成了促进社会发展的庞大的人力资源，成为社会稳定的重要因素。正如享有"管理学革命之父"美誉的美国学者彼得·德鲁克指出："美国从 1972 年到 1982 年的 10 年间，就业人员部门增长率为 22%，其中营利企业增长率为 21%，非营利部门的增长率约为营利企业的 2 倍，达到 42%。"[②] 他认为，20 世纪 80 年代美国最大的成长

---

① 王建芹：《第三种力量——中国后市场经济论》，中国政法大学出版社 2003 年版。
② 谢玲丽：《民间组织的培育、发展与管理》，载《上海改革》2001 年第 4 期。

产业是第三部门。今天，美国的医院、学校、慈善团体、文化团体等民间第三部门成了吸收劳动力最多的部门，美国成人每两个人有一人，全国大约有9000万人在第三部门就业。① 再如，社会经济组织的发展为欧盟的经济发展发挥了重要作用。欧盟统计局在1993年的调查报告中表明：当时欧盟12个国家的社会经济组织为269000个，就业人数为290万人，收入额为155000亿欧洲埃居（ECU）。1995年社会经济组织人数为1.824亿人，与欧盟15个国家总人口数3.7亿人相比，2个人中就有1个人在社会经济组织中就业。② 就我国而言，非营利组织的资本构成相对于企业较低，它能够消化吸收大量的从第一产业转移出来的农村剩余劳动力及第二产业结构调整而转移的劳动力，实现充分就业。中国作为一个发展中国家，积极发展非营利组织无疑是开拓就业机会、解决就业难题，促进社会平等的一个有效办法。

　　社会资本中的公民参与网络以独特性质和特有的优势，使其能够在市场与政府都无法顾及、或者力不从心、或者失败了的场合，积极地开展各种活动，有效地致力于解决一些特定的社会经济问题。③ 但是，我们不应该忽略的一个基本事实是，社会资本本身发挥的作用也不是万能的，必须避免对它可能产生的误解④。一是避免"德行完美的神话"。所谓"德行完美的神话"，就是公民参与网络借助于宗教和道德教化而获得了一种神圣的自我影响和角色，假定其有能力改变民众的生活。这种观点忽略了一个基本事实，即公民参与网络仍然具有组织的一切特征，这就是随着规模和复杂性的增加，它们同样容易受到那些反应迟钝、行动缓慢、墨守成规的官僚机构的一切局限性的影响。也许公民参与网络受这些缺陷影响的程度可能会比政府机构要小，但是它们却难以完全不受影响。政府与社群组织事实上合作得如何，主要取决于政府，而不是取决于社群组织。二者之间的关系上极少发生社群组织"吃掉"政府的事，但相反的事则不乏其例，即社群组织被利用作为扩大政治领导人达到自己的某些政治目的的工具。为了防止发生这种事例，就要求政府的权力必须受到制约。二是避免

---

① 胡雄飞：《关于经济类中间性体制组织的研究》，载《上海改革》2001年第4期。

② 余晖：《目前我国组建行业协会的四种模式》，载《上海改革》2001年第4期。

③ 赵黎青：《非政府组织：组织创新和制度创新》，载《江海学刊》1999年第6期。童星等：《社会转型期有关NGO若干问题的探讨》，载《湖南社会科学》2004年第3期。

④ ［美］莱斯蒙·萨拉蒙：《非营利部门的兴起》，载何增科主编《公民社会与第三部门》，社会科学文献出版社2000年版，第252—254页。

"自愿主义的神话"。所谓"自愿主义的神话"，就是认为真正的公民参与网络主要依赖于甚至排他性地依赖于对私人的行动和慈善资助的信念，国家与网络组织之间是一种对立排他关系。事实上，公民参与网络不可能、无能力也无动机来取政府而代之，因为公民参与网络的产生及其性质、活动范围，甚至活动经费都会受到政府的制约。因此，虽然社会资本中的公民参与网络在进行社会调剂，提供社会福利方面确实起到不可忽视的作用，但是必须指出的是，它无法取代国家在社会调剂中的社会功能。无论是现在还是将来，社会资本在社会平等得以实现的过程中只能起到补充作用，而难以取代国家的社会保障计划。

第八章　西南民族地区传统社会资本的流失与保护

第一节　西南民族地区社会资本的变迁

一　西南民族地区社会资本变迁的阶段划分

社会资本变迁是指经过时间的嬗变，社会资本的载体——社会结构或者社会关系网络中积淀的各种历史传统、价值观念或行为规范发生变化，从而使个人或组织动员资源的能力和方式发生变化。

自 1949 年新中国成立以来，中国社会一直在发生着变革。对于镶嵌在社会结构或社会关系网络的西南民族地区社会资本而言，社会的变革理所当然地将引发其变迁。以时间为界限进行分析，新国成立以前是传统社会资本阶段；新中国成立以来中国社会资本主要经历了两次变迁，第一次变迁是从 1949—1978 年，由建立在血缘、亲缘、地缘等关系基础上的传统型社会资本向现代型的"单位社会资本"转化；第二次变迁是从 1978年至今，社会资本变迁的内容较前者更为复杂，其中包括传统型社会资本向市场化的现代型社会资本转化，以及以往被国家权力所遮蔽的传统型社会资本的复苏，等等。

新中国成立以来西南民族地区社会资本的第一次变迁主要发生在1949 年到 1978 年期间，变迁的内容表现为由建立在血缘、亲缘和地缘等基础上的传统型社会资本向"单位社会资本"的转化。何谓"单位社会资本"，在分析"单位社会资本"之前，首先应了解单位的概念及功能。从目前学术界对单位的研究成果来看，对其概念的界定主要包括以下几种。第一种认为：单位是再分配体制中的制度化组织[1]；第二种认为：单位是中国社会组织和调控的一种特殊的组织形式，在社会长期发展的过程

---

[1]　李猛等：《单位：制度化组织的内部机制》，载《中国社会科学辑刊》1996 年秋季卷第16 期。

中，单位构成基本的调控单位和资源分配单位①；第三种观点认为：单位
是一种一元化的集体组织形态，是隶属于国家的职能部门。国家是一个耸
立在单位之上的大单位，它是由千百万块"单位基石"逐级垒造而成的
金字塔。农村政社合一和城市中所有的集体组织均被视为单位②。从这些
定义中，我们不难看出单位是一种有助于人们调控和获取社会资源的制度
化组织形式。因此，所谓的"单位社会资本"，就是指人们在单位关系网
络中所能动员社会资源的一种机制。这种社会资本具有特殊性，它镶嵌于
一定的关系网络之中（单位关系网），可为处于其中的成员提供获取社会
资源的渠道，但是它又是国家制度安排的产物，不是自发形成的。

　　不同于传统型社会资本以特殊主义为原则，重视血缘和地缘等已有的
关系，单位社会资本则是在单位组织内部推行同志式的普遍信任关系。这
种普遍同志式的普遍主义的人际关系超越了在传统的血缘和地缘等关系基
础上形成的特殊主义的伦理道德规范，并以共同的意识形态为基础，从而
使这种单位社会资本具有普遍性。这种社会资本虽存在于人际关系互动所
形成的社会关系网络之中，但它的形成不可能摆脱一定政治关系的影响。
单位社会资本具有强烈的政治色彩，正是中国特定历史时期（1949—
1978）表现出来的时代特征。此社会资本在人际互动上强调划清敌我界
限，弄清家庭出身、政治面貌以及阶级立场，并根据个人在单位组织中所
处的政治地位来获取各种资源。国家通过单位组织把整个社会协调为一个
整体，每个人都是这一整体中的一部分。单位成为人们获取各种所需社会
稀缺资源最主要的方式和渠道。个人必须依赖于单位才能有所作为，倘若
游离于整体基层组织——单位之外，将会发生生存困难，遇事寸步难行。
单位社会资本具有一定的平等性。这种平等性主要体现在单位组织中人们
没有最根本的利益冲突，因此形成了均衡、和谐、合作的人际关系。然而
此种平等是一种过度的平等，人们赞赏均衡，抵制冒尖；承认级别划分但
又抵制把这种区别距离拉大。在单位组织中，人们满足于低水平生活水准
的"均利益"，没有"大款"、"小款"之分，没有贵贱等级之别。即使
有人想超出、冒尖也是不可能的。这是因为如果个人真想这样做，就会被

---

　　①　王沪宁：《从单位到社会：社会调控体系的再造》，载《公共行政与人力资源》1995 年
创刊号第 1 期。
　　②　曹锦清、陈中亚：《走出"理想"城堡——中国"单位"现象研究》，海天出版社 1997
年版，第 64—116 页。

冠以"投机倒把"、"资本主义尾巴"等"大帽子"压回原有位置。

　　之所以会发生传统型社会资本向单位社会资本的变迁，主要在于国家的强制性推动。首先，国家合法性的要求。一个新政权建立后，它必须进行社会与文化的重建，一方面它要建设一种和以前不同的社会与文化来证明自己的合法性和正当性，另一方面又要构造一个和新社会相比无比落后的旧社会的形象。因此，传统习惯中的生活方式、社会形态和文化被当成落后、腐朽的东西而遭到批判与抛弃，而建立在血缘、亲缘、地缘等传统性因素基础上的传统型社会资本当然也处于被改造之列。其次，现代化的驱动。传统型社会资本对资源的配置具有规模范围小、封闭性等特征，不利于实现在短期内迅速扩充社会资源总量来推动社会现代化的纵深发展。而"单位社会资本"作为一种新型的资源配置方式，有利于西南民族地区在社会资源总量历史积累严重不足的背景下，有效地实现资源的配置和重点投放，从而构建现代化完整的经济体系和调控体系，最终圆了萦绕在民族人民心头达一个世纪之久的民族现代化梦想。1949 年中华人民共和国成立后，政府通过一系列政策、措施，甚至通过开展人民运动的形式来推动传统型社会资本向现代型的单位社会资本转化。在农村，国家通过土地改革、农村集体合作、人民公社化等社会改造运动，打破传统的家庭、宗族等社会关系网络，重新建立起以生产队、生产大队、人民公社为基本单位的组织形式，来控制和配置社会资源；在城市，国家也通过对资本主义工商业的改造和公有制的确立，建立了各种单位组织以实现国家控制职能。

　　虽然，国家采取强制性的措施来推动社会资本的变迁，但是西南民族地区传统型社会资本并没有被完全破坏殆尽，而是以各种方式保存下来，仍然在一定范围的时空中发挥影响。这是因为血缘、亲缘以及地缘等因素对于中国人来说是客观存在的，它们不因国家的强制性干预而消失。每个人一生下来，总是处在各种血缘、地缘等关系之中。在国家控制了大部分社会资源配置之后，这些社会关系作为以往人们获得自己所需资源的作用已大大降低，但仍在一定范围内发挥着影响。特别是在农村中，由于中国幅员辽阔，农民人数众多，很难通过各种正式单位组织来满足他们所有需求。农民即使是在国家严格控制社会资源的时期，仍然或明或暗地利用自己的血缘、亲缘等关系来获取少量的而又必不可少的资源，以求得生存与发展。

　　新中国成立以来西南民族地区社会资本第二次变迁是从 1978 年（以党的十一届三中全会的召开为标志）开始，直至现在。社会资本变迁的内容主要表现在由传统型社会资本向市场化的现代型社会资本转化以及各种过去被国家强制权力所遮蔽的传统型社会资本的复苏。其中，市场化的现代型社会资本与单位社会资本一样，都是基于法律等自致性因素所形成的现代型社会资本的重要表现形式。普遍性与平等性都是以上两种社会资本的主要共同特征。然而，与单位社会资本具有浓烈的政治色彩和依赖性不同的是，这种市场化的社会资本更突出经济性和自主性。对于经济性而言，这是由于在市场化的过程中，人们获取自己所需的社会资源已不再是凭借自己所处的阶级或政治地位，而是通过市场交换关系来配置资源，即按经济效率原则运作。自主性是相对于以往单位社会资本的依赖性而言，即在市场化冲击下，我国过去那种由国家高度集中配置资源的方式发生了重大变化，国家利用单位组织进行分配和控制资源能力削弱了，单位体制之外的社会资源分配方式在增加，并呈现出多元化的趋势。因此，人们不再强烈地依赖于单位组织来获取所需社会资源，而是可以通过多元化渠道来实现，从而获得前所未有的自由空间。

　　第二次社会资本发生变迁的原因主要包括：（1）市场化因素的渗透。自党的十一届三中全会以来，中国的社会主义市场经济体制逐步得以建立和发展，使各种市场化因素得到合理的增长。在市场经济浪潮的推动下，社会流动增强，个人对原有单位的依附性逐渐弱化，个人可选择的机会增多，社会异质性提高，人们的求富意识、竞争意识也得到增强。这些市场化因素的出现，使社会资本由过去重人情伦理、封闭性、范围狭小的传统型逐渐向重契约法律、开放性与更大规模的现代型过渡。（2）公民参与的增加。随着市场化发育的深入和人们经济利益的日趋满足，公众在政治上的民主意识、权利要求以及参与活动也开始增加。在农村中，所体现的是村落社区内村民自治的出现与发展；在城市中，则体现为单位社区与居民社区等社团的发展。公民参与的日益增加使得现代型社会资本有了长足快速的发展。据普特南的研究，"公民参与网络培养了生机勃勃的普遍化互惠惯例，也有利于协调和沟通，并且放大了其他个人值得信任的信息"①，从而促成以合作与信任为主要特征的现代型社会资本的产生。（3）计划体

---

　　① ［美］罗伯特·D. 普特南：《繁荣的社群——社会资本和公共生活》，载《马克思主义与现实》1999 年第 3 期。

制的打破和国家权力的收缩。计划体制的打破及国家权力的收缩是传统型社会资本复苏的体制前提。在计划体制下，国家通过强制性权力自上而下摧毁了（实际上并没有完全破坏）中国深厚而强大的传统型社会资本，如基于血缘、地缘的家族型或宗族型关系，使人际关系一切服从于国家行政组织权力的运行。然而，自 1978 年以来，随着改革开放政策的推行和社会主义市场经济体制的逐步建立，计划体制逐步被打破，过去被国家权力所遮蔽的传统型社会资本再度复兴增长。这在西南民族地区农村中表现尤为突出，80 年代初人民公社制度开始解体，家庭联产承包责任制在农村得到推广，引发了农村经济秩序的变化，"也相应地导致了集体共同体社会的解体，农户再一次成为散落的马铃薯"，"乡村社会的结构单元又重新地复原为一个个原子式的个体。"① 在村民原子化的背景下，能够为他们现实生活提供资源，而且又可以信手拈来的就是这些没有被国家权力所摧毁的传统型社会资本。（4）其他因素的影响。现代科学技术的日益发达，也推动社会资本的变迁。信息化社会的到来和互联网的出现，使整个世界连接成为一个紧密互动的地球村。承载着社会资本的社会关系网络在发生着变化，其建构的方式一直在更新，密度在叠加，层面在拓宽，情况变得愈加复杂化。在旧的关系网络消亡的同时，新的关系网络涌现出来。同时，席卷世界、风靡一时的全球化浪潮也正在深刻地改变着人们的交往方式、互动关系。西南民族地区也处在这股浪潮的冲击下，因此，社会资本的变迁是不可避免的。

严格来说，"单位社会资本"并不构成一种社会资本类型，它是我国特定历史阶段的特殊产物，它的特征包括：普遍性，即在单位内部推行以共同意识形态，这里的"单位"特指具有中国特色的工作单位，是中国社会组织和调控的一种特殊的组织形式，是基本的资源基础的同志式的普遍信任关系；政治性，单位社会资本在人际互动上强调划清敌我界限，弄清家庭出身、政治面貌和阶级立场，并根据个人在单位中所处的政治地位来配置各种资源；依赖性，单位是人们获取各种资源的最主要渠道，个人必须依赖于单位社会资本才能生存；平等性，单位内部人们之间没有根本的利益冲突，人们利益水平很低但是很平均。

我国西南民族地区社会资本变迁大体上也经历了上述三个阶段，但是

① 吴毅：《村治变迁中的权威与秩序》，中国社会科学出版社 2002 年版，第 286 页。

因为西南地区幅员辽阔，少数民族人口众多，无法将少数民族组织进一个个正式的单位里，因此，他们的"单位社会资本"并不丰富，单位社会资本在资源配置中也没有发挥很大的作用。西南少数民族即使是在国家严格控制社会资源的时期，仍然或明或暗地利用自己的"三缘"关系来获取各种生存资源，直到改革开放之前，西南民族地区社会资本仍然以传统社会资本为主。因此，本书关注的重点是西南民族地区社会资本从传统走向现代的变迁过程。

二 西南民族地区传统社会资本的类型及其变迁

1. 家庭社会资本及其变迁

贝克尔认为，家庭是人类社会的最基本细胞，尽管千百年来社会、经济文化环境已经发生了很大的变化，但家庭依然保留了对全部制度的最大影响。家庭的变化是观察社会变化的重要窗口。家庭作为典型的初级群体承担着从事生产、分配、消费、生育、抚养、赡养、教育的功能。传统社会家庭一般是"扩大了的家庭"，其家庭结构是一种成员长幼有序的"差序格局"，角色规范十分分明。而在转型加速时期则出现了家庭结构的变迁导致传统社会资本某些功能弱化。由于家庭成员的社会流动，家庭关系在空间和时间上的分离与暂时中断导致家庭关系分离为此管地和彼地并存的现象，出现了父母和子女等关系的暂时中断与分离。这实质上破坏了以血缘为纽带的人与人最亲密的关系，离散了家庭这个社会最基本的细胞内部的亲和力。家庭的社会功能中的教育和抚养的功能逐渐弱化。民族地区孩子教育问题以及家庭的养老问题都是由于社会的转型而导致家庭结构的变迁，传统的家庭结构中蕴涵的社会资本功能弱化而引起的。总之，随着家庭部分功能的弱化，传统家庭社会资本的存量有所下降。但是，家庭对子女的言传身教的教化功能和家人之间超越一切的情感慰藉是所有其他"功能性伙伴"所不能代替的。只是现代家庭社会资本更强调个体的发展，强调家庭成员之间的平等。

2. 宗族、家族性社会资本及其变迁

"家族"、"宗族"、"族"在中国历史上都是相同意义的概念，指的是父系单系亲属集团，即以一成年男姓为中心（称"宗子"或"族长"），按照父子相承的继嗣原则上溯下延，这是宗族的主线。主线旁有若干支线，支线排列的次序根据与主线之间的血缘关系的远近而决定。族内有家。因此，族又是家庭的联合体。家之父受制于族之宗子，即所谓"父，至尊也"，"大宗，尊之统也"。一般宗族比家族的范围大一些。我国行政村界的划分，基本上就是沿袭传统性的宗族血缘关系、长期共同生活以及村民的意愿，并同时参考地缘因素和现代的业缘关系。资料调查和实地调查表明，可以将西南民族地区行政村按宗族性质划分为：主姓村（即以一个宗姓为主兼有其他）、单姓村、杂姓村、两姓村。杂姓村和单姓村很难在村内形成具有对抗性的宗族力量和社会资本，原因在于：前者虽有地缘关系但无较近的血缘关系；后者具备较近的血缘关系，但如果没有强大的对抗性宗族存在，也很难生成严格意义上的宗族型社会资本。两姓村最容易形成宗族对抗力量，如果人数相当，其对抗性愈加强烈；主姓村一般情况下不容易形成对抗性力量，但如果牵涉到重大利益，非主要宗姓会出于宗族利益单独结成宗族型社会资本以维护共同体的利益和稳定，而与村内主要宗姓或另一宗族形成对抗，这种情况一般在汉民族地区中夹杂少数民族的村落或者少数民族地区中易于产生。① 所以，在那些具有两个以上主姓宗族的村落中最容易对抗出宗族型社会资本，其基本形式就是内求互助互信、一致对外，或者虽内斗但外必联。当前西南民族地区和其他农村地区社会普遍的修订宗族家谱的活动又进一步强化了宗族、家族的荣耀，从而使宗族型、家族型社会资本叠加生成具备了"文本"基础和依据。宗族力量和宗族型社会资本一般是基于维护某种共同利益而形成的。

新中国成立之前，家族社会资本在西南地区的存量非常丰富，家族在维护西南民族地区社会秩序，扶助地区民族弱势群体，提供和维护民族地区公共品，代表少数民族与政府对话等方面都发挥了重要的作用。中国古代"皇权不下县"，县以下的乡村就靠着乡绅治理，而乡绅往往就是一些家族中德高望重的老人。家族社会资本的积累靠的是一些仪式性的家族活动来维系，比如：清明祭祖，年终岁末的团年饭，春节期间的拜年等。新中国成立后直到改革开放前，政府通过一系列政策和运动来弱化家族的力量，家族社会资本在那段时期达到最低水平。改革开放之后，政府在农村的控制力量逐渐减弱，一些地方的农民纷纷重新开展家族活动，如：重修家谱；重建祠堂等。但是，随着市场化的推进，目前，西南民族地区家族

---

① 陆学艺：《内发的村庄》，社会科学文献出版社 2001 年版，第 27—28 页。

社会资本又面临减少的危险。因为家族认同感一般通过仪式性的活动来维系，人们经济意识日益强烈，对于这些仪式性大于适用性的活动越来越失去兴趣。另外，地区内外出务工的人们越来越多，他们远离家乡，不可能仅仅为了仪式性的家族活动赶回来。而且，市场经济使少数民族人民日益原子化，即使是同族之间的关系也让位于有直接经济利益的关系了。少数民族人民是有理性的，同族中对其有帮助的关系，他们会尽力挖掘，通过各种途径强化家族认同感。如果是没有多少帮助的同族，关系只会越来越淡。如果与同族有竞争关系，那么在利益面前，家族认同感只能甘拜下风。

总的来说，家族社会资本对历史上中国个人发展起着不可替代的作用。尤其是在相对落后和闭塞的西南少数民族地区，在中央福利政策和社会保障政策鞭长莫及的情况下，家族型社会资本在养老、婚丧、盖房和幼儿教育中的作用尤为重要。但是，当前家族型社会资本在地方纠纷中的负面作用也日渐明显。在民族地区常见的是家族与家族之间为着住宅地盘、田间用水、家族荣誉等的争斗，这是社会资本的封闭性因内部公共性增强而加大的表现。

3. 邻里社会资本及其变迁

邻里社会资本是指邻里之间结成的关系网络，形成的信任和互惠规范。在广大的西南地区，邻里社会资本很难同家族社会资本截然分开，因为家族里的人往往在先祖的地基上比邻而居。但是，随着儿女成家立业，分开单独居住，邻居可能就不是族人了。当然，这里的邻里是狭义的，即"左右五家为邻"。中国古代很重视邻里关系，"远亲不如近邻"道出了邻里在危难时刻的巨大作用；而"让他三分又何妨"的故事之所以流传久远，就反映了人们认同邻里应该和睦相处，而不是斤斤计较的相处原则。注重邻里关系一直是中国人的传统，费孝通曾经将邻里视为"一组户的结合"，他们日常有很亲密的接触并且相互帮助，村里习惯把他们住宅两边各五户称为邻里，他们互相承担着特别的社会义务。在日常生活中，如果谁家有什么笨重的家务活，需要额外劳力时，邻居们就会一齐来帮忙。如果经济拮据，也可以向邻居借到短期小额贷款，不需要利息。此种互相帮助的关系，并不严格限制在十家之中，更多取决于人们之间的亲密关系，而不是按照正式规定。改革开放以来，家庭联产承包责任制实行之后，尤其是市场经济改革以来，现实利益与传统规范发生了冲突，邻里关系开始变得紧张，邻里社会资本存量开始下降。邻居间经常为了一条放水沟而争执，也会为了地界的认定而产生矛盾。有人为了报复邻居的家禽偷食自家蔬菜而在菜园里下毒，导致家禽死亡，引起邻里纠纷。更严重的是邻里之间为了地界而产生的纷争，常常以两个家族的械斗结束，有时甚至闹出人命。类似的事件将会摧毁好不容易建立起来的邻里社会资本。特别是在市场经济深入发展的今天，家家户户似乎都忙着赚钱，串门聊天的行为大幅下降，邻里互动的减少也减少了邻里社会资本，因为社会资本的一个特性就是，不会因为使用，而会因为不使用而枯竭。一个可以说明邻里社会资本存量下降的例子就是，在西南广大的农村中，以前一家婚丧嫁娶，左邻右舍都会来帮忙料理事务，现在流行的交往原则是不收"乡亲礼"，邻居们自然不必来凑热闹了。结果，邻里之间互不关心，关系淡漠。

4. 乡土型社会资本及其变迁

乡土型社会资本始终依托着地缘和血缘两种关系的叠加。如果说，乡土型社会资本在民族内部并不突出的话，而一旦越出本土地界限则成了西南民族地区人们生存发展的珍贵资源。在外地生存中没有过多的血缘亲缘关系可以依赖的情况下，那么地缘乡土关系就显得尤为重要了。西南民族地区，一方面在少数民族长期居住的村落积累了大量的乡土社会资本；另一方面，由于这一地区的人员外流（指未超出西南民族地区界限的部分），比如进城务工、婚嫁移居等，在另外的环境中以血缘、地缘和亲缘联系而形成的乡土社会资本。在一个陌生的环境中，老乡更值得信任，在言语上也便于交流，因此容易形成这种乡土特征的社会关系网络。在不严格的意义上说，由外向内流入西南民族地区的人员，他们在这一地区以血缘、地缘和亲缘联系建立起来的关系网络，如在西南一些地区中的"北京巷"、"温州商城"等，由于也具有乡土的特征，因此也可以看做是这一地区的乡土社会资本。乡土社会资本为外流人员提供了机会和安全保护，他们可以在这样的资本保护下互帮互助、互相接济。同时，这也有利于乡土文化的传播和发展。但是，它的排他性、狭隘性等弊端也是显而易见的。目前，信息社会的发展，乡土型社会关系逐渐被熟人关系所取代，"熟人越来越多，朋友越来越少"就是对这种情况的最好说明，市场经济时代，人们的交往大多是利益理性的，即是人的交往大多都是源自相互之间有着共同的利益关系，在利益的催生下，即使是老乡可能也会因为没有利益关系而疏远和冷漠，甚至会因为利益纠葛而发生矛盾，当矛盾发生或因没有共同利益而不相往来时，长期建立起来的乡土社会资本就会逐渐消减、枯竭，因此，我们常常感叹，真的是"没有永远的朋友，也没有永远的敌人，只有永远的利益"。大抵这也算是对当代乡土关系逐渐消解的一种无奈哀叹吧。

5. 宗教文化型社会资本及其变迁

西南少数民族地区作为我国宗教信仰集中地，藏传佛教、伊斯兰教、东巴教、毕摩教、基督教等都集中在这里，宗教文化成为西南地区少数民族社会资本中最具特色的组成部分，它在西南各族人民的精神生活中发挥着巨大作用。在西藏地区，作为信徒之间相互关系的一种社会资本，宗教已成为人们思想文化的中核，渗透到教育、生活和传统习俗的各个领域。当然宗教文化中不乏积极因素，如藏传佛教对神山圣湖的崇拜，伊斯兰教对卫生清洁的追求等，倘若加以正确引导和利用一定能够为环境保护和绿色能源开发创造条件。但它们的消极性也是显而易见的，如佛教的轻今生而重来世、重精神消费而轻物质消费等思想，对社会经济的健康发展是极为不利的。在改革开放前，宗教基本上被认为是人们的"精神鸦片"，改革开放以来，随着各项宗教政策的出台和实施，宗教逐渐从"精神鸦片"转变为一种社会资源，成为了社会资本。但在今天，随着社会开放程度的提高，各种不良思想侵入到西南民族地区，尤其是极端宗教思想的侵入，使得西南民族地区宗教或多或少的受到影响，表现为一些别有用心的个人和集体利用宗教制造社会混乱，鼓吹民族主义，制造民族分裂等。

总的来说，西南民族地区这种独特的在血缘、地缘等关系之上形成的社会资本，其强调的家庭本位、伦理本位、睦邻友好、和睦相处等原则，"体现了人际关系的密切性、非功利性，形成了家庭和社会的稳定性。"①对于这一地区社会的和谐发展具有积极的意义。但由于受到地域、时空的限制和转型时期各种思想观念的影响，使得这一地区传统社会资本渐渐与社会和谐发展目标相背，甚至成为社会和谐发展的阻碍因素，主要体现在宗教文化的消极影响、亲缘体系的弊端和社会资本的封闭理念等方面。因此，我们需要建立一种与社会和谐发展目标相适应，与市场经济的资源分配体系、政府的分配体系相补充的资源配置方式，即：现代社会资本

---

① 卜长莉：《社会资本与社会和谐》，社会科学文献出版社 2005 年版，第 445 页。

模式。

三　西南民族地区传统社会资本的特点

西南民族地区的传统社会资本与其他地区的传统社会资本一样，是以血缘关系和地缘关系为基础，构筑人际关系网络的。这决定了西南民族地区传统社会资本既有传统社会资本所共有的特性，也有其独具的特点。

首先，西南民族地区传统社会资本与其他传统社会资本一样具有以下特性：第一，传统社会资本具有相对稳定性和封闭性。西南民族地区传统社会资本与其他传统社会资本一样，主要镶嵌在以家庭或家族为单位的小规模、高同质的网络结构内部，这在很大程度上决定了其内部成员对公共精神关注的狭隘视野。最直接的体现就是对以家庭或家族为边界的共同体利益的忠诚和维护，在为关系网络内成员带来强大利益的同时，也限制了网络外成员进入此关系网络进而获得相应社会资本的机会。从而，使西南民族地区传统社会资本难以形成强烈的吸纳能力和开放心态，并不断趋向和保持封闭与稳定。在经济活动中，传统社会资本的这一特性往往体现为容易形成某些小圈子、家族主义、地方保护主义等现象，使得经济组织往往倾向于朝着家族化或地域化的方向发展。人们习惯于用家族管理的方式来管理企业，这势必导致企业规模难以扩大，进而形成所谓的"裙带资本主义"现象，最终阻碍现代企业制度的确立。而在政治活动中，这一特性往往体现为民主缺乏和透明度较差，容易导致人治而不是法治。具体地说，"家国同构"的社会结构特点导致权力很自然地介入到社会资本的积累过程中，权力拥有者往往通过权力的滥用把社会资本快速地集中到他们的周围，政治权力和人际关系蜕变为社会资源配置的主要手段，最终导致人们对社会资本的追求直接表现为对权力的追求甚至是对权力拥有者的盲目崇拜和屈从。可见，西南民族地区传统社会"官本位"意识和"臣民"意识的根深蒂固与其社会资本的特点有着千丝万缕的联系。

第二，传统社会资本的获得、维持和运用过程更多地体现出一种非理性的特征。

与其他传统社会资本相同，西南民族地区社会资本具有非理性特征，也就是说，西南民族地区传统社会资本的获得是一个无意识的过程，即是在人际交往中自然获得的，而不是一个理性化或制度化的建构过程。虽然人们在交往中有时会通过某些具体的手段或者形式，去刻意地表现自己在网络中与他人的交往关系，但是这种表现往往出于习惯的力量，或通过感性的表达，而不是理性的计算。因为理性的计算通常被认为是"见外"的和"不够朋友"的，可能会最终破坏人际关系网络的和谐，进而导致社会资本的丧失。传统社会资本的这种非理性特征，往往导致特殊主义凌驾于普遍主义原则之上。如果不通过社会关系网络，个人很难做成任何事情，甚至一些法律明文规定的事情，也要借助社会关系网络才有可能得到更好的施行。于是社会便会产生一种恶性循环：在社会生活中，人人痛恨社会关系网络在社会中的权威作用，但是人人又为了在社会中取得便利或获取更多更大的利益，必须用心经营自己的社会关系网络。事实上，此时的社会资本已经逐渐蜕变成为个人牟取私利的一种工具，它显然与现代市场经济社会所需要的普遍主义原则以及制度化、理性化的要求格格不入。

第三，西南民族地区传统社会资本跟其他传统社会资本同样具有分布不协调性。西南民族地区传统社会一端是强大的国家或政府，另一端是原子化的个人和家庭，缺乏社会中间组织作为调节政府与民众之间矛盾和冲突的信息交换器和平衡器，缺乏现代公共治理理念所倡导的那种对话平台与沟通渠道以及促进市民社会健康发育的土壤。传统社会资本分布的不均衡、不协调以及社会中间组织发育的不充分还体现为各民族的历史文化差异性，由于西南各民族的历史文化传统各不相同，因而各种社会资本在西南各民族中的分布也是不协调的，甚至同一种社会资本在各民族中的分布也是不协调的，这直接影响到个人的参与和合作意识乃至整个社会公民观念和公共精神的形成。由于"国家机构承担太多的责任，事无巨细，直接管到每一个人，个人没有责任却觉得受到束缚，得不到作为社会人的全面而自由的发展环境。整个社会的人力资本往往不能形成正和博弈，反而是零和博弈，甚至是负和博弈"。[1] 事实上，"国家结构以及它介入公民社会和公共生活的本质与程度和社会组织构成了决定一个国家发展成败的关键因素"。[2] 很显然，传统中国这种社会与国家长期处于同构、胶合的状态并不是一种和谐的社会结构体系，"其关注的核心是权力和秩序，没有'社会'观念而只有'国家'观念，权利和自由淹没于权力秩序之中，是

---

① 方竹兰：《从人力资本到社会资本》，载《学术月刊》2003 年第 2 期。
② 殷德生：《社会资本与经济发展：一个理论综述》，载《南京社会科学》2001 年第 7 期。

一种自上而下的权力单行线设计"。① 家作为人生的起点，始终成为个人先赋性社会资本的成本因素。在中国，家除了智力教育这一功能之外，更重要的是在孩子以后的就业、职位升迁和发展方面的"社会支撑"功能。由"家"而衍生出来的亲族、宗族、地缘乡土"家文化"等传统性社会关系资本，其作用是十分强大的。然而，中国传统社会资本把家庭、单位、学校、家乡等作为主要载体，虽然体现了密切的人际关系，但相对封闭，延伸的半径小，多为纵向，难以形成相互之间的最大认同和接纳，难以整合为整体社会资本。同时对人际关系的过度强调和个人在建构社会资本时权力广泛介入，在一定程度上造成了制度的软化，阻碍了社会的发展。正是由于传统社会资本的局部过密，以及与政治权力的过度联系，导致许多现实社会问题，诸如经济组织形式的家族化，既损害了现代信用机制的建立，又不利于企业规模的扩大；农村中家族势力的复苏；对地域利益的过度强调；人际关系和政治权力的密切结合，损害了政治廉洁的基础；等等。

其次，西南民族地区传统社会资本显著的特点是其分布具有明显的差异性。

西南民族地区传统社会资本是各个民族在长期的历史发展以及生存实践中所形成的，因此它对于各民族的传统社会产生了积极的作用。但是由于各民族的历史发展背景、生存的地理环境、文化的差异等因素的影响，不同民族的传统社会资本在各民族中是不平衡的，这种不平衡性主要表现在以下两个方面：一是构成要素的差异，即在社会资本的构成要素中，不同的民族之间存在着较大的差异，在一些民族中存在并发挥着重要功能的社会资本构成要素，在另一些民族中可能就很少或不存在；二是在不同民族的社会中，社会资本要素在社会中的地位不同，在一些民族社会中处于重要地位的要素，在另一些民族社会中并不一定重要，即不同民族的核心社会资本存在着较大的差异。这种社会资本的不平衡性是西南民族地区社会资本的一个较明显的特征。

在各民族中，传统社会资本并不是平衡分布的，尤其是社会资本的构成，在不同的民族中有较大的差异，某些社会资本在一些民族中存量较大，而某些社会资本在一些民族中则存量较小，甚至是负资本。以商品经

---

① 马长山：《国家、市民社会与法治》，商务印书馆 2002 年版，第 43 页。

济的意识与经商的能力为例，在回族、白族、纳西族、蒙古族等民族中，自古以来就有着较强的经商意识以及经商的技能，经商的技能使这些民族的经济在历史上获得了较快的发展，甚至是一个民族生存的基本技能。在20世纪50年代以前，回族、纳西族、白族等民族的马帮贸易已经构建起了一个从中国内地一直到东南亚广大地区的网络，为这些民族的人们带来了丰厚的经济收益，而经商对于其他一些民族来说，则是一种欠缺。例如在基诺族、瑶族、苗族中就缺少与回族、白族、蒙古族、纳西族等民族相当的经商意识与技能，基诺族、怒族、独龙族等民族中自古以来甚至以经商为耻，并不与人们进行市场交易，因此在这些民族中商品经济的意识以及经商的技能，商业贸易的相关规范等作为社会资本要素来说，其存量不仅仅是较低的，甚至是呈负数的。

再以村社制度为例，在苗族、瑶族、佤族、基诺族、布朗族、哈尼族等民族中，在历史上村社制度较为发达，村社制度是这些民族的基本社会制度。在村社制度之下，人们拥护认同村社的凝聚力，村社作为一个基本的社会构成组织，拥有对土地资源、社会关系、宗教、政治组织等的调控功能。而村社制度在白族、纳西族、回族等民族中，20世纪50年代前则已经瓦解，取而代之的是村社的行政管理机制。例如政府设置的各种行政管理机构，村社对于村民的社会、经济、政治、宗教等没有过多的调控功能，相反村寨内的家庭组织对于一个家族内的事务无论经济、人际关系、婚姻、宗教活动等都有较强的调控功能，相应地以村社为基础而形成的人们之间的经济关系、社会关系，在不同的民族中都不同。村社制度之下人们更多地认同于村寨、服从于村社，依赖村社获得生计的基本条件，因为土地是村社的，只有依赖村社才能获得土地，同时村社有精神凝聚力——村寨神，人们认同于村社，将自己作为村社的一分子，而这一切在白族、纳西族等非村社制度之下的民族中则不同，家庭的独立性较村社制度之下的民族要强大得多，诸多的社会关系、经济关系往往是以家庭为单位展开的，而不是以村社为单位展开的。从以上这些分析我们可以看出社会资本在不同民族中其构成要素存在着较大的差异，这种构成要素的差异往往是由于社会经济发展的程度所决定的，同时由于不同社会资本构成的差异，也影响到了不同民族社会的发展，在接受商品经济意识较快，经商技能较高的民族中，经济的网络以及社会的发育程度显然较高，而商品经济意识较薄弱、经商技能较低、经济活动相对封闭的民族中，其经济网络及社会都要相对封闭。

　　事实上社会资本不仅在种类上及总量上在不同的民族中是不同的，就是同一社会资本要素在其社会资本构成中的地位及其发挥的功能也是不同的。在一个民族中总有一些社会资本要素占有主导地位，即某一类的社会资本是一个民族最重要的社会资本，这就是核心社会资本。核心社会资本对于一个民族来说是产生了较为积极作用的要素，甚至人们的价值观与社会行为准则都是基于此的。理解一个民族的核心社会资本，同样也可以对一个民族的意识与社会形态及一个民族的发展加深认识。在云南各少数民族中，传统社会资本的类型与核心社会资本有着较大差异，下面我们以几个民族的核心社会资本为例来说明这一点：

　　在居住于宁浪县小凉山的彝族中，核心的社会资本要素之一就是家支制度。家支也就是宗族，是一个父系的血缘网络，在一个共同祖先的血缘组织上成长起来的一代又一代、有共同血缘关系的人们，形成了一张以血缘为基础的强大的家族社会网络。在彝族社会中每个彝族的社会成员都由家支谱系贯穿于一根根无形的链条上，每一个男人和家庭就是一个环扣，从而构成一个庞大的血缘系统。在社会中家支对于彝族社会、经济、文化、政治、军事等方面都产生着重要的作用，发挥着重要的功能，家支在社会生活中犹如一张无形的网保护着每一位成员，对外则以家支的集体力量维护着本家支的尊严，保护着家支成员的利益不受侵犯，而对内则协调着家支成员和家庭之间的关系。在经济上，家支之间互相帮助，一家有困难，家支之间都会予以协助，如建房或一个家庭中有人生病、受伤、遇难、婚礼等，全体家支都必须共同帮助，家支成员如果在外遇到了困难，尤其是与其他的家支或其他民族发生纠纷时，整个家支的人都会集体出动，予以帮助。过去家支还有较大的军事动员功能，当发生家支械斗或战争时，则以家支的名义进行动员就可能号召整个家支的成员共同参与，而家支的成员都会义无反顾地参与到军事活动中去。家支有共同的祖先符号作为家支的凝聚力，也有家支的神灵、家支的墓地，这些都是一个家支的凝聚因素，遇到荒年家支内如果有人缺粮，家支的其他成员就会予以救济，共同渡过难关。家支内有人父母早逝，家支内的其他成员也会对其遗孤进行扶持供养，作为家支的一个成员只要认同于家支就不会有生存上的困难，人们不论走到哪里，两个彝族人只要相互背诵自己的谱系，往往通过谱系就可以知道自己是否属于同一家系，而找到了自己的家支，就可以获得这一家支其他人无私的帮助与照顾，因此在彝族社会中诸多的社会、经济、政治、军事等关系都是以家支为基础而开展的，家支制度成为了彝族社会中主要的核心社会资本。

在基诺族中，核心的社会资本是村社制度。每一个自然村组成了一个村社，在村社制度之下每一个村社有村社的长老负责村社的事务，村社也有村社的神灵作为村社的精神凝聚力。村社成员的生计是以村社为依托的，土地资源等生产资料以村社为单位共同拥有，村社内的家庭可以在村社内使用土地，村社的土地每年平均分配到不同的氏族，再由氏族分配到家庭使用，而土地的使用也不是固定的，一块土地不可能由一个家庭长期占有使用，而是要在村社的每一个家庭之间或每一个氏族间平均分配并且轮流使用，这种轮流的周期有的可能长达数十年，但是有了这种平均制度，人们就可以获得土地、获得生存的资源，而这种权力只有村社的成员才能拥有，一旦脱离村社就可能失去传统的生存依靠。村社对外则是一个独立的单位，如果发生对外的土地、社会纠纷，乃至于械斗等，一个村社都会集体动员，一致对外，而村社内有大量的涉及村民的公共事务，如建桥、修路、开垦土地等都是以村社为单位集体进行的。每一个村社也形成了自己的村社文化，例如通过衣服的服饰上的图案就可以分辨出一个人属于哪一个村社，而不同的村社节日的时间也有差异，因此以村寨为依托形成的村社制度是基诺族社会中核心的社会资本，在基诺族的传统社会中，主要的社会关系、经济关系、文化关系等都是以村社为基础展开的，都以村社制度为轴心而运行。

在云南回族社会中，商品意识与经商的技能是其重要的核心社会资本。回族有丰富的经商传统与经商意识，其社会关系与经济关系等有较大关系，由于经商人们展开了强大的经济与社会关系网络，回族的马帮遍布中国南方乃至于东南亚的缅甸、泰国、老挝等国家，由此而形成一张巨大的经商网络，同时也拓展了人们的社会关系，居住于泰国清迈的穆斯林社区就是在清代以后逐步由云南去的回族商人移迁定居当地而形成的，这样形成了一张今天仍然存在着的社会与经济网络。由于经商人们需要建立相应的经济规范，如经济往来中的协议、合约、交易规范等，这些社会资本的要素在回族中也较为丰富。经商也带动了回族手工业的发展，在很多回族的居住区，手工业都十分发达，尤其是制作金属农具与生活用品等，并随着经商的网络扩散到各地。经商给回族人民带来了丰厚的经济收益，使回族的社会、经济、文化发展得以支撑，而更重要的是由于经商的意识与技能，使回族人民在历史上经历了一次一次巨大的磨难之后，社会经济发展仍然得以恢复，最典型的事例就是在清代杜文秀起义之后，回族人们受到残酷的迫害，而随后回族社会、经济再次恢复与繁荣起来，这其中商品意识与经营技能产生了关键的作用。

在傣族的传统社会中，勐制度是其最主要的核心社会资本，傣族社会在历史上的扩展就是以勐的复制为基础的。在傣泰民族先民频繁的迁移中，每到一处傣族人民落根的基本组织制度就是建立封建管理单位"勐"，在一个勐之内由若干村寨构成，每一个勐有勐的头人，有勐的精神象征——勐神，有勐内部的组织制度，甚至有一些约束人们行为规范的习惯法规，因此在人们的社会规范方面，勐与勐之间有时是有差异的。勐也是一个军事动员单位，当需要对外进行征战的时候，勐就是一个军事单位。勐也是一个封建经济实体，在勐之内土地分配到不同的村社使用，村社再分配到家庭。勐的土地界限是十分清楚的，勐内有勐的经济关系，勐对上是一个封建负担单位，因为勐要对"封建地方王国"尽义务，每年都要向上一级的封建头人出劳役，例如出力、修房、修筑公共设施，然后上缴粮食等，例如在历史上西双版纳被划分为12个封建行政区，也就是12个勐。勐不仅对傣族历史上的扩张与发展起了重要的作用，同时勐在傣族社会生活中还是一根核心的轴，在勐之内的文化、经济、政治、社会生活、军事等，都是以勐为轴心而展开的。如前所述，每个勐都有自己的神灵、经济关系、社会规范等。

在纳西族摩梭人中，母系大家庭制度是摩梭人核心的社会资本。在摩梭人中自古以来都存在着母系大家庭，一个母亲的子女共同构成了一个大家庭，在大家庭中一切社会关系都以母系大家庭为核心而展开。在家庭关系方面，母系大家长是一个家庭的核心，负责一个家庭的经济、生活等，掌管着一个家庭的生计，在大家庭制度之下，所有的家庭成员都必须生活在大家庭内，所不同的是男性成员在成年以后，则到外面去找自己的异性伴侣，在晚间到伴侣家去住宿，白天仍然在家里劳动，而女性在成年以后也就接受男性伴侣到自己家住宿，生活和劳动都在母系大家庭内。在大家庭内生产资源是由大家庭集体占有的，集体劳动、集体消费，因此在摩梭人中经济关系、婚姻关系、社会关系、家庭关系等都是以母系大家庭的这一血缘关系而展开的，一个个的母系大家庭构成了一张以母系血缘为基础的经济与社会关系网，左右着整个社会的运行。①

　　通过对以上几个不同民族核心社会资本构成的考察，可以使我们对不同民族社会有更深刻的认识。不论哪一个民族，总有一些核心的社会资本影响到一个民族的伦理道德、社会规范、经济关系、社会关系、宗教关系等，因为在一个社会中，这些关系都是以某种基础的要素为中心而展开的，都具有与之相适应的特征。例如社会伦理方面，摩梭人由于是母系社会，因此对于母性的崇敬就显得特别重要，人们崇敬女性，尤其是女性长者受到社会的尊崇，女性长者可以掌管一个大家庭的经济，支配一个大家庭的社会关系与经济关系，同时妇女的地位也相应显得较高，妇女不受歧视、不受压迫，在社会中生活中抛开宗教因素以外与男性享有相同的权利，甚至在某些方面比男性还要具有更高的地位。而在彝族中，家支制度是其重要的核心社会资本，家支制度之下血缘网络的展开是以男性血缘为基础的，整个社会网络就是一个男性网络，因此在彝族社会中，男性的地位显然要高于妇女，在其社会中不论经济、文化、政治、军事等关系中，男性都占有主导地位，妇女往往处于从属的地位。在村社与勐制度之下的基诺族、瑶族、傣族等民族，由于村社是人们生存的依托，因此在村社之内平均主义体现在社会的方方面面，平均主义成为村社制度的润滑剂，以及人们处理经济关系与社会关系的基础。在这些民族中，村社的生产与生存资源为每一个村社成员共同拥有，因此土地、森林等除了集体共有的之外，都会被平均分配到每个村社成员中的，即使是集体的收益也都要平均分配到村社成员中，因此村社中处处体现着平均的准则，平均成为人们伦理道德的基准，在社会中人们都强调公平，而平均的思想同样也影响到了村社乃至于到整个封建"王国"的政治组织制度，村社中虽然有村社的头人以及政治组织制度，但是村社中民主的色彩十分浓厚，遇到大事，人们都会集体讨论，听取大家的意见。勐也有勐的世袭头人，但人们崇敬国王或头人却并不服从压迫，平民百姓都怀有主人心态。在平均主义之下，私有化的发展，私有财产的积累，都受到社会准则的压制，因此经商等意识在这些民族中发展不充分。

　　在以上的论述中，我们分析了西南少数民族传统社会资本的差异性，这表现为社会资本构成的结构性差异以及社会资本构成要素在不同民族传

---

　　①　郑晓云：《社会资本与农村发展——云南少数民族社会的实证研究》，中国书籍出版社2008年版，第97—100页。

统社会资本构成的地位与功能的差异。通过这些分析，我们可以更深入地认识到西南少数民族社会资本的构成特征，这将有助于我们在当代构建各民族新型社会资本的过程中注重这种差异性的存在，并针对不同民族的特征去调整社会资本的构成，对一些发展需要的社会资本进行补充，从而更有效地促进各民族的发展。

西南少数民族在人口、聚居区域、文化传统等方面均独具特色，在一定程度上规定了当地社会资本的形成特征、区域经济的发展状况以及民族关系的运作状况。西南少数民族悠久而灿烂的社会资本积淀为世界文明史诗的谱写留下浓墨重彩，也有效地促进了西部少数民族社会的繁荣与进步。改革开放以来，伴随着中国城市化的进程，西南民族地区社会资本发生了很犬的变化，正由传统社会资本占主导转变为传统和现代社会资本平分秋色，并且现代社会资本成分迅速增长的阶段。目前，我国西南民族地区社会资本正处于传统社会资本大部分流失，而现代社会资本尚未完全建立的转型期，为了更有效地推动西南民族地区的和谐发展，我们不仅需要构建现代社会资本，也需要加强对传统社会资本的保护。

第二节　西南民族地区传统社会资本的保护

从总体上看，传统社会资本的许多成分已经不适应现代化的需要，但是这并不等于说传统社会资本已经一无是处，应该全盘否定。事实证明，传统社会资本中的某些因素在今天我们构建和谐社会中仍具有它的重要价值。只要我们加以引导和保护，传统社会资本中的许多因素仍然可以转化为或直接成为促进社会和谐的积极因素。费孝通曾经在《乡土中国》中剖析了中国农村的社会结构，阐明了中国农业社会"乡土性"的特点。从他的分析中我们可以看出，在中国的乡土社会中，人们彼此熟悉，信用关系的确立不必依靠正式的契约和国家的权威，只需要人们相互遵守传统的道德规范即可，在这种传统规范之下，传统社会公共秩序的维护也不需要国家的法律，而是依靠人们对"传统规则的服膺"。可以说，中国乡土社会是一个"无法"的社会，但是"无法"并非就会使中国传统社会失去秩序，因为依靠传统的社会规范就能很好地实现社会治理。我们可以相信，费孝通先生对于中国传统社会的分析是理解和说明传统社会资本在价值的最好证明。既然传统社会资本的价值是如此得大，那么，我们对它的尊重和保护就是必要的，但问题并不是要我们认识到传统社会资本的重要性，问题的重要性在于如何保护传统的社会资本。在此，我们引用费孝通先生的一段话来作为我们讨论如何保护传统社会资本的开始。

"传统是社会所积累的经验。行为规范的目的是在配合人们的行为以完成社会的任务，社会的任务是在满足社会中各分子的生活需要。人们要满足需要必须互相合作，并采取有效技术，向环境获取资源。这套方法并不是由每个人自行设计，或临时聚集了若干人加以规划的。人们有学习的能力，上一代所试验出来的有效的结果，可以传给下一代。这样一代一代地累积出一套帮助人们生活的方法。从每个人说，在他出生之前，已经有人替他准备下怎样去应付人生道路上所可能发生的问题了。他只要'学而时习之'就可以享受满足需要的愉快了。"①

从这段话中我们可以看出，传统社会资本并不是人们自行设计的结果，只是人们经验的积累，这种经验的积累大多情况下也只是无意识的，并非出于理性的行为结果，这些经验只需要一代一代积累，一代一代往下传承即可。其实，费孝通先生在论述到这儿时，已经告诉我们，传统社会资本并不需要刻意去保护，只要上下代之间不断传承就能实现传统社会资本的保护，这就难免得出传统社会资本的保护并不需要保护这样的悖论，即"无为而治"就能实现传统社会资本的保护。诚然，在传统农业社会，这是没有问题的，社会资本的保护只需要代代传承就行。但是今天情况不同了，不论是西南民族地区还是其他民族地区甚至广大的中国农村地区，由于社会的转型，社会结构的变迁，从而使得社会资本的情况发生了很大变化。在当代的发展中，传统社会资本、国家提供的社会资本要素及外来影响下（包括各民族间的互动）形成的社会资本，三者在社会生活中各有其功能，具有互补性，同时更具有不可替代性，这也是各少数民族的现实。对于西南民族地区来说，传统社会资本在当代最大的价值之一在于它是一种社会自我管理、控制以及提升自我发展能力，获得社会稳定与和谐的重要资源，是西南地区民族在当代自我发展能力建设的基础。今天在西南地区各民族中，传统社会资本在社会中仍然是重要的基础。在当前国家能够提供的公共产品远远满足不了社会需求的状态下，传统社会资本仍然是一种不可替代的资本，甚至对于西南地区很多民族来说是首要

---

① 费孝通：《乡土中国·生育制度》，北京大学出版社 1998 年版，第 50 页。

的、最厚重的社会资本。这些资本一旦流失或一些民族的社会被瓦解，那么这些民族的生存和发展将会受到严重的影响。因此，传统社会资本具有的实现社会控制、降低生存风险、促进社会和谐、增强各民族人民基于民族文化之上的幸福感、强化人们的文化认同等作用，对西南民族地区各民族来说是十分重要的。

西南地区少数民族传统社会资本的保护首先是要针对不同民族的社会资本结构进行保护。在前面我们已探讨过西南民族地区少数民族的传统社会资本在当代各民族的社会发展中仍然起着不同的作用，但是各民族的传统社会资本分布是不均匀的，它的存量以及结构都有较大的差异。因此在不同的民族中，不同的社会资本要素的差异性决定了传统社会资本不能作为西南地区各少数民族共同的社会资本，它往往显现在一个民族所拥有的价值中，也就是某些社会资本为某些民族所拥有并具有价值，不同民族良性的社会资本可以为其他民族所吸收，但是不一定适合于其他民族，同时在发展的过程中，一些民族还必须补充自己没有的社会资本。各民族社会资本之间的不平衡性应该获得补充，针对不同民族的发展，应该认真研究不同民族传统社会资本构成中，有哪一些是缺少的，有哪一些是与当代的发展不适应的，或者有较大的差异的。例如在当代发展商品经济的过程中，西南民族地区一些民族商品经济意识强、技能高、社会网络大，这样的民族经济发展就快，但另外一些民族社会封闭、社会网络小，人们没有发展商品经济的意识及经营市场的经历，不了解市场经济的规范等，在当代这些民族发展商品经济的速度显然就慢。再如在有的民族中，存在着互帮互助的制度，人们采用传统的互帮互助的方式来实现社会之间的互助，降低生存风险，提高生产能力，但是这些制度在一些商品经济发达的民族中就已不健全，作为社会资本的存量较小，没有这种集体协作的社会资本，社会生活的很多方面就会发生消极现象。因此各民族在维持好、保护好对当代发展有益的传统社会资本的同时，也需要积极地调整本民族社会资本的结构，补充本民族没有存量的资本构成因子并提升对当代发展有益，甚至是必需的资本构成因子的存量。

保护西南地区传统社会资本，要针对不同民族社会资本的存量和构成品种与当代发展的需要之间的差距来进行保护和维持，应认真研究不同的民族究竟需要一些什么样的社会资本，哪一些社会资本应得到维持与增值，尤其是对当代西南民族地区社会和谐发展有利的传统社会资本，应该加以保护和维持。对于已经不适应发展的传统社会资本其流失可能是一种难以阻挡的趋势，而对于在当代仍然有积极价值的传统社会资本则有必要加以进行保护，使资本存量得到扩大。因此应对不同的民族进行传统社会资本的整理与规划，归纳各民族传统社会资本中在当代能够产生作用、具有价值的因子，它们也可以作为西南民族地区构建现代型社会资本的基础。

保护西南地区各民族传统社会资本，尤其要注意保护西南地区各民族共同的社会资本。尽管西南地区各民族传统社会资本结构有差异，但是各民族也都具有的一些共同的社会资本构成因子，能够成为各民族共同拥有的社会资本，这种社会资本是一笔公共的财富。例如各个民族之间的团结、互助、和谐、共同繁荣的机制等，就是一种各民族共同拥有的社会资本。今天西南民族地区在民族及支系构成、民族文化上是中国最具有多样性的区域之一，但民族团结、社会和谐，在当今世界上也可称典范。在当代西南地区聚居了我国主要的少数民族，加上一些少数民族的支系，不同的支系多达数百种，构成西南地区纷繁复杂的文化图景与复杂的社会结构，但是今天的西南地区各民族的团结、和睦是主流，民族与民族之间的融合、文化和社会融合也正在不断扩大，例如民族间婚姻网络的扩大，不同民族之间传统的通婚关系由于传统的观念、规范、社会环境等的变化而改变，形成了一种新的、整体的社会资本，这一社会资本是在传统社会资本的基础之上发展起来的，对于西南地区各民族人民的共同发展与繁荣具有重要的意义。但客观地说，这种促成各民族团结与和谐的社会资本在历史上并不厚实，在历史上存在着一些民族之间的压迫、歧视甚至是仇视、战争冲突等，使得一些民族之间存在隔阂，而各民族的团结、和谐则恰恰是一种社会资本的缺失。自 20 世纪 50 年代以来，民族团结与社会稳定成为国家制度建设中的重要工作指向，并且为促进民族团结作出了巨大的努力，因此尽管经历了历次政治运动，但各民族的团结与社会和睦仍然是发展中被强调的主题，经过几十年的努力，各民族间的关系有了较大的改善，今天不论民族大小，发展快慢，在国家的政治生活以及经济生活中都有相应平等的地位，文化都能得到尊重，促成了西南地区各民族的团结势态。这些都是西南民族地区各民族共同层面上的社会资本，这些共同的社会资本在当代西南民族地区社会发展中仍然具有重要的价值，应该加以保护。

当代西南民族地区传统社会资本保护，离不开国家对民族地区公共产品的投入。国家在西南民族地区设置了管理机构，行使管理职能，相关的法律、法规以及政策使民族地区社会在国家的既定制度之下运行，形成了西南民族地区一致性的社会管理规范，同时国家提供了很多公共产品，例如交通设施、通信设施、教育设施、医疗设施等的建设，对于促进西南民族地区各民族的社会发展都是非常重要的。国家层面上的社会资本事实上是当代各民族社会资本最大的来源，也是当代社会资本结构中扩大最快的部分。但是对于西南民族地区来说，国家公共产品的供给远远不能满足地区内的需求，国家仍然需要投入更多的资源进行新型社会资本的建设，仍然需要扩大公共产品的提供，例如推进医疗保障制度的建设、养老保障体制的建设、民主与法制建设等，而现在这一部分公共产品中的很多职能还是传统社会资本在起作用，国家的公共社会资本存量小、增速慢，甚至很多在过去所建立起来的社会资本都已经流失了，例如在人民公社时期所建立起来的一些组织化的社会网络关系，包括那些有利于在社会中加强人与人之间的合作，共同去完成一些集体任务的民兵组织、青年组织及民族地区基层的医疗体系、科技推广的网络等。尽管当时人民公社的科技服务网络使科学技术能够在农村获得较快推广，利用过去的农机站提供农业机械的服务，使农业生产的机械化水平较过去有了较大的提高，农机站也提供统一的种苗，保障了农业的丰收，但这一切在 20 世纪 80 年代后却瓦解了，这其中固然有经济关系的变化，但这种变化客观而言对于西南民族地区的社会发展是不利的。今天人们享用国家的公共产品需要付出的代价比过去大得多，不论是受教育，还是享受农业技术服务、医疗服务等都还没有完善的机制，农民必须要支付较大的成本才能享受到公共服务。这一点说明国家提供的社会资本在西南民族地区，尤其是地区内的广大农村地区还缺乏应有的存量，与当代的西南民族地区农村发展的需要有较大的差距。在当代西南民族地区，传统社会资本如果过多地承担了一些本该由政府去承担的职能，那么传统社会资本可能会在现代化建设中逐渐耗损其传统因子，失去它本来的面目和职能，对此，国家必须要提供更多的公共产品，使得西南民族地区传统社会资本从本不该由其承担的职能中抽身出来，还原其原有职能。

当代西南民族地区传统社会资本保护，离不开国家对共同的社会资本要素进行投资建设，即在国家的扶持与投入中建立起各民族发展中共同需要的社会资本，包括各民族的团结机制建设、和谐社会的建设、各民族人民的科学素质提高、社会网络的扩大、市场经济环境的建设等，这些都是各民族所共同需要的社会资本，但又难以由一个民族，尤其是少数民族自身来提升其存量。在前面讨论社会资本与社会和谐的关系时我们知道，一个和谐的社会对于社会资本的增长和维持是非常有利的。以云南各民族的社会和谐机制为例，云南民族众多，各民族和睦相处，才能够达到共同发展的目标，因此各民族的平等、和谐机制的建设对于云南各民族的发展来说都十分重要。在 20 世纪 50 年代随着新中国的成立，存在于一些民族之间的纠纷与隔阂、以及压迫状态被改变，开创了各民族团结与和睦相处的新发展局面，民族平等政策提供了建立各民族和谐机制的基础，但是由于"文化大革命"的影响，使各民族的团结遭到了破坏，带来了严重的不良影响，这一切对云南各民族人民来说都是一次深重的灾难。20 世纪 80 年代以来，随着党的宗教、民族政策的重新调整，民族文化与民族宗教得到了尊重，民族经济得到了发展，各民族开始进入了一个新的发展时期。在当代的环境中，各民族团结、和睦这一在"文化大革命"中被降低了的社会资本，在当代获得了极大的提升，形成了各民族和谐共处的局面。这种局面的形成，有各民族在历史上形成的有利于各民族和谐共处的社会、经济、文化关系，但更重要的是来自国家提供的社会资本因子，如通过法律、政策、文化、物质等社会资本因子的投入，进行了消除民族不平等、歧视、隔阂及提高各民族科学文化素质、改善各民族人民生活的长期努力。

在西南各民族传统社会资本保护的过程中，法制建设是其中一个十分重要的环节。在当代虽然西南各民族传统的社会控制方式仍然起着重要的作用，在一些民族中传统的法律体系在社会生活中扮演的角色还相当重要，但这种现象与当代的法制化社会建设往往是有一定矛盾的。如何在尊重各民族的传统社会控制方式的同时，又能实现传统与国家法制建设的一体化过程，最终实现国家的法制化，仍然是西南地区各民族在一个相当长的时期内需要面对的问题。但是有一个过渡的时期显然是十分重要的，要在短时期内实现国家法制对西南地区少数民族传统社会控制体系的完全替代既是不现实的也是无益处的。在西南地区各民族社会资本的保护过程中，法制化是一个十分重要的内容。一方面依靠现代的法律法规来体现民族平等；另一方面依靠现代法律调整民族地区各民族内部的矛盾，维护社会公正、稳定与促进社会和谐，而在一个公正、稳定、和谐的社会环境中，社会资本的传承和增值是较为容易的，这点我们在前面已经论述过，在此不再赘述。

当代西南民族地区的社会交往面不断扩大，旅游业发展所带来的文化影响，青年人外出打工，电视、报刊等媒体的传播所带来的新的观念等，这一切也必将影响到各民族社会资本的保护，尤其是传统的社会规范、社会理念甚至传统的社会网络都会由此而发生巨大的改变。近年来电视、网络、通信等事业的发展，也给少数民族社会带来了较大的变化，促进了少数民族的社会进步，尤其由媒体传播而带来的外部世界的一切，对各民族传统的社会观念都产生了较大的冲击。在当代商品经济成了一种衡量发展的标准，各民族的传统价值往往要让步于商品经济的尺度，商品经济发展的价值观取代了传统的价值观，似乎成了一种发展的必然，这导致在一些民族中传统的社会规范、观念等由于要屈从于商品经济观念而被改变。这一切最终的后果都会导致传统社会的瓦解，甚至会导致一个民族精神的崩溃，这一点是必须要引起高度重视的。因此对于西南民族地区少数民族来说，在当代社会资本的重构过程中如何传承民族文化、保护民族文化，使传统社会资本那些有利于当代社会发展的要素在当代能够被激活、被传承，继续发挥作用，是各民族社会资本在当代重构过程中的一个重要课题。要加大各民族文化的保护与传承力度，使各民族的文化在面对外来文化的同时也能得到传承，这样才有利于各民族社会资本的构建与增值。而作为传统社会资本的民族文化一旦流失，事实上也将造成社会资本的流失。在传统的发展模式中，经济发展优先是一种主流的模式。在改革开放以来的30年中，这一发展模式产生了巨大的效益，促进了各民族经济的发展，使各民族的发展显现出了新的活力，应该说这种发展模式是有效的。在当代发展中强调了经济发展的重要性但忽视了社会建设与社会发展的重要性。在经济得到了一定发展的同时社会中出现了大量效应相反的事实，或经济发展本身也没有明显的成就，非经济的各种矛盾与因素在当代的发展中显得越来越突出，这说明在当代的发展中仅仅依靠经济的发展已经不足以推动各民族的全面发展。社会资本对于经济发展的推动，对一个民族社会运行与发展所显现出来的价值会越来越大，一个民族的发展不能仅仅以经济指标来衡量，还包括一系列社会指标。各民族社会的发展必须优先于经济的发展，由社会的发展来推动经济的进一步发展，这是一种新的发展观。因此社会资本的传承和保护对于一个民族的发展来说至关重要。在发展中应依据各民族的实际情况来继承发扬传统社会资本，对于传统社会资本中与发展不适应的部分可以放弃，而对于发展所需要的社会资本的部分予以保存。我们可以这样说，社会资本的传承和保护能为当代各民族发展提供重要的动力与保障，有什么样的社会资本就将有什么样的发展，尤其是在西南这样一个民族成分复杂的地区，拥有团结、和谐的社会资本各民族就可以团结、和睦，形成西南民族地区和谐的发展环境；拥有民族间的社会组织网络，各民族的社会就会出现新的活力；拥有村民之间的互助机制与社会控制机制，人们的生存风险就会降低，社会失范现象就会得到一定的控制；拥有对资源保护的社会资本，各民族的地区自然环境就可以获得保护，资源就可以获得可持续利用；拥有各民族的社会网络，加之与东南亚、南亚的接壤等地理优势和社会开放的优势，各民族的社会就更加开放，获得更多的经济与社会机遇，而这一切，都离不开传统社会资本的保护。总之，通过传统社会资本的保护来推动西南民族地区各民族的发展，是西南各民族在当代达成发展目标的重要途径。同时我们也必须深刻地认识到传统社会资本不能解决所有的问题，但是传统社会资本有其存在的现实基础和意义，当代西南民族地区和谐发展必须结合传统才能实现。这就是保护传统社会资本的价值和意义。

第九章 西南民族地区现代社会资本的缺失

由于西南民族地区社会资本以宗族和家族等传统形式为主，这些传统社会资本形式在一定时期和某些情况下对西南民族地区社会经济的发展产生过积极的作用，例如血缘团体的信任可以增进小范围的合作，在合作化初期曾促进农业生产的增长和发展。但是这些传统社会资本形式也存在不少消极影响，值得引起我们的注意。自1949年新中国成立以来，中国社会一直在发生着变革。中国的社会转型，是由计划经济体制向市场经济体制转型，由传统农业社会向现代工业社会和后工业社会转型，由传统封闭的单一行政化社会向现代开放的功能分化的多元化社会转型。随着经济、社会体制改革的不断深入，特别是随着社会主义市场经济体制的逐步建立和完善，生产力的巨大增长和商品经济的空前繁荣，以血缘、地缘和亲缘为纽带的传统社会资本已经开始向以业缘关系为主导的、倾向于横向联系的、呈开放状态的现代社会资本方向转化。正如马克思所说的"以物的依赖性为基础"的交往，取代了对"人的依赖关系"的交往。在这一转化过程中，西南民族地区信任、规范以及网络都发生了重大的变化，原有的信任破坏了，新的信任尚未建立，原有的规范已经失去了效力，新的共识性规范还没有确立，原有的社会网络被打破或不再有效，新的社会网络尚未形成或发挥作用，从而导致西南民族地区现代社会资本的缺失，主要表现在下述几个方面。

第一节 信任体系：互信机制受损和信任度下降

在社会资本的各个构成部分中，信任是最核心的要素，无论是互惠规范还是公民参与网络离开了共同体成员间的信任，都难以存在和有效运行。在中国传统社会中，信任主要建立在血缘和地缘认同的基础上；在计划经济时期，国家通过单位控制了个人，在全社会形成了普遍的同志式的信任。可以说，那时"信任"的社会资本存量比较丰富。进入转型期以来，随着社会的迅速变迁、市场经济的建立和发展，利益关系格局急剧变化，西南民族地区社会信任体系遭到了巨大的冲击，原有的信任关系和互信机制逐渐消逝，而与现代社会相适应的以契约和公平为基础的普遍信任尚未完全建立，因此，"信任"的社会资本有所削弱。这种信任关系的削弱和流失表现为西南民族地区内部政府信用的缺失、企业信用危机、个人信用滑坡，地区内部信用体系不健全，等等，从而使得这一地区现代社会经济发展所需要的合作很难在互信的基础上进行。成员之间的相互信任是地区和谐发展的必要前提。只有彼此信任，各方信守诺言，才能使这种信任资本转化为经济社会发展的实际行动，转化为现实生产力。如果各方面互不信任、相互怀疑，这不仅会对西南民族地区经济发展造成阻碍，而且从长远来说也不利于西南民族地区社会的和谐发展。

第二节　网络体系：居民参与网络不健全

对于社会资本中的各个构成部分，不论是人与人之间的信任，还是规范人们行为的各种制度，其现实性都不能脱离一定的组织和公民参与网络，甚至是在这种组织和关系网络中形成和发挥实际作用的。社会资本应该是"自下而上"和"自上而下"并存的现象。美国学者迈克尔·武考克认为，社会资本有四种表现形式："整合"、"协作"、"链合"和"组织整合"。①这四种形式表明，社会资本包含着社群、民间组织自身蕴含的力量，也包含着国家或者说政府的作用，更包含着各方的互动。我们不仅应该重视政府的权威，也应该重视民间组织的作用。应该同时发挥各方的积极作用，努力整合各种资源，以便建立完善"党委领导、政府负责、社会协同、公众参与"的关系网络格局。在中国西南民族地区的现实的社会治理中，尽管初步形成了由政府机构、居民自治组织（村民委员会）、民族地区中介组织、民族地区非营利组织、民族地区经济组织（如西南经济协调组织）等多种主体构成的网状治理结构。但各主体之间由于拥有资源量以及动员资源的能力不均衡，导致它们之间并没有形成积极活跃的互动网络，而仍是以政府机构为主导，其他主体被动反应。政府及其派出机构掌握着大量的财政资源和决策资源。非政府组织和民族自治组织的作用没有充分发挥出

---

① 李惠斌、杨雪冬：《社会资本与社会发展》，社会科学文献出版社2000年版，第258页。

来，其自治性和独立性在很大程度上没有得到实现。当然，由于关系网络的建设并不是一个自上而下强制性的结果，而是长期持续互动与多方共同积极参与的结果，因此，西南民族地区出现的这种关系网络供给不足的问题需要经过长期而复杂的建构过程才能得到解决。

第三节　规范体制：社会规范断裂

社会资本中的规范包括正式法律制度规范和非正式的伦理道德约束等。我国西南民族地区的规范主要是传统社会积累起来的非正式的伦理道德规范，这种伦理道德在小农经济和计划经济条件下对于规范人们的价值选择和行为活动起到了重要的作用。随着转型时期社会成员价值观念的变化和社会结构的逐渐分化，以血缘和亲缘为主的社会资本已经被现代化过程消解，而市场经济所要求的以契约、互惠、诚信为主的现代道德规范尚未建立，从而导致西南地区"规范"社会资本的凌乱和缺失，极大地阻碍了西南地区的民主化和自治进程。因此，在提倡用伦理道德规范来约束社会成员的行为规范和市场主体交易行为的同时，要求建立以契约、互惠和诚信为主的现代制度规范。这种现代制度规范要求重点提高社会的制度化、法制化水平，"要制定严格的法律制度，使社会管理逐步由人治向法治转型，最终建立现代意义上的法治国家"，"要通过新的制度安排和制度创新为社会流动创造畅通的渠道，使社会资本在整个社会自由流动"。[①]当然，我们所强调建立以正式法律制度为中心的规范的同时，不能抛弃传统的伦理道德规范，传统的伦理道德规范是普遍的共识，而现代社会的法律制度始终是规范的最后一道防线，只有当伦理道德不能进行有效规范的时候，用法律制度进行规范才是必要的。如果割裂了二者的联系，就会使传统社会资本与现代社会资本相脱节，出现单个"规范"资本单打独斗的局面，这对于西南民族地区社会经济的和谐发展是极为不利的。

第四节　居民参与体系：居民参与不足与
社会认同度降低

随着市场化发育的深入和人们经济利益的日趋满足，公众在政治上的

---

① 卜长莉：《社会资本与社会和谐》，社会科学文献出版社 2005 年版，第 447 页。

民主意识、权利要求以及参与活动也开始增长。在农村中，所体现的是村落社区内村民自治的出现与发展；在城市中，则体现为单位社区与居民社区等社团的发展。公民参与的日益增加使得现代型社会资本有了长足快速的发展。但是，从西南民族地区现实情况看，西南民族地区的居民参与普遍不足。具体原因是多方面的，但主要的原因有：（1）参与网络的滞后。（2）居民参与成本高。这主要与西南民族地区经济发展水平和人民的收入水平有关。（3）居民参与渠道单一。主要是政府权威的作用迫使居民被动参与，缺乏主动参与的积极性。（4）公民权利意识薄弱，参与能力有限。居民受中国传统文化的影响，缺乏现代公民意识。（5）公民参与缺乏制度上的保障。一方面指公民在实际参与中的具体制度问题，另一方面指公民政治参与的条件和途径方面的法律的、制度的和程序的保障是否充分的问题。我国现行的法律对公民的参与权虽有相应的规定，具体的关于保证参与实施的制度和法律法规却不够健全，真正涉及公民参与的法律不多（有《选举法》、《价格法》和《政府价格决策听证办法》等少数几部），而且很多制度或法律规范都是模糊不清的。（6）公民知情权不充分。表现为公众想要了解的信息未必得到公布，而公众并不关心和感兴趣的信息则可能被公布，信息不对称导致居民参与失效或无效率，难以充分调动人民的主动性。① 居民参与不足的这些原因反映了西南民族地区居民的社会认同较低，在传统社会中，西南民族的社会认同度是很高的，大家生活在一个其乐融融的环境里，而现代化进程消减了这种融洽的环境，使得地区内部居民的社会认同普遍降低。

综上所述，西南民族地区有着丰富的传统社会资本，但现代社会资本较为匮乏。这种匮乏表现在：信任的缺失；共识性规范的缺失；社会关系网络的缺乏；居民参与的不足。由于这些因素导致的社会无序、失范与合作无效等结果，会严重影响甚至阻碍西南民族地区社会的和谐发展。因此，构建现代社会资本，对西南民族地区社会和谐发展就具有十分重要的意义。

---

① 聂飞：《当前我国社会资本培育研究》，硕士学位论文，河南大学，2008年。

第十章　构建西南民族地区现代社会资本

第一节　现代社会资本对于西南民族地区
社会和谐发展的意义

社会资本能够使人们的道德观和价值观内在化，能够规范人们的行为，促进成员为共同的利益进行协调与合作，具有人力、物力资本所无法替代的社会保障与社会支持功能。从个人的角度讲，在一个拥有丰厚的社会资本存量的社群内生活和工作会更加容易；从整个社会来讲，一个拥有丰厚正社会资本存量的社会，意味着和谐稳定的秩序和良好的社会治理。

首先，社会资本能够增强西南民族地区社会凝聚力和认同感，为民族间的信任与合作创造条件，有利于形成良好的民族关系。民族间的信任与合作是民族和谐与社会稳定的前提。构建民族地区和谐社会必须不断增强社会的凝聚力，在民族地区人民心中形成社会认同感和政治认同感。而以信任、互惠规范和关系网络等形式存在的社会资本则很好地起到了沟通和发展民族内部、民族之间、民族与政府之间关系的作用，从而形成各民族相互影响、相互补充、相互合作、共存共荣的生动局面。"社会资本着重于那些文化价值和态度，这使得公民有合作、信任、理解和彼此产生共鸣的倾向，互相以公民而不是陌生人、竞争者或潜在的敌人来对待。社会资本组成了一种力量，这种力量能提高社会的凝聚力，把人们从缺少社会道德心或共同责任感的利己主义者和以自我为中心的算计者转变为利益共享、责任共担和有社会公益感的社会成员。"① 当社会成员对其他人行为的正当可靠性即诚信抱有坚定的信念时，他们就会在相互信任的基础上开展合作。正如亨廷顿所言，彼此不信任和人心不齐使社会变为一盘散沙，而社会资本为一个群体的成员提供一套共有的、非正式的、允许他们之间进行合作的价值观或准则。社会资本可以为西南民族地区民族内部的交

---

① ［英］肯尼斯·纽顿：《社会资本与民主》，载《马克思主义与现实》2000 年第 2 期。

流、沟通提供便利，为西南民族之间的协作、合作、联合创造条件。通过各民族间长期的互助协作、沟通交流，从而形成和实现汉族离不开少数民族，少数民族离不开汉族，少数民族之间也相互离不开的友好民族关系。

其次，社会资本为西南地区民族团结与民族和谐提供了良好的社会规范与秩序。没有社会规范与秩序就不会有正常的社会生活，更不会有民族和谐与社会和谐。但社会规范与秩序如果不建立在社会认同和自觉遵行的基础上，是不会得以确立和长久维持的。在传统社会，存在着遵循约定性规则而无须服从命令就能得以维护的秩序，而在当今自由社会的一个事实是，"尽管一些群体会为了实现某些特定目的而组织起来，但是所有这些分立的组织和个人所从事的活动之间的协调，则是由那些有助于自生自发秩序的力量所促成的。"① 因此，社会规范与秩序在根本上会是难以进行刻意设计和建构的，它往往是一个个具有特定目的的个人应对即时性环境而采取自主行动的结果。公众参与网络孕育出的互惠规范等社会资本，作为一种自发性的规范准则，能够为西南民族地区社会和谐提供良好的社会规范与秩序。构成社会资本的规范包括诚实、信任、责任和互惠，这种"规范"社会资本不仅促进了西南民族地区成员的合作互动、提高了社会成员的沟通交流、增进了社会成员的了解与合作，而且在社会转型时期西南民族地区传统道德规范弱化的情况下，也能利用现代社会制度规范约束人们的行为。在这种正式与非正式的规范中人们相互沟通交流、合作、理解，通过长期的复杂博弈形成惯例、规范，进而形成一种整体性的、人们共同遵守和自觉维护的社会秩序，从而为西南民族地区社会的民族团结和民族和谐提供良好的规范和秩序安排。

再次，现代社会资本所蕴含的参与网络有助于培育西南民族地区的公共精神，提高居民的参与意识，从而为西南地区民族区域自治提供基础。实行民族区域自治是党和国家处理民族问题的一项基本政策，也是实现和维护民族地区社会稳定的举措，而公民的政治参与是完善民族区域自治的重要保证。作为现代社会资本重要内容的公民参与网络（社会组织），与政治之间存在着非常紧密的关系，对于公民政治参与的各个方面起着巨大的影响。普特南在对意大利地区政府的分析中指出，丰富密集的组织联系以及繁荣的公民参与能有效地促进社会治理。"公民参与的网络孕育了一

---

① ［英］弗里德利希·冯·哈耶克：《法律、立法与自由》（第一卷），邓正来等译，中国大百科全书出版社 2000 年版，第 68 页。

般性交流的牢固准则。促进了社会信任的产生。这种网络有利于协调和交流，扩大声誉，因而也有利于解决公共事务集体行动的困境。"① 民族地区公民通过参与网络可提升自己的参政议政水平，确保自己的民主权利得到实现。同时，政府行为公开在社会参与网络和社会组织的监督下，严格地受到它们的制约。这样通过社会参与网络对国家政治活动的参与，可有效协调公民和政府的关系，为它们之间搭建沟通桥梁。因此，社会资本在民族区域自治中有着不可替代的作用，社会资本为民族区域自治内各民族人民参与管理本民族内部事务提供了基础，这体现在：一方面，在居民参与和交往的过程中逐渐生长出广泛互惠的准则，从而促进了社会信任。正是在参与和交往中，彼此结成各种自愿的、满足不同需求的团体或网络，通过这些团体或网络实现每个人之间的协调和沟通，从而为解决集体行动的困境创造了可能，正是在这些环节中，相互的信任逐渐滋长。另一方面，西南民族地区居民参与的经验、所结成的网络、人员间的相互信任以及集体行动的成功，都可以拓宽参与者的自我意识，提高公民的公共意识，增进居民管理地区公共事务的热情。

第四，社会资本有助于西南民族地区经济发展，为社会和谐发展奠定坚实的物质基础。社会资本对于经济发展具有较大的影响，能有效促进增长、保持公平和减轻贫困等。社会资本在经济发展中起着黏合剂作用，能促进各种要素和社会各方面的凝聚和协调。缺失它，经济社会就不会有持续稳定的增长和发展。中国西南民族地区有着悠久的历史，浓厚的民族文化及宗教信仰，重信、习礼和互惠交往是其日常交往的最高准则。在西南民族地区正处于急剧的变迁时期，传统社会资本的作用逐渐减弱，需要在保持传统社会资本存量的同时构建现代社会资本，利用现代社会资本中的信任、正式制度规范、社会关系网络等来作为促成市场交易和经济发展的重要手段。现代社会资本的这种积极作用概括来说就是：在微观经济层面上，主要通过改善市场机制的作用（如促成个体交易、塑造企业形象及发展民族特色产业）来促进经济增长；在宏观经济层面上，通过营造融洽、和谐的文化氛围来影响宏观经济的业绩。社会资本对于经济发展的积极作用，为社会和谐发展奠定起了坚实的物质基础，有利于人民群众生活水平的提高，有利于西南民族地区社会的稳定和和谐发展。

---

① 李惠斌、杨雪冬：《社会与社会发展》，社会科学文献出版社 2000 年版，第 167—168 页。

第二节 西南民族地区现代社会资本构建的途径

从根本上讲，中国西南民族地区并不缺乏社会资本，相反，中国社会资本的存量很大，但多为传统意义上的社会资本，如何在保持传统社会资本存量的同时，构建现代意义上的社会资本，是摆在我们面前的一个重大课题。中国长期实行高度集中的计划经济体制，导致在国家机构与社会个人之间缺乏"中间地带"，由于"中间地带"的缺乏，国家机构承担太多的责任，也行使太多的权力，而个人民主权利和意愿没有得到有效的表达。通过构建现代社会资本，形成一个有利于个体自主合作的社会关系网络，既有利于国家权利的正确行使，也有利于西南民族地区社会的和谐发展。

一 在确保民族平等、自由的基础上，建立普遍信任与互惠规范

信任和互惠规范是衡量或判断社会关系双方关系密切程度的指标。社会关系双方相互间的信任程度、规范的有效程度等决定着社会关系网络的形成、持续和利用所拥有各种社会资源的多少，所以，人们常常用信任、互惠规范来度量社会资本。如果人们在交易活动中缺乏信任，他们就必须花费大量资源建立监督和防范机制，以防止上当受骗，有了信任，这些资源大可不必浪费。而我国西南民族地区的信任体系是建立在民族情感、血缘和地缘基础上的，是一种特殊的信任体系，具有很强的狭隘性、地区性和排他性，由此就导致社会信任度弱，社会"信任"资本整合功能低下，出现了"鸡犬之声相闻，老死不相往来"式的社会状态。规范作为社会资本的一个重要构成要素，在西南民族地区主要是以道德、风俗、伦理等形式表现出来的，这种传统意义的道德伦理规范在现代社会中的作用日渐减弱。因此，重新确立以契约、互惠、诚信为主的现代道德规范，增强西南民族地区"规范"社会资本，是现代经济社会发展的必然要求。（加进现代社会信任社会规范的内容）

在西南民族地区建立信任和规范的社会资本，应该是在确保民族平等、自由的基础上进行的，西南民族地区内部人与人之间关系的亲疏，很大一部分在于他们互相之间的关系是否平等，他们在日常生活和交往中是

不是自由的。经验表明，当民族地区成员在地区内部处在一种缺乏平等、自由的状态时，民族地区成员之间就会缺乏起码的交往信任，更谈不上会去遵守共同的社会规范。相反，当民族区成员之间的交流沟通是建立在一种较为平等、自由的基础上时，通过相互之间平等、自由地参与地区事务和公共活动，人们就会开始变得相互信任并且试图尝试进行更深层次的交流与了解。因此，要培育西南民族地区内的信任这种社会资本，最主要的是要让西南民族地区居民平等地、自由地参与到各种社会事务和公共活动中，让不了解的居民由不了解到相互了解，由陌生到熟悉，再由熟悉建立对他人的人格信任，培养西南民族地区居民的共同体意识，从而提高社会内信任水平、规范水平。具体而言，应该做从以下几个方面进行努力：

1. 注重保护和发扬西南民族地区的少数民族传统节日，定期举行一些少数民族节日活动，并使某些活动经常化和制度化，创造西南民族地区居民相互了解与熟悉的机会。西南少数民族历史悠久并创造了灿烂的民族文化，类型繁多的节日文化是其重要组成部分。如白族的三月街民族节，彝族的火把节，傣族的泼水节，景颇族的木脑纵歌节等等，这些少数民族节日在增强民族凝聚力、自信心，增加民族相互了解与信任方面发挥着重要作用。因此，组织形式多样的少数民族传统节日活动，不仅可以丰富人们的精神生活，满足人们的社交、爱乃至尊重的需要，而且可以促进西南民族地区成员间的交流和了解，使地区成员从中获得鼓励、同情、理解和认可，使成员对西南民族地区的信任感和对民族地区内他人的信任感得以提高。

2. 促进西南民族地区成员之间的长期、频繁、密切的交流和沟通，提高西南民族地区成员之间的互动频率。信任是在多次交往沟通中产生和发展起来的，西南民族地区定期举行的传统节日在一定程度上能够提高人们的信任水平。但要使社会成员之间这种信任水平长期保持下去甚至有更进一步的提高还必须保证民族成员之间交流沟通的紧密性和反复性，使它充满活力。注重提高西南民族地区居民之间的互动频率，增强其信任关系，"一般来说，人们花在关系上的时间越多、情感就越紧密、相互间的信任和服务就越多，这种关系就越强，反之则越弱。……当发生突发事件时，强关系通常是人们求援的重要对象，强关系网络成员之间常常能够形成较强的相互信任、相互依赖和情感依托"。① 所以，通过各种途径和方法促进西南民族地区成员间的沟通和互动，形成由强关系组成的民族关系网络，对于培育西南民族地区的信任社会资本具有非常重要的作用。

3. 加强道德信用教育和完善社会规范。"信"是中国传统文化中的重要道德规范，将传统中重视人际关系、群体关系等特色，融入市场经济发展中，把"诚信为本"作为社会道德建设的基础工程来抓，必须重视培育公民诚信意识。社会规范是民众在多次重复自由组合过程中，逐步发展起来为保障个人利益最优而存在着的最优均衡。这种最优均衡可以在信息逐步相对完善的长期博弈中产生，使个人价值最大化与社会价值最大化的实现取得一致。没有社会互助规范就不会有正常的社会生活，但社会互助规范如果不建立在公民普遍认同和共同遵守的基础上，也是不会得以维持和长久存续的。因此，必须在确保民族平等、自由的基础上，加强道德信用教育，构筑起西南民族地区公民的互信互助关系，同时，建立和完善公民普遍认同和共同遵守的社会规范。

二　扶持民族自治组织和民族互助圈，发展公民参与网络

西南民族地区的和谐发展，离不开民族地区自治组织的参与网络。民族自治组织包括各类社团组织、经济类社会中介组织、各种民办非企业单位（科学、教育、文化、卫生和体育等领域的公益性机构）、非正式组织和网络社团等。② 目前，我国对西南民族地区的民族自治组织和民族自助圈的扶持力度不够，远远不能满足这一地区社会和谐发展的需求。胡锦涛在十七大报告中指出：要"发挥社会组织在扩大群众参与、反映群众诉求方面的积极作用，增强社会自治功能。""坚持国家一切权力属于人民，从各个层次，各个领域扩大公民有序政治参与，最广泛地动员和组织人民依法管理国家事务和社会事务，管理经济和文化事业。"③ 因此，西南民族地区社会的和谐发展，重点关注的理应是自治组织系统基础上公民参与网络的扶持与发展。以一定的社会组织网络作为载体，在一个较为宽松的

---

① 张广利：《社会资本与和谐社区建设》，载《华东理工大学学报》（社会科学版）2005年第2期。

② 祝灵君：《社会资本与政党领导——一个政党社会学研究框架的尝试》，中央编译出版社2010年版，第242—243页。

③ 胡锦涛：《高举中国特色社会主义伟大旗帜　为夺取全面建设小康社会新胜利而奋斗——在中国共产党第十七次全国代表大会上的报告》，新华网，2007年。

环境中，居民广泛地参与到民族地区的社会事务和公共管理领域，可以减少政府治理的成本，同时也能形成居民对社会的认同感和凝聚力。"公民社会组织广泛参与到发展项目中，可以极大地弥补国家能力的不足并促进以官民合作为特征的治理和善治。公民通过参与各种志愿性社团组织所形成的互惠、信任、合作等规范，正是维系民主和促进发展都不可或缺的社会资本。"① 在一盘散沙一样的社会结构中，个人的力量往往被散沙型的社会结构所消耗。在集权体制下，个人则被禁锢在等级制度的框架中，有着较多的上下级纵向关系，缺少互相合作的横向关系。在这两种极端的情况下都谈不上有社会资本的存在。社会资本必须在民众的横向交往的关系中产生，民众作为社会中的一分子，本身就处在社会的各种关系中，就这些关系互动中就会产生民众的社会自组织，民众自组织是社会资本的物质载体。

一般来说，民众的社会关系包括：亲缘——由人的生产和再生产而形成的亲情关系、地缘——邻里乡亲关系、业缘——同事的工作关系、物缘——商品的交换关系、神缘——精神的信念关系，这些关系的存在是客观的，但是这些社会关系的潜在生产性价值是需要挖掘的。如果民众能够在这些社会关系的运作中进行自由组合，比如利用亲缘和地缘关系建立中小企业、社区组织、文化组织等自治组织以及婚丧互助、盖房互助、农忙时换工互助、安全互助等互助圈；利用业缘和物缘关系建立行业协会、商会；利用神缘关系建立文化社团等，通过自由组合将自己个体的人力资本转化为群体人力资本，创造出超过个体潜能的经济价值和社会价值，这些社会关系就转化成社会资本的丰富内容。具体来说，扶持民族自治组织和民族互助圈，发展公民参与网络，应该注重：（1）加快社会组织的自治化进程，提供多样化的公民参与渠道。有序的公民参与需要提供多样化的参与渠道。改变单一的公民参与模式，根据公共政策的性质、涉及范围、引起关注的程度等合理界定公民参与的范围，降低公民参与成本，在有序的前提下，扩大公民参与渠道，拓展新形式诉求表达机制，改变以往公民参与的被动局面。比如，在西南民族地区有条件的地方，可以建立以互联网为平台的网上市民论坛、政府会议公开直播、电子会议等，推行电子政务，使公民可以随时随地了解政策信息，并且可以实现政府与公众在网

---

① 何增科：《公民社会与第三部门》，社会科学文献出版社 2000 年版，第 15 页。

上的双向互动，保证了公民分享一定的决策权，提高公民满意度，打造网上民意表达平台；（2）政府为自治组织的发展提供必要的资金援助，夯实公民参与网络的物质基础。为促进西南民族地区社团组织的发展，政府需要给予必要的资金、政策支持。在强调政府对自治组织的必要资金支持的情况下，也可以通过社会赞助、民族自筹和区域内存量资产调配等途径筹集西南民族地区自治组织的发展必要资金。同时要避免政府权力对社团组织的过度干预。政府对社团组织的管理必须由直接控制转变为间接引导，在保证其维护农民利益和遵纪守法的同时，充分拓展其活动空间；主管部门在社团组织的建立和运作过程中可以起协调作用，但不能按自己的意愿支配社团组织；基层政府可以赋予社团组织一定的公共服务职能，但不得将其作为攫取农民利益和干预村民自治的手段；（3）加快建立一整套针对非政府组织的法律、法规和规章，健全和完善公民参与的制度和法律。有序的公民参与需要健全和完善相关制度和法律。国家应根据现阶段西南民族地区非政府组织的实际情况，逐步建立起不同层次的非政府组织的法律、法规和规章，用法律的形式明确各类非政府组织的运作管理体制和权利义务问题，使非政府组织制度化、规范化和法治化，从而为公民有序参与提供有力的制度和法律保障。

三　鼓励民族团结，培养平等、自治、参与的公共精神

所谓公共精神，是指公民应具有的超越个人狭隘眼界和个人直接功利计算的，关怀公共事务、事业和利益的心理态度和思想境界。公共精神作为公民美德，本质上是公民的公共责任意识在行为态度和性格上的体现。公民具有公共精神意味着公民对个体自然性和私人界限的超越，意味着公民个人与社会共同体取得了一致。这是公共精神作为公共美德区别于"私德"或"自然道德"的一个重要特质。由于公共精神并不是人的自然禀性，因此它的取得和形成并不是天生的，它的形成只能建立于公共生活经验和公共理性的基础之上。公共生活经验使人体认和发现个人与共同体的关联，进而形成有关公共利益和公共责任的公共认知、公共理念和公共智慧（即公共理性），这种公共理性驱动和引导下的公共生活，又使人产生稳定的公共情怀，从而形成公共精神。[①]

---

① 龙兴海：《道德观察》，湖南人民出版社 2008 年版，第 230 页。

西南民族地区社会的和谐发展不仅需要一定的经济作为物质基础，而且作为社会资本重要组成部分的公民参与网络与在公民参与网络中培育出的公共精神也是西南民族地区社会和谐发展所必须的。必须说明的是，我们所要培养的这种公共精神是在鼓励民族团结的前提下，强调由平等精神、自治精神、参与精神等构成并在其基础上发展的公共精神。（1）公共精神中首要的精神便是平等精神。平等是指人们相互间的相同性。平等精神首先体现了作为个体的人的基本尊严，确认了每个社会成员的基本权利。（2）自治是指"人类自觉思考、自我反省和自我决定的能力。它包括在私人和公共生活中思考、判断、选择和根据不同可能的行动路线行动的能力"。① 正义而和谐的社会应该是自治的社会。自治精神就是人们在主观上认为自己有这样的能力，而且确定在现实生活中也确实会实践这种能力的态度。（3）参与精神是指公民对政治所持的参与愿望、信念和对公共事务所抱有的关心态度。西南民族地区社会的和谐发展要求现实社会中的公民对该社会的公共事务持主动关心、积极参与的态度，而不是秉持一种与己无关的超然之态冷漠以对。政府与公民、非政府组织与公民在公共事务领域的互信、合作与良性互动，是全面构建和谐社会的政治要求，也是西南民族地区社会和谐发展的要求。公民具有公共精神是公民在行动上支持政府行政和非政府组织的公益活动，并以"主人"姿态积极参与公共事务管理的主体动因和主观前提，也是公民与政府、与非政府组织建立良好政治关系，并在公共事务领域采取集体行动的重要德性基础与精神纽带。缺乏公共精神的支撑与支持，不仅会使公民与政府、与非政府组织合作的公共性集体行动会面临困境，而且公民与政府、与非政府组织的和谐政治关系的建立、维系和发展也是不可想象的。公民公共精神是公民之间彼此消除隔膜与敌意、克服偏见与分歧、走向协同与融洽的德性支持力量，更是公民之间建立尊重、友爱、支持与信任关系并合作采取集体行动的主体道德基础。因此，必须积极探索培养公民公共精神的基本路径，为实现西南民族地区社会和谐发展打下坚实的基础。

首先，政府应该创造孕育公民公共精神土壤的文化氛围。公共精神是在一个民族长期的文化演进和社会实践中形成的，并通过社会伦理道德规范着公民的思维方式和行为。政府应该创造起一种文化氛围，作为孕育公

---

① ［英］戴维·赫尔德：《民主的模式》，燕继荣等译，中央编译出版社 1998 年版，第380 页。

共精神的土壤，逐步培养公民的公共参与意识。

其次，开放公共生活，鼓励和推动公民积极参与公共生活实践。鼓励和推动公民参与公共生活实践，包括鼓励和推动公民参加从国家到城乡公共事务管理，就西南民族地区而言，主要是参加民族地区的自治活动和公共事务管理。这作为培养公民公共精神的路径，主要在于使公民在公共生活实践中感受到自己与社会共同体的休戚相关性，从而产生感性的公共责任意识。

再次，实施全方位的系统化的公民道德教育。通过公共生活实践所产生的公共责任意识还只是感性的，这一感性的公共责任意识必须经过理性加工与整合才会提升为作为公民美德的公共精神。因此，培养公民公共精神还必须通过公民道德教育这一途径。公民道德教育可以引导公民总结公共生活经验，确立公共理念，形成公共良知，也可以引导、推动与激发公民将公共理论转化为公共情感、公共意志和公共信念以及以公共利益为依归的公共生活态度和行为取向。由于公民公共精神本质上是理性化的道德精神，因而它的培养更依赖于教育。公民道德教育是培养公民公共精神的最基本也是最重要的路径。要培养公民公共精神，就必须高度重视并改进公共道德教育。

结论　投资现代社会资本，实现西南民族地区社会和谐发展

一　社会资本：当代西南民族地区社会和谐的重要影响因素

改革开放以来，我国西南民族地区在发展过程中出现了很多问题，也取得了很多成绩，这其中一个不可忽视的重要因素是社会资本的影响。在社会转型和社会变迁的过程中，西南民族地区社会资本也在不断地变化。这种变化给西南民族地区社会带来了较为深刻的影响。例如，家庭结构的变迁导致家庭传统社会资本的功能弱化，引发了"农村留守子女"的教育管理和"农村空巢老人"照看养老等一系列问题；家庭联产承包责任制的推行，导致西南民族地区农村家庭的分散经营，集体层面的共同意识在不断弱化，社区层面的社会资本严重不足，影响西南民族地区农村公共参与和公共产品的建设。另外，也应该看到，在西南民族地区推行改革的过程中，一些干部在少数民族人民的支持下，动用原有的血缘、地缘基础上形成的人际关系网络，寻找到了必要的资金技术、设备、劳动力和市场支持，开创了乡镇企业，促进了西南民族地区经济的发展，为西南民族地区社会稳定提供了必要的物质基础。

少数民族是我国社会的重要组成部分，民族地区的稳定与发展关系到全国稳定与发展全局的重大问题。当今，全国各地都在提倡建设和谐社会，和谐社会的根本，就社会本身而言，就是社会各要素之间要保持协调的关系网络，处于互惠合作的状态。可以说，努力构建和谐社会，就是不断提高社会资本的过程。社会资本是社会的黏合剂，就西南民族地区而言，社会资本能够促进民族地区社会的整合，提高整个民族地区社会的运行效率，能够凝集各民族人民的力量，发挥少数民族的智慧，建设和谐西南、和谐社会。在一定意义上说，和谐社会也就是社会资本最丰厚的社会，全体人民处于团结、互助，信任与合作的融洽状态。西南民族地区和谐社会的构建，要努力从构建和谐家庭，和谐邻里，和谐家族入手。家庭、邻里、家族是组成社会的单位，家庭社会资本、家族社会资本、邻里

社会资本，是构建西南民族地区和谐社会的重要变量条件。要积极发挥各种载体社会资本的积极功能，促进西南民族地区社会的稳定与发展。要努力创造现代社会资本的载体，促进现代社会资本在西南民族地区社会和谐发展中的作用，这是目前西南地区社会资本构建的重要任务。

二　继承发展：实现西南民族地区传统社会资本的现代转型

传统社会资本是农业社会的产物，虽然它不代表未来社会资本的发展趋势，但是它也能为人和社会的发展带来有益的作用。西南民族地区传统社会资本在增进西南民族人民之间的感情，加强民族团结与合作，促进民族地区社会的稳定与发展都具有重要意义。所以我们对待西南民族地区传统社会资本的基本方法就是继承发展，要对其进行引导和发掘，实现西南地区传统社会资本的现代转型。一方面，要引导西南民族地区传统社会资本，降低它所带来的负面影响。正如前文所说，西南民族地区传统社会资本具有很强的封闭性和排他性，人们之间在一定范围内依赖性大，难以形成广泛的认同与接纳，难以整合成为整体性的社会资本。西南民族地区传统社会资本的这些性质造成了许多问题。例如，经济组织形式的家族化使得企业的规模难以扩大，现代意义上的信用机制难以建立；农村中家族势力的复苏阻碍了西南民族地区农村民主的制度化建设，不利于培养现代公民意识和真正的民主参与精神等。鉴于西南民族地区传统社会资本的这些负面效应，我们可以制定一些相应的政策，对人们的活动进行规范，为人们的交往提供制度保障，引导他们突破原有社会关系的圈子，推动加强与外界的互动和联系。另一方面，要发掘西南民族地区传统社会资本的积极因素，使之能够服务于人和社会的发展。传统社会资本是以血缘关系网络和地缘关系网络为表现形式的，具有较强的稳定性，因而有利于维持家庭和社会秩序的稳定；同时，传统社会资本还在老人赡养，家庭教育等社会保障与社会支持方面发挥着重要的作用。为了能够使西南民族地区传统社会资本的这一积极作用能够持续地发挥，我们应该首先加强对西南民族地区传统文化的学习和研究。西南民族在长期的历史发展中形成了博大精深的民族精神和传统美德，例如诚信、信任等，这些精神和美德是传统社会资本得以维持的原因。学习和研究它们在过去发挥作用的机制和规律，有利于使传统社会资本在今天继续产生积极的影响。其次，还要加强宣传和教育，使西南民族地区传统的精神和美德能够被更多的人知道和理解，特别要加强对青少年的教育，使他们能够把这些精神和美德发扬光大。

目前中国还处在市场经济的初级阶段，在广大的西南民族地区，传统的社会资本还大量存在，并且一直在发挥作用，在构建西南民族地区现代社会资本的过程中，要注意尊重和保护传统社会资本，传统社会资本具有相对稳定性，因此，我们必须认识到传统社会资本的历史延续性不可超越，传统社会资本在一定条件和在某些时候还会发挥它重要的积极作用，这就要求我们对其加以继承，同时其消极作用又提醒我们必须对其进行改造与发展，实现西南民族地区传统社会资本的现代转型，这样才能适应西南地区社会和谐发展的需要。

三　政府推动与人民参与：培育西南民族地区的现代社会资本

在西南民族地区现代社会资本的建构中，必须发挥两个方面的积极性，一方面是发挥西南民族地区人民对社会资本构建的自下而上的自发形成作用；另一方面是发挥政府对社会资本建构的自上而下的推动作用。对处于转型期的中国而言，政府的作用尤为重要。西南民族地区现代社会资本的积累不可能在完全自发的条件下进行，国家机构的作用是十分重要的，正像弗朗西斯·福山所说的那样，国家不仅能够做一些积极的事情来创造社会资本，也能够通过阻止一些事情来减少社会资本储备的消耗。①

在西南民族地区现代社会资本的构建过程中，政府可以为民众提供一个较为优良的环境。在民众自发性横向交流中所涉及的外部环境是需要国家制度保障的。在高度集权的传统体制下，由于社会组织的发育受到控制公民社会基础薄弱，使得人们建立或培育社会资本的积极性受到抑制。只有在中央提出"解放思想，实事求是"的思想路线，进行全面的体制改革时，民众中拥有的建立社会资本的能力与积极性才逐步释放出来。从这个意义上说，改革就是为民众进行社会资本积累提供制度保障。此外，政府还可以对民众进行社会资本积累加以引导。无政府状态下不可能进行真正的社会资本积累，社会资本的积累与国家的宏观调节是相辅相成的合作关系，不是此消彼长的对立关系。政府关于市场经济运行的法律法规的不断完善、关于建立基层民主制度的长期实验、关于少数民族政策、关于信

---

① ［美］弗朗西斯·福山：《社会资本、公民社会与发展》，曹义恒编译，载《马克思主义与现实》2003 年第 2 期。

用制度的推进、关于公民道德建设的部署等，无不有益于西南民族地区社会资本的积累。

在一盘散沙的社会结构中，个人的力量往往被社会结构所消耗。在集权体制下，个人则被禁锢在等级制度的框架中，有着较多的上下级纵向关系，缺少互相合作的横向关系。在这两种极端的情况下都谈不上有社会资本的存在，更谈不上社会资本的构建。"绝对的权力和毫无权力都导致堕落，因为二者都注入人心一种不负责任的情感"。① 社会资本必须在公民的横向交往的关系中产生，公民作为社会中的一分子，本身就处在社会的各种关系中，允许公民利用自己的各种社会关系在守法的前提下为实现某种目标或共同利益而合作联合，就必然产生公民的社会组织系统，而社会组织是社会资本的物质载体。

随着社会主义市场经济的逐步建立，在西南民族地区，民间社会的发育主要表现在各类民间组织的成长。这些组织包括民族地区内传统的家族、邻里等血缘和地缘组织，也包括民间信仰等非正式组织。虽然这些传统社会资本形式对西南民族地区民族社会治理的作用有多重影响，但是相对于人民公社时期而言，这些民间组织的复兴也可以看作是改革开放后民间社会成长的一个表现。同时更重要的是，随着经济社会的发展，中国西南民族地区社会内部开始出现各种基于少数民族人民共同需要和利益而自主形成的社区组织，如经济合作组织、社区民间组织等，这些新型组织是现代社会资本的载体，将会在西南民族地区社会发展中起到积极的作用。改革开放以后，家庭联产承包责任制的推行在很大程度上激发了农民的生产积极性，但是也带来了一些社会问题，例如农民只关心家庭生产，对民族内部公共事务比较冷漠，等等，这就影响到民族地区经济社会的进一步发展。随着社会主义市场经济体制的逐步建立，西南民族地区分散的一家一户的小农经济如何与市场对接的问题日益突出。于是，在一些经济发展较快的地区出现了各种专业协会，把民族地区人民组织起来走向市场。

国际经验告诉我们，人均 GDP 处于 1000—3000 美元的发展阶段是民间组织发展的关键时期，对于西南民族地区来说，民间组织的形成发展将在民族地区全面建设小康、构建和谐社会、加强民族团结和谐中扮演越来越重要的角色，肩负着独特的使命。但是，民间组织本身也是把"双刃

---

① ［美］罗伯特·普特南：《使民主运转起来》，王列、赖海榕译，江西人民出版社2001年版，第101页。

剑"，也存在消极影响。西南民族地区民族关系复杂，传统包袱重，尤其需要国家对之加以管理、积极引导，化消极因素为积极因素，使之真正发挥"助推器"的作用。一种可能的分工思路是：在政府不能或不愿做的事情上发挥民间组织的作用，政府予以充分的授权和支持；在政府行政手段和社会自治方式都可以完成的事情上，尽量发挥民间组织的作用，而政府只去履行市场和非政府公共部门都无法完成的职能。大体上，政府在宏观或全局上的关键事件中承担更多的责任，微观的管理更多地交给社会其他公共管理组织完成，愈是接近基层方面的公共事务，愈有可能让相关的非政府部门来完成。如果这些新型组织能够充分参与到民族地区基层的社会政治和经济事务中来，它们就会成为提高社会效率的社会资本载体，从而对西南民族地区社会治理产生积极作用。各国政府的实践经验表明，政府在培育社会资本方面可以发挥积极的作用。由于西南民族地区民间社会发育的迟缓和民间社会资本的限度，政府在放权的同时，还需要积极扶持各种经济性、政治性民间组织的发展，支持地区内各民族居民自治活动的规范进行，以发展社会普遍信任和公民对地区事务的参与，这种横向和水平的参与，在培育西南民族地区现代社会资本的过程中有着重要的意义，社会资本的其他资本内容大多也是从平行性的公民参与组织中生长出来的。普特南对此作了论证，他认为："水平的公民参与网络能够维系社会信任和合作，提升社会资本，能够在更广泛的共同体内促进制度效率。垂直的网络则相反。"[①] 我们培育现代性社会资本，就是要构建水平参与型的社会组织系统。因此，西南民族地区现代社会资本的构建必须在国家的合理引导和正确推动与民族地区人民的共同参与下进行。

四　社会资本的持续投资与维持：西南民族地区和谐发展的重要保证

社会资本作为一种"资本"形态，是需要不断地投资的。布迪厄认为，社会资本不是既定的东西，是人们生产和再生产出来的，是一种"投资策略的产物"，这些策略首先确定那些在短期或长期内用得着的、能保证提供物质利润和象征利润的社会关系，然后将这些看起来是偶然的关系（诸如邻里关系、同事关系、甚至是亲戚关系）转变成既必需又有

---

① ［美］罗伯特·普特南：《使民主运转起来》，王列、赖海榕译，江西人民出版社2001年版，第101页。

选择的关系，转变成一种双方都愿意长期维持的关系。这种象征性建构是由社会体制产生的，并通过各种物质或非物质的交换使社会资本确立并不断地进行自我再生产。① 科尔曼也有同样的认识，他认为"社会资本是行动者投资的直接产物，这些行动者期望取得投资效果。"② "社会资本与人力资本、实物资本一样，需要不断地更新，否则将丧失价值。……总之，社会关系必须尽力维持。"③ 可见，社会资本的投资是一个长期的、连续的过程。人们为了获取社会资本必须不间断的花费大量的时间、精力。只有这样，才能使彼此之间所形成的社会关系成为一种"义务"，从而给他们带来某种回报。

社会资本的投资方式是形式多样的。从个人和组织的投资角度看，人们可以加入各种社会组织和团体，使自己拥有更多的组织成员资格和身份，建立更广泛的社会关系。他们参加的社会组织和团体越多，那么他们的社会关系资源就越多，社会资本就越丰富。人们也可以通过占据社会关系网络中有利的位置来获得社会资本。林南认为，在合理利用"先赋位置"的同时，努力获得较为理想的"自致位置"是社会资本投资的重要内容。④ 伯特也提出了"结构洞"的概念，认为在社会关系网络中谁占据了连接两个无关系的"点"的位置，谁就拥有了资源优势。因此，一个人或一个组织要想在竞争中获得、保持和发展优势，就必须与相互无联系的个人和团体发生广泛的联系，以取得信息和控制优势。源于个人和组织的社会资本投资社会资本是无形的，但对于个人和组织的回报是有形的。对于个人来说，一方面，它扩大了个人的能力，节省了为某一目标而投入的物质和人力资本的数量，增加了实现目标的机会；另一方面，使自己有了强烈的社会归属感，生活会更加充实。以组织为单位所进行的社会资本投资的目的是要建立广泛而和谐的内部和外部关系，从而增加组织的资源。组织由于建立了内部和外部的信任关系和共同目标，可以创造更好的知识共享；因为存在着高度的信任和合作精神，可以降低组织内部、组织与组织、组织与客户和合作伙伴之间的交易成本；由于组织的稳定性和共

---

① 《布尔迪厄访谈录：文化资本与社会炼金术》，包亚明译，上海人民出版社1997年版，第202—207页。

② ［美］科尔曼：《社会理论的基础》，邓方译，社会科学文献出版社1999年版，第366页。

③ 同上书，第376页。

④ 燕继荣：《投资社会资本——政治发展的一种新标准》，北京大学出版社2006年版，第158页。

同的认知而增强行动的一致性。

来自国家和政府的社会资本投资与源于个人和组织的社会资本投资有所不同。作为国家和政府的社会资本投资的目的和手段服从于它作为公共部门的特性和要求。首先，作为公共部门，它的社会资本投资的目的并不是基于"狭隘"的个人或团体利益的考虑；其次，作为公共权力机关，它所致力于社会资本积累的手段更多地体现为宏观政策的引导和法律的支持和援助，其目的在于营造一种有利于社会资本发展的内部空间和外部环境。所以，从这个意义上说，与个人和组织（社区）的社会资本投资相比，国家和政府的社会资本投资手段是有限的。因此，人们认为，对于社会资本的投资，对国家和政府不应该抱太大的期望，例如，福山认为：

（1）在创造社会资本方面，国家并没有太多显而易见的手段。社会资本常常是宗教、传统、贡献历史经验及其他超出政府控制范围的因素所促成的副产品。

（2）在产生社会资本方面，政府可能拥有最强能力的领地也许是教育。教育体系不仅提供人力资本，而且还以社会规则和规范的方式传输社会资本。

（3）国家通过有效提供必须的公共物品特别是通过保护财产权和公共安全，间接地促进社会资本的创造。

（4）当国家从事那些本该由民间组织或公民社会来承担的活动时，国家将会给社会资本带来严重的消极影响。集权统治是对社会资本的极大破坏，因为它没有给个体建立公民交往的行动和精神留出空间。[①]

但是，我国是社会主义国家，国家强有力的宏观调控是世界其他国家所不能比拟的。对于我国西南民族地区来说，由于少数民族政策的落实，地区民族享有了广泛的民族权利，加之我们国家强有力的社会治理能力，国家和政府对社会资本的投资一定不会是软弱无力的，随着国家对这一地区社会资本的不断投资，西南民族地区社会资本将不断得到积累。

总之，社会资本的投资方式有很多种类，但无论哪种投资都意味着要有相当的付出，这种付出可能是一种物质付出，也可能是精神的付出，这种付出能够促使人们形成更广泛的关系，拥有更多的社会资本，从而获得更大的回报。社会资本的投资具有"累积性"。社会资本越是被投资和使

---

① ［美］弗朗西斯·福山：《公民社会与发展》，载曹荣湘选编《走出囚徒困境——社会资本与制度分析》，上海三联书店 2003 年版，第 89—90 页。

用，其发挥的作用就会越大，其积累也会越快。正如普特南所说，社会资本"这种资源的使用，增加而不是减少自身供给，如果不使用它，它就会消失殆尽"。①

我们可以得出这样的结论：从个人的角度讲，在一个拥有丰富的社会资本存量的社群内生活和工作会更加容易。从整个社会来讲，一个拥有丰富社会资本存量的社会意味着良好的社会和谐稳定状况。也就是说，社会资本的投资和不断积累，将会使得西南民族地区社会更加和谐地发展。

当一定的社会资本形成以后，维持社会资本的存在就成为必要。这种维持是通过人与人之间的互动和交往来实现的。没有人与人之间的互动和交往，社会资本的存在就失去了基础。"一种稳定的社会关系要求人们为维护它和运作它作某些投入，对于每一方来说，使对方或其他人承担保证他们保持交往的一部分不相称的义务是有利的。"② 除了这一最基本的因素以外，能够影响社会资本存在的其他因素还有：

第一，社会关系网络的稳定性。一定的个人总是处于一定的社会关系网络，社会关系网络的稳定性能够影响人们的社会资本的投资。相关的研究表明："如果以共同利益为纽带的社会组织结构是稳定的，那么网络参与者之间长期互动就会巩固自己存在的价值观、文化观等意识形态共识，并反过来增进共同利益。当网络成员意识到这种利益增进效应时，他们就会增加对社会（关系）资本的投资。"③ 反之，如果社会关系网络的参与者流动性越强，那么，社会关系网络就越不稳定，社会资本投资的预期收益期限就越短，个人对社会资本的投资就越少。此外，随着社会的变迁，社会关系网络也会变得不稳定，影响着人们的社会资本结构。科尔曼重点关注了从传统社会向现代化社会变迁中社会资本结构的变化。他指出，在现代社会，维系传统社会的原始社会资本已经发生了根本变化，代之而起的是法人组织的社会资本。这些法人组织的社会资本可以为老年人和失业者提供社会支持和社会保障，并试图取代原始的社会资本。但客观上，原始社会资本在情感、精神品质等方面具有现代社会资本所无法取代的功

---

① ［美］罗伯特·帕特南：《使民主运转起来：现代意大利的公民传统》，王列、赖海榕译，江西人民出版社2001年版，第199页。

② ［美］彼得·布劳：《社会生活中的交换与权力》，孙非、张黎勤译，华夏出版社1988年版，第133页。

③ 李华民：《社会资本投资及制度变迁绩效》，载《经济学家》2003年第6期。

能。因此，用现代社会资本去完全取代原始的社会资本，必然造成社会秩序混乱，使社会出现分化与断裂。可见，随着社会的变迁，社会关系网络的变化不仅会影响社会资本的结构，而且也影响着整个社会的稳定。

第二，社会关系网络的密度。社会关系网络的密度指构成社会关系网络的人们之间社会关系的多少。当人们之间发生的社会关系越多时，表明人们之间的互动频率就越高，彼此之间的相互期待和义务关系越牢靠，人们参与合作的意识就越强，那么，社会资本在网络内的"自强"趋势就越明显。反之，如果人们之间发生社会关系的机会少，互动和交往频率不高，那么就会使得各种机会主义行为增多，使人们之间相互的信任、合作意识降低，从而影响社会资本的数量和质量。

第三，共同的意识形态。人们之间的共同意识形态是维持社会资本存在的重要条件。科尔曼说："某些意识形态要求其信仰者不考虑自身的利益，而是按照某种既定的利益和其他人的利益行动，从而增加了群体的团结，有助于社会资本的形成"，[①] 科尔曼所说的"某些意识形态"就是指一定社会网络中人们共同的意识形态，当具有共同意识形态的人"在网络中学会了相互信任，并因为在某一时期为建立信任和互惠关系所进行的投资能够在某个未来时期获得更高的收益时，在共享规范基础上建立起来的相互信任关系就具有'自强'趋势：一次成功的合作中建立起来的信任关系，将使后期的合作更容易成功，并加速新的社会资本的生成"。[②]

一种社会资本生成后，如果没有得到必要的维持，那么这种社会资本就会不断弱化，甚至消失，社会资本的弱化和消失是指在一定条件下社会资本数量的减少，质量的降低甚至被破坏的状态。实际上，致使社会资本弱化和消失的因素同维持其存在的因素是相同的。首先，社会关系网络的密度过小时，人们之间的相互交往频率就不高，彼此之间社会关系就不是很畅通，社会资本的数量和质量肯定会受到影响；其次，如果社会关系网络内人们的共同意识淡薄，相互信任水平很低，会弱化社会资本；最后，社会关系网络人们的流动性过大，以及社会关系网络随着社会变迁而变得不稳定，也会限制社会资本的形成，甚至使得原有社会资本得到破坏。所以，要使社会资本不至于弱化和消失，就必须维护社会资本存在和运作的

① ［美］科尔曼：《社会理论的基础》，邓方译，社会科学文献出版社 1999 年版，第 375 页。

② 李华民：《社会资本投资及制度变迁绩效》，载《经济学家》2003 年第 6 期。

条件，并加大对社会资本的投资，只有这样才能使社会资本得以延续下去。就西南民族地区而言，投资现代社会资本，维护已经形成的社会资本，只有持续的投资和维持西南民族地区的社会资本，才能为西南民族地区社会的和谐发展提供必要的保证，也只有在这样的基础上，西南民族地区社会才能实现持续和谐发展。

参考文献

一 著作类

1. 《马克思恩格斯全集》第 1、6、13、23、40、42、44 卷，人民出版社 2006 年版。

2. 《马克思恩格斯选集》第 1—4 卷，人民出版社 2012 年版。

3. 马克思：《资本论》第 1、3 卷，人民出版社 2004 年版。

4. 《列宁全集》第 33 卷，人民出版社 1990 年版。

5. ［古希腊］柏拉图：《理想国》，郭斌和、张竹明译，商务印书馆 1986 年版。

6. ［古希腊］亚里士多德：《政治学》，吴寿彭译，商务印书馆 1965 年版。

7. 《亚里士多德全集》第 8、9 卷，苗力田等译，中国人民大学出版社 1994 年版。

8. ［德］康德：《历史理性批判文集》，何兆武译，商务印书馆 1990 年版。

9. ［德］康德：《法的形而上学原理》，沈叔平译，商务印书馆 1991 年版。

10. ［德］康德：《道德形而上学原理》，苗力田译，商务印书馆 1986 年版。

11. 《康德文集》，郑保华译，改革出版社 1997 年版。

12. ［德］黑格尔：《法哲学原理》，范扬、张企泰译，商务印书馆 1997 年版。

13. ［英］亚当·斯密：《道德情操论》，余涌译，中国社会科学出版社 2003 年版。

14. ［英］亚当·斯密：《国民财富的性质和原因的研究》，郭大力、王亚南译，商务印书馆 1972 年版。

15. ［英］洛克：《政府论》，叶启芳、瞿菊农译，商务印书馆 1963

年版。

16. ［法］孟德斯鸠:《论法的精神》上册，张雁深译，商务印书馆 2004 年版。

17. ［英］哈耶克:《自由秩序原理》，邓正来译，生活·读书·新知三联书店 1997 年版。

18. ［英］哈耶克:《通往奴役之路》，王明毅、冯兴元等译，中国社会科学出版社 1997 年版。

19. ［法］卢梭:《社会契约论》，何兆武译，商务印书馆 1982 年版。

20. ［德］哈贝马斯:《重建历史唯物主义》，郭官义译，社会科学文献出版社 2000 年版。

21. ［德］哈贝马斯:《公共领域的结构转型》，曹卫东等译，学林出版社 1999 年版。

22. ［德］马克斯·韦伯:《经济与社会》，林荣远译，商务印书馆 1997 年版。

23. ［德］马克斯·韦伯:《新教伦理与资本主义精神》，于晓等译，生活·读书·新知三联书店 1987 年版。

24. ［美］约翰·罗尔斯:《正义论》，何怀宏等译，中国社会科学出版社 1988 年版。

25. ［美］约翰·罗尔斯:《政治自由主义》，万俊人译，译林出版社 2000 年版。

26. ［法］布迪厄等:《实践与反思》，李猛、李康译，中央编译出版社 1998 年版。

27.《文化资本与社会炼金术——布迪厄访谈录》，包亚明译，上海人民出版社 1997 年版。

28. ［美］詹姆斯·S. 科尔曼:《社会理论的基础》，邓方译，社会科学文献出版社 1999 年版。

29. ［美］罗伯特·D. 普特南:《使民主运转起来》，王列、赖海榕译，江西人民出版社 2001 年版。

30. ［美］弗兰西斯·福山:《信任——社会道德与繁荣的创造》，李婉容译，远方出版社 1998 年版。

31. ［美］詹姆斯·M. 布坎南、戈登·塔洛克:《同意的计算——立宪民主的逻辑基础》，陈光金译，中国社会科学出版社 2000 年版。

32. ［美］埃莉诺·奥斯特罗姆：《公共事物的治理之道》，余逊达、陈旭东译，上海三联书店 2000 年版。

33. ［丹］C. 格鲁特尔特等编：《社会资本在发展中的作用》，黄载曦等译，西南财经大学出版社 2004 年版。

34. ［美］曼瑟尔·奥尔森：《集体行动的逻辑》，陈郁等译，上海三联书店、上海人民出版社 1995 年版。

35. ［法］涂尔干：《社会分工论》，渠东译，生活·读书·新知三联书店 2000 年版。

36. ［英］安东尼·吉登斯：《社会的构成——结构化理论大纲》，李康、李猛译，生活·读书·新知三联书店 1998 年版。

37. ［英］安东尼·吉登斯：《现代性与自我认同》，赵旭东、方文译，生活·读书·新知三联书店 1998 年版。

38. ［英］安东尼·吉登斯：《第三条道路》，郑戈译，北京大学出版社、生活·读书·新知三联书店 2000 年版。

39. ［英］安东尼·吉登斯：《现代性的后果》，田禾译，译林出版社 2000 年版。

40. ［德］斐迪南·滕尼斯：《共同体与社会》，林荣远译，商务印书馆 1999 年版。

41. ［法］费尔南·布罗代尔：《15—18 世纪的物质文明、经济和资本主义》第一册，顾良、施康强译，生活·读书·新知三联书店 1992 年版。

42. ［美］P. 亨廷顿：《变化社会中的政治秩序》，王冠华、刘为等译，生活·读书·新知三联书店 1989 年版。

43. ［英］阿克顿：《自由与权力》，侯健、范亚峰译，商务印书馆 2001 年版。

44. ［德］阿道夫·贝尔：《没有财产权的权力》，参见约翰·肯尼思·加尔布雷斯著《权力的分析》，河北人民出版社 1988 年版。

45. ［美］保罗·萨缪尔森等：《经济学》（第 12 版），高鸿业等译，中国发展出版社 1992 年版。

46. ［美］罗斯：《社会控制》，秦志勇、毛永政译，华夏出版社 1989 年版。

47. ［法］马里旦：《人和国家》，沈宗灵译，商务印书馆 1964 年版。

48. ［法］托克维尔：《旧制度与大革命》，冯棠译，商务印书馆1992年版。

49. ［美］伯尔曼：《法律与宗教》，梁治平译，生活·读书·新知三联书店1991年版。

50. ［美］布坎南：《自由、市场和国家》，吴良健等译，北京经济学院出版社1988年版。

51. ［英］罗素：《权力论》，靳建国译，东方出版社1988年版。

52. ［法］马利旦：《人和国家》，霍宗彦译，商务印书馆1964年版。

53. 联合国教科文组织：《世界人权宣言》，载冯林主编：《中国公民人权读本》，经济日报出版社1998年版。

54. ［瑞典］冈纳·缪尔达尔：《世界贫困的挑战——世界反贫困大纲》，顾朝阳等译，北京经济学院出版社1991年版。

55. ［美］斯蒂格利茨：《经济学》下册，姚开建等译，中国人民大学出版社1997年版。

56. 国际劳工局：《展望二十一世纪：社会保障的发展》，劳动人事出版社1988年版。

57. ［英］戴维·赫尔德：《民主的模式》，燕继荣等译，中央编译出版社1998年版。

58. ［美］爱因·兰德：《新个体主义伦理观》，秦裕译，生活·读书·新知三联书店1996年版。

59. ［美］戴维·波普诺：《社会学》，李强等译，中国人民大学出版社1999年版。

60. ［美］阿瑟·奥肯：《平等与效率》，王奔洲等译，华夏出版社1999年版。

61. ［美］彼得·布劳：《社会生活中的交换与权力》，孙非、张黎勤译，华夏出版社1988年版。

62. 李惠斌、杨雪冬：《社会资本和社会发展》，社会科学文献出版社2000年版。

63. 张其仔：《社会资本论——社会资本与经济增长》，社会科学文献出版社2002年版。

64. 曹湘荣：《走出囚徒困境——社会资本与制度分析》，上海三联书店2003年版。

65. 卜长莉：《社会资本与社会和谐》，社会科学文献出版社 2005 年版。

66. 郑也夫、彭泗清编：《中国社会的信任》，中国城市出版社 2003 年版。

67. 何增科主编：《公民社会与第三部门》，社会科学文献出版社 2000 年版。

68. 王新生：《市民社会论》，广西人民出版社 2003 年版。

69. 北京大学哲学系：《西方哲学原著选读》上卷，商务印书馆 1981 年版。

70. 顾肃：《自由主义基本理念》，中央编译出版社 2003 年版。

71. 郑也夫：《信任：合作关系的建立与破坏》，中国城市出版社 2003 年版。

72. 周辅成：《西方伦理学名著选读》上卷，商务印书馆 1964 年版。

73. 杨春学：《经济人与社会秩序分析》，上海三联书店、上海人民出版社 1998 年版。

74. 刘力臻：《市场经济“现代体制”与东亚模式》，商务印书馆 2000 年版。

75. 李培林：《另一只看不见的手——社会结构转型》，社会科学文献出版社 2005 年版。

76. 朱学勤：《道德理想国的覆灭》，上海三联书店 1994 年版。

77. 鲍桑葵：《关于国家的哲学理论》，汪淑钧译，商务印书馆 1995 年版。

78. 邓正来：《国家与社会：中国市民社会研究》，四川人民出版社 1997 年版。

79. 邓正来、[英] 亚历山大编：《国家与市民社会》，中央编译出版社 2002 年版。

80. 王建芹：《第三种力量——中国后市场经济论》，中国政法大学出版社 2003 年版。

81. 郑晓云：《社会资本与农村发展——云南少数民族社会的实证研究》，中国书籍出版社 2008 年版。

82. 刘军宁主编：《公共论丛·市场逻辑与国家观念》，生活·读书·新知三联书店 1995 年版。

83. 俞可平主编：《治理与善治》，社会科学文献出版社 2000 年版。

84. 刘力臻：《市场经济——"现代体制"与"东亚模式"》，商务印书馆 2000 年版。

85. 王海明：《公正 平等 人道》，北京大学出版社 2000 年版。

86. 《世界通史参考资料选辑》（中古部分），商务印书馆 1964 年版。

87. 夏勇：《宪政建设——政权与人民》，社会科学文献出版社 2004 年版。

88. 宪法比较研究课题组：《宪法比较研究论文集》（2），中国民主法制出版社 1993 年版。

89. 刘军宁：《共和·民主·宪政》，上海三联书店 1998 年版。

90. 肖泽晟：《宪法学》，科学出版社 2003 年版。

91. 张千帆：《宪法学导论》，法律出版社 2004 年版。

92. 龚祥瑞：《比较宪法与行政法》，法律出版社 1985 年版。

93. 苏长和：《全球公共问题与国际合作：一种制度的分析》，上海人民出版社 2000 年版。

94. 茅于轼：《中国人的道德前景》，暨南大学出版社 1997 年版。

95. 唐士其：《西方政治思想史》，北京大学出版社 2002 年版。

96. 杨宇立、薛冰：《市场公共权力与行政管理》，陕西人民出版社 1998 年版。

97. Aichael Argyle：《合作：社会活动的基石》，台湾巨流图书公司 1996 年版。

98. 汪行福：《走出时代的困境——哈贝马斯对现代性的反思》，上海社会科学院出版社 2000 年版。

99. 贾春增：《外国社会学史》，中国人民大学出版社 2000 年版。

100. 汪和建：《迈向中国的新经济社会学——交易秩序的结构研究》，中央编译局出版社 1999 年版。

101. 张玉堂：《利益论——关于利益冲突与协调问题的研究》，武汉大学出版社 2001 年版。

102. 陈刚：《西方精神史》上卷，江苏人民出版社 2000 年版。

103. 杨春学、李实主编：《近现代经济学之演进》，经济科学出版社 2002 年版。

104. 桑玉成等：《政府角色》，上海社会科学院出版社 2000 年版。

105. 金耀基：《从传统到现代》，中国人民大学出版社 1999 年版。

106. 刘祖云：《从传统到现代——当代中国社会转型研究》，湖北人民出版社 2000 年版。

107. 费孝通：《乡土中国》，生活·读书·新知三联书店 1985 年版。

108. 陆学艺：《内发的村庄》，社会科学文献出版社 2001 年版。

109. 刘林平：《关系、社会资本与社会转型——深圳平江村研究》，社会科学文献出版社 2002 年版。

110. 曹锦清、陈中亚：《走出"理想"城堡——中国"单位"现象研究》，海天出版社 1997 年版。

111. 吴毅：《村治变迁中的权威与秩序》，中国社会科学出版社 2002 年版。

112. 曹锦清：《黄河边的中国—— 一个学者对乡村社会的观察与思考》，上海文艺出版社 2000 年版。

113. 梁漱溟：《中国文化要义》，学林出版社 1987 年版。

114. 萧功秦：《萧功秦集》，黑龙江教育出版社 1995 年版。

115. 樊浩：《中国伦理精神的现代建构》，江苏人民出版社 1997 年版。

116. 费孝通：《乡土中国》，生活·读书·新知三联书店 1985 年版。

117. 马长山：《国家、市民社会与法治》，商务印书馆 2002 年版。

118. 邓国胜：《非营利组织评估》，社会科学文献出版社 2001 年版。

119. 龙兴海：《道德观察》，湖南人民出版社 2008 年版。

120. 祝灵君：《社会资本与政党领导—— 一个政党社会学研究框架的尝试》，中央编译出版社 2010 年版。

121. 郭大烈主编：《纳西族文化大观》，云南人民出版社 1999 年版。

122. 刘刚、石锐、王皎：《景颇族文化史》，云南民族出版社 2002 年版。

123. 贵州省地方志编纂委员会编：《贵州省志·民族志》，贵州民族出版社 2002 年版。

124. 罗之基：《佤族社会历史与文化》，中央民族大学出版社 1994 年版。

125. Eric L. Lesser：Knowledge and Social Capital：Foundations and Application，2000.

126. Lin, Nan：Social Capital：a Theory of Social Structure and Action：

London；New York：Cambridge University Press，2001.

127. I. Berlim，Tow Concept of Liberty，in his Four Essays on Liberty，New York：Oxford University Press，1969.

二　论文类

1. ［美］罗伯特·D. 帕特南：《繁荣的社群——社会资本和公共生活》，载《马克思主义与现实》1999 年第 3 期。

2. ［英］D. 露易斯：《非政府组织的缘起和概念》，载《国外社会社会科学》2005 年第 1 期。

3. ［美］沃尔泽：《社群主义者对自由主义的批判》，载《政治学理论》1990 年第 1 期。

4. 俞可平：《当代西方社群主义及其公益政治学评析》，载《中国社会科学》1998 年第 3 期。

5. 陈健民、丘海雄：《社团、社会资本与政经发展》，载《社会学研究》1999 年第 4 期。

6. 彭泗清、杨中芳：《中国人人际信任的初步探讨》（会议论文）。

7. 殷德生：《社会资本与经济发展：一个理论综述》，载《南京社会科学》2001 年第 7 期。

8. 江作军、刘坤：《论当代中国社会资本的转型》，载《江海学刊》2005 年第 5 期。

9. 方竹兰：《从人力资本到社会资本》，载《学术月刊》2003 年第 2 期。

10. 郑也夫：《信任：溯源与定义》，载《北京社会科学》1999 年第 4 期。

11. 韦森：《货币、货币哲学和货币数量论》，载《中国社会科学》2004 年第 4 期。

12. 鲁品越：《货币化与社会结构的变迁》，载《哲学动态》2003 年第 8 期。

13. 汪闻生：《权力的界限》，载《学术月刊》1997 年第 8 期。

14. 程竹汝：《论工具性的权力》，载《政治学》1996 年第 3 期。

15. 陶传进：《市场经济与公民社会的关系：一种批判的视角》，载《社会学研究》2003 年第 1 期。

16. 赵黎青：《非政府组织：组织创新和制度创新》，载《江海学刊》1999 年第 6 期。

17. 童星等：《社会转型期有关 NGO 若干问题的探讨》，载《湖南社会科学》2004 年第 3 期。

18. 李龙、周叶中：《宪法学基本范畴简论》，载《中国法学》1996 年第 6 期。

19. 金太军：《公共行政的民主和责任取向析论》，载《天津社会科学》2000 年第 5 期。

20. 胡仙芝：《从善政向善治的转变》，载《中国行政管理》2001 年第 9 期。

21. 陶传进：《市场经济与公民社会的关系：一种批判的视角》，载《社会学研究》2003 年第 1 期。

22. 张洁慧：《信任："温州人在巴黎"的社会网络机制》，载《社会》2001 年第 5 期。

23. 李猛等：《单位：制度化组织的内部机制》，载《中国社会科学辑刊》1996 年秋季卷第 16 期。

24. 王沪宁：《从单位到社会：社会调控体系的再造》，载《公共行政与人力资源》1995 年创刊号第 1 期。

25. 徐琦：《社会网》理论述评，载《社会》2000 年第 8 期。

26. 陈凯祥：《中国 NGO 在成长》，载《华声视点》2002 年第 3 期。

27. 颜烨：《我国社会转型时期的"多元化"问题分析》，载《长白学刊》2002 年第 1 期。

28. 吴忠民：《公正新论》，载《中国社会科学》2000 年第 4 期。

29. 颜烨：《关注转型期"非正式群体"》，载《思想政治工作研究》2001 年第 3 期。

30. 李文政：《英国社会保障难题多》，载《人民日报》1995 年 2 月 8 日。

31. 潘革平：《法国危机和福利制度》，载《参考消息》1995 年 12 月 9 日。

32. 丁刚：《瑞典向"福利病"开刀》，载《人民日报》1995 年 4 月 24 日。

33. 谢玲丽：《民间组织的培育、发展与管理》，载《上海改革》

2001 年第 4 期。

34. 胡雄飞：《关于经济类中间性体制组织的研究》，载《上海改革》2001 年第 4 期。

35. 余晖：《目前我国组建行业协会的四种模式》，载《上海改革》2001 年第 4 期。

36. 赵黎青：《非政府组织：组织创新和制度创新》，载《江海学刊》1999 年第 6 期。

37. 童星等：《社会转型期有关 NGO 若干问题的探讨》，载《湖南社会科学》2004 年第 3 期。

38. 张广利：《社会资本与和谐社区建设》，载《华东理工大学学报》（社会科学版）2005 年第 2 期。

39. 胡锦涛：《高举中国特色社会主义伟大旗帜　为夺取全面建设小康社会新胜利而奋斗——在中国共产党第十七次全国代表大会上的报告》，新华网，2007 年。